Stiens · Ferdinand Piëch

Rita Stiens

Ferdinand Piëch
Der Auto-Macher

GABLER

Die Deutsche Bibliothek – CIP-Einheitsaufnahme

Stiens, Rita:
Ferdinand Piëch – der Auto-Macher / Rita Stiens.
– Wiesbaden : Gabler, 1999
 ISBN 3-409-11522-6

Alle Rechte vorbehalten
© Betriebswirtschaftlicher Verlag Dr. Th. Gabler GmbH, Wiesbaden 1999
Lektorat: Jens Schadendorf

Der Gabler Verlag ist ein Unternehmen der Bertelsmann Fachinformation GmbH.

Das Werk einschließlich aller seiner Teile ist urheberrechtlich geschützt. Jede Verwertung außerhalb der engen Grenzen des Urheberrechtsgesetzes ist ohne Zustimmung des Verlags unzulässig und strafbar. Das gilt insbesondere für Vervielfältigungen, Übersetzungen, Mikroverfilmungen und die Einspeicherung und Verarbeitung in elektronischen Systemen.

www.gabler.de

Höchste inhaltliche und technische Qualität unserer Produkte ist unser Ziel. Bei der Produktion und Verbreitung unserer Bücher wollen wir die Umwelt schonen: Dieses Buch ist auf säurefreiem und chlorfrei gebleichtem Papier gedruckt. Die Einschweißfolie besteht aus Polyäthylen und damit aus organischen Grundstoffen, die weder bei der Herstellung noch bei der Verbrennung Schadstoffe freisetzen.

Die Wiedergabe von Gebrauchsnamen, Handelsnamen, Warenbezeichnungen usw. in diesem Werk berechtigt auch ohne besondere Kennzeichnung nicht zu der Annahme, daß solche Namen im Sinne der Warenzeichen- und Markenschutz-Gesetzgebung als frei zu betrachten wären und daher von jedermann benutzt werden dürften.

Umschlaggestaltung: Schrimpf und Partner, Wiesbaden
Satz: FROMM MediaDesign GmbH, Selters/Ts.
Druck und buchbinderische Verarbeitung: Clausen & Bosse, Leck
Printed in Germany

ISBN 3-409-11522-6

Inhalt

Vorwort — 9

Eine schillernde Persönlichkeit — 11

Der Enkel — 17
„Ich fühle mich VW verpflichtet" — 20
„Am besten, man sperrt ihn mit Papier und Bleistift ein" — 27
„Es war eine verschworene, hochqualifizierte Gemeinschaft" — 32
„Er sah das Schüttgut als Sitz der VW-Konzernleitung an" — 35
„30 Jahre Trainingscenter Familie" — 39
„Die absolute Emotion ist der 18-Zylinder-Bugatti" — 45

Der Erbe — 51
„Volkswagen ist ja sozusagen die Wiege" — 54
„Fünf Jahre Piëch täten VW nur gut" — 59
„Ferdinand Piëchs Laufbahn ist seine Sache" — 64
„Die Porsches und die Piëchs, die können sich nicht riechen" — 67

Der Techniker — 77
„Aerodynamik, Leichtbau und gute Motoren" — 81
„Wir sind in einer Vorreiterposition" — 84
„Die aerodynamisch günstigste Serienlimousine der Welt" — 87
„Von ähnlicher Tragweite wie vor Jahren die Aerodynamik" — 91

„Keiner außer Audi hat sich getraut, einen Diesel mit
Direkteinspritzung zu entwickeln" — 95
„Ich habe gesagt, daß wir weiter nach oben wollen" — 97
„Spitzenprodukte in jeder Automobilklasse" — 99
„Um die Autos herum bauen wir eine echte Vielfalt" — 104

Der Manager — 111

„Überhaupt kein Verständnis habe ich …" — 112
„Ich habe den Tanker Volkswagen um 180 Grad wenden müssen" — 115
„… die menschlichen Verletzungen auf der anderen Seite unterschätzt" — 119
„Die anderen sollen sich den Kopf darüber zerbrechen, was er meint" — 122
„Der Mehrverdiener verdient mehr, um mehr zu leisten" — 123
„Wenn jetzt ein Fehler auftritt, machen wir einen so enormen Druck …" — 126
„Und ich weiß, wen ich in absehbarer Zeit nicht mehr brauche" — 129
„Ich liebe es, zwei Marken gegeneinander laufen zu lassen" — 133
„Wenn jemand sein Ego über das Wohl der Firma stellt, dann bin ich hart und grausam" — 135
Exkurs: Volkswagen und Piëch im Spannungsfeld zwischen VW-Nazi-Vergangenheit und Zukunft — 139

Der Visionär — 153

„Weniger zu hören, weniger zu sehen, weniger zu riechen" — 154
„Aluminium, Magnesium und recycelbare Kunststoffe sind im Vorteil" — 157
„Fiala haben wir nichts gesagt, aber Piëch wußte Bescheid" — 159
„Der Konzern engagiert sich gewaltig an der Fertigstellung von Leitsystemen" — 164

Der Global Player _____ 167

„Eine Ehe zwischen Scania und Volvo ist so wahrscheinlich
wie eine Fusion von Volkswagen und Opel" _____ 169

„... acht Pkw-Marken – plus minus einer – und ein bis maximal
drei Nutzfahrzeugmarken" _____ 172

„Luxus schafft Identität ... Luxus trifft die Herzen
der Menschen" _____ 175

„Autos werden mehr und mehr zum Ausdruck
des eigenen Lebensstils" _____ 178

„... daß eine Produktion von sechs Millionen Autos und
eine Umsatzrendite von 6,5 Prozent in Sicht ist" _____ 181

Literatur- und Quellenverzeichnis _____ 185

Dokumentenanhang _____ 197

Die Autorin _____ 205

Inhalt   7

Vorwort

Diese Karriere-Biographie des Volkswagen-Konzernchefs Dr. Ferdinand Piëch ist nicht autorisiert. Ich hätte Herrn Dr. Piëch gerne mit einer Reihe von Fragen und Fakten konfrontiert, um ihm Gelegenheit zu geben, zu Lebenssituationen, Entscheidungen und Positionen, die er bezog, ausführlicher Stellung zu nehmen. Bereits im August 1998 hatte der Gabler Verlag den Volkswagen-Kommunikations-Vorstand Dr. Klaus Kocks über das Buch-Vorhaben informiert, um Kooperation gebeten und ein Exposé übermittelt. Eine Antwort kam erst im Frühjahr 1999. „Seit vier Monaten", schrieb der Verlag Herrn Dr. Kocks Mitte Dezember 1998, „hatten wir mehrere Male telefonisch Kontakt mit Herrn Rippholz, der uns mitteilte, daß eine Entscheidung von Ihrer bzw. von Herrn Dr. Piëchs Seite unmittelbar bevorstünde. Bitte haben Sie Verständnis dafür, daß wir nun eine zügige Entscheidung brauchen, um das Vorankommen unseres Projektes nicht zu gefährden."

Bis Mitte Januar 1999, dem vom Verlag genannten Termin, erfolgte keine Reaktion aus Wolfsburg. Erst im März – sieben Monate nach der ersten Kontaktaufnahme – kam ein definitives Nein, zusammen mit der Information, Volkswagen arbeite schon mit einem anderen Verlag an einem Buch, und das Projekt sei bereits weit gediehen.

So sprechen denn nun die recherchierten Fakten und die Gespräche, die ich zur Person wie zur Arbeit Ferdinand Piëchs geführt habe, für sich. Ich denke, daß es trotzdem gelungen ist, das in der Öffentlichkeit nur sehr grobkörnige Bild dieses schweigsamen, machtbewußten und leistungsbesessenen Auto-Machers um neue, interessante Facetten zu bereichern.

Die Persönlichkeit und die Karriere eines Menschen auszuloten, angemessen darzustellen bzw. sich kritisch damit auseinanderzusetzen, ist eine ständige Gratwanderung. Auch Fakten sprechen keine objektive Sprache und jede Auswahl ist – auch – subjektiv. Ich danke allen, die mir mit Gesprächen und Informationen sowie mit Rat und Tat geholfen haben, auszuwählen und abzuwägen, Grenzen auszuloten und Grenzen zu ziehen. Der Psychologe und Heidelberger Professor Dr. Theo Klauß war mir ein wichtiger Gesprächspartner, um die besondere Persönlichkeit Ferdinand Piëchs aus der Perspektive der Familiendynamik und aus seiner individuellen Entwicklungslogik heraus zu ergründen.

Mein besonderer Dank gilt Herrn Diplomingenieur Richard van Basshuysen für seine Unterstützung, einen Teil der in Ferdinand Piëchs Ingolstädter Jahren bei Audi geleisteten Entwicklungsarbeit zu würdigen. Richard van Basshuysen ist heute Herausgeber der Fachpublikationen ATZ (Automobiltechnische Zeitschrift) und MTZ (Motortechnische Zeitschrift). Er war lange Jahre Entwicklungschef bei Audi und somit ein enger Mitarbeiter Ferdinand Piëchs.

Ein Dankeschön geht zudem an Barbara Klauß, die mit Sorgfalt und Geduld die Recherche begleitet, Fakten gesichtet, sortiert und überprüft hat. Bedanken möchte ich mich außerdem bei Frank Zunker, ohne dessen kompetente und verständnisvolle Hilfe es mir nicht gelungen wäre, dieses Buch zu schreiben.

Besonders hervorheben möchte ich das Engagement des Gabler Verlages und meines Lektors Jens Schadendorf, von dem die Idee zu dieser Karriere-Biographie stammt. Ich bedanke mich für seine konzeptionelle Arbeit und die engagierte Unterstützung, mit der er dieses Buch begleitet hat.

Hamburg/Nyim (Ungarn),   RITA STIENS
im August 1999

Eine schillernde Persönlichkeit

Ferdinand Piëch, 1937 in Wien geboren, ist seit 1993 Vorstandsvorsitzender der Volkswagen AG und Herr über knapp 300 000 Mitarbeiter an 38 Standorten der Erde. Er ist auf Erfolg programmiert. Er hat Erfolg. Und doch: An keinem anderen deutschen Spitzenmanager scheiden sich die Geister so sehr wie an ihm, keinen anderen umgibt eine vergleichbare Aura von Macht und Ehrgeiz. Die Schlagzeilen, für die Ferdinand Piëch seit Jahren sorgt, sind das Spiegelbild einer Persönlichkeit, die fasziniert und provoziert: Das erste Serien-Drei-Liter-Auto der Welt, die gläserne Manufaktur in Dresden, die López-Affäre und die spektakuläre Übernahme von Rolls Royce markieren nur einige Facetten einer außergewöhnlichen und aufsehenerregenden Karriere.

Die Medienpräsenz trügt allerdings. Ferdinand Piëch ist schweigsam und verschlossen, er tritt selten öffentlich auf, und wenn er es tut, gibt er kaum etwas von sich preis. Was treibt diesen leistungsversessenen, machtbewußten Leader und genialen Ingenieur? Was hat er erreicht? Wohin führt sein neuer Volkswagen-Kurs? Was macht seine Persönlichkeit aus?

Der Enkel des legendären Autokonstrukteurs und Käfer-Erfinders Ferdinand Porsche ist Erbe eines Milliardenvermögens und eines nicht weniger großen Mythos. Mit Volkswagen begann und von Volkswagen kam, was den Porsche-Piëch-Clan in Deutschland und Österreich zu einem einflußreichen Familienimperium wachsen ließ. Achtundvierzig Jahre nach dem Ende des Zweiten Weltkriegs gelangt mit Ferdinand Piëch erneut ein Mitglied der Familie an die Spitze des Wolfsburger Unternehmens – nach dem Großvater Ferdinand Porsche, dem Gründungsmotor des VW-Werks, und Anton Piëch, dem Vater.

Ferdinand Piëch wird als Konzernchef berufen, als für Europas größten Automobilkonzern nichts Geringeres auf dem Spiel steht als die Zukunft. Er ist der Mann der Stunde: ein leidenschaftlicher und innovativer Techniker, vorwärtsgewandt, unabhängig und auf Sieg programmiert. Er ist genau der Hardliner, der gebraucht wird, um den angeschlagenen Dinosaurier Volkswagen von Grund auf zu sanieren.

Kein anderer Manager in Deutschland hat ein Großunternehmen in einem solchen Maße herausgefordert und gefordert, wie es Ferdinand Piëch seit seinem Amtsantritt in Wolfsburg tat – und noch immer tut. Der Konzernchef modernisierte die Entwicklungs- und Produktionsprozesse sowie die Unternehmenskultur und betreibt eine atemberaubende Marken- und Modellstrategie. Nach sechs Jahren Piëch-Herrschaft empfiehlt sich Volkswagen zum Ende des zweiten Jahrtausends als Global Player, der selbstbewußt nach einer Spitzenposition im Weltmarkt strebt. Ferdinand Piëch will „aufs Treppchen" – als drittgrößter Automobilhersteller der Welt.

Was treibt diesen Mann? Sein unbändiger Ehrgeiz, seine Selbstbezogenheit, die soziale Unangepaßtheit, sein ausgeprägtes Mißtrauen und die Selbstverständlichkeit, mit der er sich als sein eigener Kosmos und Maßstab der Dinge versteht, provozieren und polarisieren. Wenn der Volkswagen-Firmenjet zur Test-Abnahme in Algerien, Nord-Finnland oder Südafrika einschwebt, steht irgendwo im Land eine Crew unter Hochspannung: Etwa 35 Autos müssen ihre Feuerprobe bestehen, wenn der Chef und sein engster Stab für eine Woche zur Abschlußprüfung anreisen. Nichts charakterisiert Ferdinand Piëch, seine Arbeitsweise und seinen Führungsstil, seine Einstellung und seine Persönlichkeit mehr als diese Test-Klausuren, die kein Ausweichen und kein Entrinnen zulassen.

Es wird gefahren und gefahren – unter härtesten Bedingungen –, von früh am Morgen bis spät in den Abend. Ferdinand Piëch, der Perfektionist, kennt keine Gnade. Jedes Detail steht auf dem Prüfstand, und über jedem Verantwortlichen schwebt das Damoklesschwert der abendlichen Runde, wenn der Chef über allen und allem zu Gericht sitzt. Wer fällt durch, weil das Fahrzeug dem Piëch-Test nicht standhält? Wer besteht? So leger die Atmosphäre bei den Abendbesprechungen auch anmutet – im heißen Süden am Swimming-Pool, im kalten Norden am Kamin – die Ansprüche Ferdinand Piëchs an Perfektion, Qualität, Kompetenz und Konzentration sind absolut. Leistung ist seine Lebensmaxime, der Beste zu sein der Lebensantrieb, Kampf sein Lebenselixier.

Dieses Buch geht den Prägungen und der Karriere eines Mannes nach, der sich und andere von Erfolg zu Erfolg peitscht – und die Meßlatte immer wieder höher legt. Die Kapitel „Der Enkel" und „Der Erbe" bilden den Auftakt, denn die besondere – und besonders umstrittene – Persönlichkeit Ferdinand Piëchs erklärt sich nur aus dem Kontext des Familienkosmos, in dem er aufgewachsen und verwurzelt ist. Geld, Macht, Einfluß und Ehrgeiz sind die lebensbestimmenden Faktoren. Der Familienverbund, wie

Ferdinand Piëch ihn erlebt, ist vor allem das Instrument des Aufbaus, der Absicherung und des Ausbaus eines Familienimperiums. Die Zugehörigkeit zu diesem Kosmos ist die entscheidende Lebensprägung. Sie fordert, den Familieninteressen absolute Priorität einzuräumen, denn nur der familiäre Zusammenhalt bildet – über alle persönlichen Unterschiede und Differenzen hinweg – die Basis für den wirtschaftlichen Erfolg und die Bedeutung des österreichisch-deutschen Clans.

Als der 26jährige Diplomingenieur Ferdinand Piëch seine Karriere in der familieneigenen Sportwagenschmiede Porsche in Stuttgart beginnt, hat er eine Kindheit und Jugend hinter sich, die von der „einschüchternden Respektsperson" Louise Piëch – der Tochter Ferdinand Porsches – geprägt ist. Ferdinand Piëchs Mutter, übermächtig stark und ungemein geschäftstüchtig, ist die bis ins hohe Alter unangefochtene Regentin des Piëch-Imperiums. Sie überläßt den Sohn einer Selbstbezogenheit, die quält und zugleich stählt. Sie verkörpert eine Leistungsdisziplin, die keine Schwäche zuläßt, und an der sich Ferdinand Piëch ebenso mißt wie am Mythos des Großvaters und seines legendären Techniker-Teams.

Das Milliardenvermögen und der familiäre Hintergrund verschaffen Ferdinand Piëch zwar ein großes Maß an Unabhängigkeit und Chancen, doch die eigentliche Ambition, sich als der einzig wahre Porsche der dritten Generation zu profilieren, gerät ihm zu einem harten und erbitterten Ringen um Anerkennung und Aufstieg. Der Viertgeborene der acht Porsche-Enkel und einzige Erbe der technischen Hochbegabung seines Großvaters kämpft den Kampf um seine Lebensposition mit einer anfangs geradezu selbstzerstörerischen Rigorosität. Er ist getrieben von einem Leistungsehrgeiz, der kindlicher Not entspringt und sich schließlich aus sich selbst heraus nährt. „Ich lasse mich durch Blockaden einfach nicht aufhalten", ist eine Feststellung und zugleich eine Warnung an den Rest der Welt, es gar nicht erst zu versuchen, ihm Steine in den Weg zu legen.

Die Technik ist Ferdinand Piëchs Welt und seine Leidenschaft. Höchste Anerkennung verschafft sie ihm aber erst außerhalb der Familienunternehmen – in den gut 20 Jahren bei Audi in Ingolstadt und schließlich bei der Audi-Mutter Volkswagen in Wolfsburg. Die Kapitel „Der Techniker", „Der Manager" und „Der Visionär" befassen sich mit dem durchgängig von Ambivalenz begleiteten beruflichen Karriereweg Ferdinand Piëchs. Der Audi 100 mit dem weltbesten c_w-Wert, der erste Dieselmotor für Pkw mit Direkteinspritzung, Turboladung und Ladeluftkühlung, das erste deutsche Fahrzeug mit Aluminium-Space-Frame-Technologie, das erste Drei-Liter-

Serienauto der Welt, die avisierte Entwicklung des weltweit ersten 18-Zylinder-Motors für ein Serienfahrzeug – der Name Ferdinand Piëch wird in der deutschen Automobilindustrie seit Anfang der achtziger Jahre zu einem Garanten für die Entwicklung innovativster Technologien.

Seine Kreativität und sein Gespür für technische Entwicklungen bringen ihm Respekt und Wertschätzung ein. Die Unbedingtheit jedoch, mit der er als Mensch und Vorgesetzter agiert, und seine Selbstbezogenheit sind Persönlichkeitsmerkmale, die ihn als Gesamtverantwortlichen für die Führung eines großen Unternehmens zu disqualifizieren scheinen. Sein Führungsstil erzeugt Widerstand und Widersacher. Feinde, die es zu bekämpfen gilt, wittert Ferdinand Piëch allüberall, selbst dort, wo ihm Loyalität sicher ist. 17 Jahre lang will er nach eigener Aussage einen Oppositionellen bei Audi in seinem engsten Umfeld als Gegenspieler gehabt haben. Insider „outen" diesen Oppositionellen als Richard van Basshuysen, u. a. der Vater des TDI. Der langjährige Audi-Entwicklungschef weiß aus eigener Erfahrung, wie leicht jemand den Argwohn und das Mißtrauen Ferdinand Piëchs erregt. Ein Oppositioneller, gar ein Gegner Ferdinand Piëchs, war Richard van Basshuysen jedoch nie.

Ferdinand Piëch reagiert auf seine Weise auf echte und vermeintliche Gegner: Er bricht sich Bahn. Er kämpft um den Aufstieg, weist außergewöhnliche Leistungen vor – und profitiert bei seiner Manager-Karriere nicht zuletzt vom Scheitern anderer: Wenn nur noch eine Roßkur hilft, ist das Unternehmen reif für den mit eisernem Besen kehrenden Ferdinand Piëch.

Am 30. April 1999, dreizehn Tage nach Ferdinand Piëchs zweiundsechzigstem Geburtstag, nehmen zwei Machtmenschen symbolträchtig ein Steuer in die Hand: Volkswagen-Konzernchef Ferdinand Piëch und Bundeskanzler Gerhard Schröder demonstrieren in einem Bugatti, welchen Erfolgskurs das Wolfsburger Unternehmen steuert. Die Duz-Freunde und Vertrauten eröffnen gemeinsam das Berliner Automobilforum Unter den Linden, die neue Repräsentanz des Volkswagen-Konzerns am traditionsreichen Korso der Hauptstadt. Auf über 10 000 Quadratmeter Schau-, Erlebnis- und Businessfläche zeigt sich eindrucksvoll, was die Piëch-Strategie und die ambitionierte Entschlossenheit des Porsche-Enkels in wenigen Jahren an Wandel vollbracht haben.

Ist das noch Volkswagen? Mit einer völlig neuen Marken- und Modellpalette – vom sparsamen Umweltauto, dem VW-Lupo 3L TDI, bis zu Plänen für den EB 218-Bugatti mit dem ersten 18-Zylinder-Antrieb der Automobilgeschichte – unterstreicht Ferdinand Piëch seine Ambitionen, sich von nichts und niemandem übertrumpfen zu lassen. „Dieser Wandel", so der Konzernchef, „läßt sich mit Worten nur schwer beschreiben. Man kann ihn in unseren neuen Produkten besser spüren und selbst empfinden." Es ist ein Wandel, der auch eine Veränderung Ferdinand Piëchs bewirkt: Der Global Player ist die neue – und ihm nach eigenem Selbstverständnis endlich gemäße Rolle. Der Konzernchef, zumeist sichtbar und spürbar zugeknöpft, entspannt in der Sicherheit der Erfolge und der Gewißheit der Kontrolle über Volkswagen und die Volkswagen-Darstellung. Nach Jahren bitterer Kritik in den Medien hat sich das Blatt gewendet.

Doch Ferdinand Piëch hat nicht nur den Erfolg, sondern auch den Zeitgeist auf seiner Seite. Der Siegeszug des „Turbo-Kapitalismus", wie der renommierte Denker Edward Luttwak, Fellow am Center for Strategic and International Studies in Washington D. C., den verschärften Kapitalismus des ausgehenden 20. Jahrhunderts nennt, ist auch der Siegeszug Ferdinand Piëchs. Was vor Jahren noch die Gemüter erregte – Ferdinand Piëchs Unbedingtheit zum Beispiel, sein permanenter Zwang zum Wandel und seine ausschließliche Leistungsorientiertheit –, entspricht heute der mehr und mehr individualisierten, auf allen Ebenen rein wettbewerbsorientierten Gesellschaft: Jeder ist eines jeden Konkurrent, nur der Stärkere überlebt, das einzig Beständige ist der permanente rasante Wandel.

Ferdinand Piëch ist *der* Prototyp des Turbo-Kapitalisten. Und doch entzieht er sich jeglicher Einordnung. Seine Methoden sind so unkonventionell wie viele seiner Ansichten; seine Kreativität fasziniert ebenso wie sein Mut, neue Wege zu beschreiten; seine Rigorosität erschreckt und setzt zugleich viel in Bewegung. Der familiäre Hintergrund, seine Leistungen und seine herausfordernde Persönlichkeit machen Ferdinand Piëch zu einer Ausnahmeerscheinung unter Deutschlands Managern – und seinen Lebens- und Karriereweg zu einem spannenden Kapitel deutscher Wirtschafts- und Automobilgeschichte.

Der Enkel

Der historisch-feierliche Rahmen ist dem Ereignis gemäß: In der alten Kaiserpfalz zu Goslar wird Dr. techn. h.c. Dipl.-Ing. Ferdinand Piëch im Januar 1993 als Vorstandsvorsitzender der Volkswagen AG inthronisiert. Es ist ein Festakt, der den Ehrgeiz des 55jährigen sowie seine außergewöhnliche Lebensprägung zu einem Moment des Triumphes verdichtet. Als Chef des VW-Konzerns kann Ferdinand Piëch automobile Weltgeschichte und ein herausragendes Kapitel Familiengeschichte schreiben, denn schon an der Volkswagen-Wiege stand die gesamte Porsche-Piëch-Familie: Ferdinand Piëchs Großvater Professor Dr. Ferdinand Porsche, der legendäre Käfer-Konstrukteur, ist der Aufbaumotor des VW-Werks, dessen Grundstein ein Jahr nach der Geburt des Enkels Ferdinand Piëch gelegt wird. Auch die zweite Porsche-Generation – Ferdinand Piëchs Mutter, sein Vater Anton und der Onkel Ferry Porsche – ist als Inhaber der Porsche KG am Volkswagenprojekt beteiligt; Anton Piëch leitet das Werk von 1941 bis zum Ende des Krieges; aus VW-Teilen entstehen nach dem Krieg die ersten Sportwagen der Marke Porsche. Volkswagen ist der Grundstock der Familienunternehmen und des Familienvermögens. Sich VW verpflichtet zu fühlen, bekennt sich der Enkel Ferdinand Piëch zur Verbundenheit mit Volkswagen, „das ist mir in die Wiege gelegt worden".[1]

Ehrengast der Amtsübernahme ist die 88jährige Porsche-Tochter und Piëch-Mutter Louise, die imposante und alles überstrahlende Verkörperung einer Familien-Regentin. Sie kanalisiert und bündelt jahrzehntelang die Triebkräfte dreier Generationen Auto-Dynastie zu einem Milliarden-Imperium und einem Clanbewußtsein, das den Erhalt und den Zusammenhalt des Porsche-Reiches über alles setzt. Carl H. Hahn, Ferdinand Piëchs Vorgänger im Amt des Volkswagen-Konzernchefs, preist die Österreicherin in Goslar als „Maria Theresia dieses Jahrhunderts".[2]

Sein Leben lang ringt Ferdinand Piëch darum, sich als Enkel der Enkel, als herausragende Persönlichkeit der dritten Porsche-Generation, zu erweisen. Es ist ein von Kindesbeinen an harter Kampf: Spektakuläre Erfolge, erbitterte Machtkämpfe und bittere Niederlagen, Bewunderung für die Leistung und massive Kritik an seiner Person mischen sich zu einer Karriere-Vita, die von der Familienprägung und vor allem von der „einschüchternden Respektsperson" Louise Piëch nicht zu trennen ist.[3] Ihre Persönlichkeit, das Porsche-Talent, die Geschichte der Familie und ihre spezifische Struktur machen Ferdinand Piëch zu dem, was er ist: zum genialen Techniker und grüblerischen Einzelgänger, zu einem, an dem Menschen wachsen oder zerbrechen – zur Verkörperung des Leistungsprinzips.

„Vor die Alternative gestellt, mich zu wählen oder von den Japanern an die Wand gedrückt zu werden, fiel die Wahl auf mich", kommentiert er seine Berufung auf den Chefsessel in Wolfsburg.[4] Ferdinand Piëch ist nicht der Wunschkandidat, er ist der aus der Not geborene Kandidat; einer, den man braucht, um den angeschlagenen Konzern wieder auf Kurs zu bringen – doch selbst seine Unterstützer sind nicht frei von Vorbehalten gegen den ausgewiesenen Hardliner. Ferdinand Piëchs hochgesteckten Ziele und sein gnadenloses Leistungstempo sprengen jeden gewohnten Rahmen. Aufgrund seiner Erfolge als innovativer Ingenieur und rigoroser Kostenmanager – in den Jahren bei der VW-Tochter Audi nachdrücklich unter Beweis gestellt – schafft es Ferdinand Piëch schließlich trotz aller Bedenken bis in den Karriere-Olymp. Die Absolutheit jedoch, mit der er agiert, dominiert und fordert, sowie seine Abneigung gegen jede Art von Anpassung, Social Life und Kumpanei scheinen den Mann der oft bedrohlich-leisen Töne menschlich ins Abseits zu manövrieren.

„Es gibt Gewinner und Verlierer", sagt Ferdinand Piëch. „Ich habe die Absicht, der Gewinner zu sein."[5] Der Großvater Ferdinand Porsche könnte diesen Satz als Lebensmotto formuliert haben, Ferdinand Piëchs Mutter Louise lebt ihn in eiserner Konsequenz, und dem Sohn Ferdinand Piëch wird er seit seiner Kindheit zum Überlebensprinzip.

Jahrzehntelang ist das Schüttgut im österreichischen Zell am See der Lebensmittelpunkt der Porsches und Piëches. Auf dem großen Wiesengrundstück liegen nicht nur der landschaftstypische Hof und die Stallungen des Guts, sondern auch die kleine weiße Privatkapelle der Familie. In seiner Schlichtheit und Offenheit steht das Schüttgut in verblüffendem Kontrast zu dem Milliardenvermögen und der Macht einer Dynastie, die zum Mythos wurde!

In dieser Privatkapelle – der Familiengruft – versammelt sich am Samstag, dem 13. Februar 1999, der engste Familienkreis, um Ferdinand Piëchs Mutter Louise, gestorben im Alter von 95 Jahren, beizusetzen. In der Stadtpfarrkirche von Zell hat kurz zuvor eine große Trauergemeinde aus Wirtschaft und Politik von der Ehrenbürgerin der Stadt Abschied genommen. Mit Louise Piëch, einer der bedeutendsten Unternehmerinnen Österreichs, wird das letzte Mitglied der zweiten Porsche-Generation zu Grabe getragen. In der Kapelle ruht sie neben ihrem Mann Anton Piëch, einst Hauptgeschäftsführer des Volkswagenwerks, ihrem Bruder Ferry Porsche, ein Jahr zuvor im Alter von 88 Jahren in Zell am See gestorben, der Schwägerin Dorothea, ihrem Vater Ferdinand Porsche und der Mutter Aloisia.

Ferdinand Piëchs ältester Bruder Ernst würdigt die Mutter mit den Worten, „sie sei immer eine Porsche geblieben und habe gemeinsam mit Vater Ferdinand Porsche einen positiven Familiengeist entwickelt".[6] „Wenn ich ihr Sohn gewesen wäre", beschreibt sie der frühere Porsche-Chef Ernst Fuhrmann mit einer Mischung aus Bewunderung und Schrecken, „dann wäre ich Bundeskanzler geworden."[7] Eine Porsche sein – für Ferdinand Piëchs Mutter ist das ein Synonym für Disziplin, Leistung, Ehrgeiz, Erfolg und Anerkennung, von der Welt seit Jahrzehnten mit einer Fülle von Auszeichnungen, Orden und Ehrentiteln honoriert:

- Der Volkswagen bringt Ferdinand Porsche 1938 den Deutschen Nationalpreis, der zur Führung des Professorentitels berechtigte, und 100 000 Reichsmark Preisgeld ein; 1940 wird er Honorarprofessor der Technischen Hochschule Stuttgart; mit dem Dr. Ing. h.c. und Dr. techn. e.h. hat man ihn schon 1924 gewürdigt.
- Der Sohn Ferdinand Porsche, genannt Ferry, erhält unter anderem das Große Bundesverdienstkreuz und wird 1965 zum Dr. techn. e.h. der Technischen Hochschule Wien ernannt. 1979 bekommt er das Große Bundesverdienstkreuz mit Stern; 1984 verleiht ihm Baden-Württembergs Ministerpräsident Lothar Späth den Professorentitel; 1985 folgt die Würde des Ehrensenators der Universität Stuttgart.
- Louise Piëch ehrt man unter anderem 1959 mit dem österreichischen Ehrentitel „Kommerzialrätin"; seit 1976 ist sie Ehrensenatorin der Technischen Universität Wien.

Auch wenn sich die zweite Porsche-Generation Anfang der siebziger Jahre aus dem Topmanagement der Familienunternehmen in Stuttgart und Salzburg zurückzieht – sie bleibt bis ins hohe Alter der Maßstab der Dinge. Vor allem Ferdinand Piëchs Mutter Louise verkörpert die Durchsetzung des Porsche-Gebotes Nummer eins: des absoluten Primats der Familieninteressen und der Familiendisziplin. Nach diesem Grundsatz hat man gelebt, seine Ziele verfolgt und sie erreicht, hat sich Vermögen, Ansehen, einen guten Namen geschaffen. Auch bei der gemeinsamen Feier des 85. Geburtstags von Ferry Porsche und des 90. von Louise Piëch wird deutlich, wie sehr sich die Familie über die Kriterien Erfolg und Leistung definiert: „Ein Film zeigte den Lebensweg der Jubilare. Und Familienmitglieder sagten vor der Kamera, was sie von dem Geschwisterpaar halten. Sehr viel, viel Respekt – aber auch so manche Nuance war zu verspüren über die vor allem matriarchalische Kraft einer Frau, die es nicht notwendig hatte, Emanze sein zu wollen, aber ein Familienreich mit eiserner Hand regierte."[8]

Am Aufbau dieses Reiches ist Ferdinand Piëchs Mutter maßgeblich beteiligt. Wie auch daran, die dritte Generation auf den Geist des Erbes einzuschwören. Ein Porsche sein, schreibt sie ihr ins Stammbuch, ist nicht Vergnügen, sondern Verpflichtung. Eine Verpflichtung, die sich keiner so leidenschaftlich und entschieden zu eigen macht wie Ferdinand Piëch.

„Ich fühle mich VW verpflichtet"

Der 17. April 1937 zeigt sich den Wienern von seiner durchwachsenen Seite: „Samstag vormittag war das Wetter ziemlich sonnig, mittags schon wieder stark bewölkt, stellenweise mit Regen. Die Wochenend-Wetterlage", prognostizieren die Metereologen, „ist nicht günstig."[9] Sehr viel günstiger sind die Zukunftsaussichten des an diesem 17. April geborenen dritten Piëch-Kindes, das von seinen Eltern Louise und dem Rechtsanwalt Dr. Anton Piëch den traditionellen Porsche-Vornamen Ferdinand erhält.

Auch wenn kein blaues Blut in den Porsche- und Piëch-Adern fließt: Man ist wer, ist durch seine Leistungen geadelt und sich dessen bewußt. „Als ich nach dem Ende des Krieges verhaftet wurde, hat mich ein Vernehmungsoffizier gefragt, wen mein Vater an wichtigen Persönlichkeiten kannte", unterstreicht Ferry Porsche den ausgeprägten Familienstolz. „Da habe ich gesagt: Soll ich bei Kaiser Franz Josef anfangen, oder interessieren Sie nur die letzten paar Jahre?"[10]

„Man wählt nicht, in welche Familie man hineingeboren wird", konstatiert Ferdinand Piëch lakonisch, „das ist Zufall."[11] Sein Geburtszufall führt ihn in eine Familie von Genie, Eigenwilligkeit, Wohlstand und Berühmtheit, fixiert auf einen einzigen Lebenssinn und -zweck: das Automobil. Es ist eine Passion, die mit der Elite verbindet, denn das Volk kann auch im letzten Drittel der dreißiger Jahre vom Auto nur träumen. Automobile – vorwiegend groß, luxuriös, repräsentativ, teuer – sind noch immer das Privileg weniger; sie sind vor allem das Statussymbol der besseren Gesellschaft, an der Spitze Könige, Prinzen, Prinzessinnen, Grafen.

Die traditionelle Standes-Elite gibt auf dem gesellschaftlichen Parkett und in den Gesellschaftsnachrichten den Ton an. Wien schmückt sich auch am Tag von Ferdinand Piëchs Geburt mit dem Glanz seiner aristokratischen Gäste: Erzherzogin Jleana, ist in der Zeitung zu lesen, trifft an diesem Samstag nach einem Besuch bei Ihrer Mutter, der Königinmutter Maria von Rumänien, wieder mit dem Orient-Express in der Stadt ein; Prinz Franz Hohenlohe steigt im Hotel Bristol ab; Graf Ladislaus Gzaparn aus Budapest gibt sich in der Nobelherberge Sacher die Ehre. Autos zu konstruieren macht dazugehörig, schafft Zugang und Verbindungen zu den höchsten Kreisen. Die Klientel für Automobile ist illuster, der Rennsport eine Domäne der Nobilitäten und Reichen. Und Ferdinand Porsche versteht sich wie kein anderer darauf, die richtigen und wichtigen Leute für sich einzunehmen. „Großvater hatte ein Gespür dafür, wo er mit seinen Ideen etwas erreichen konnte, (…) aber er hat immer auch gegen den Stachel gelöckt"[12], beschreibt der Enkel Ferdinand das besondere Überzeugungsvermögen und den auch ihm eigenen Eigensinn, sich von niemandem dreinreden und gängeln zu lassen.

„Leckts mich, Saubagasch!", soll Ferdinand Porsches letztes Wort an den Aufsichtsrat der österreichischen Austro-Daimler AG im Jahr 1923 gewesen sein. Er fügt sich nicht in Entscheidungen, die ihn einschränken. Und als er 1928 bei Daimler-Benz in Stuttgart gehen muß, stampft er vor Wut seinen Hut in den Schnee. Ein Ferdinand Porsche ist sein eigener Herr. Er macht sich nicht mit der Welt gemein oder läßt sich auf sie ein. Er bedient sich ihrer. Es ist ein Elite- und Lebensbewußtsein, das auch die Kinder und Enkel prägt und das seine Wurzeln nicht zuletzt in den politischen Wirren der Zeit hat.

So sehr sich Ferdinand Porsche zeit seines Lebens im beruflichen Umfeld von Mißgunst, Ideen-Sabotage und Intrigen bedroht fühlt, so wenig bieten Gefühlswelten wie Nationalität oder Heimat eine verläßliche Dazugehörigkeit. Von Ferdinand Porsche, dem Großvater, bis zu Ferdinand Piëch, dem Enkel, ist man außer bei sich selbst – in der Leidenschaft für die Arbeit und dem Streben nach materieller Sicherheit – nirgendwo wirklich zu Hause. „Ich bin nicht verwurzelt", bestätigt Ferdinand Piëch sein Verhaftetsein in dieser Tradition. Was für andere Heimat bedeute, das sei für ihn zunächst VW, dann die Familie, dann das Geld.[13]

Sein Großvater Ferdinand Porsche, 1875 in der Ungarisch-Österreichischen Monarchie – im böhmischen Maffersdorf bei Reichenberg – geboren, und seine Kinder Ferry und Louise erleben den ersten Verlust staatsbürgerschaftlicher Identität nach dem Ersten Weltkrieg. „Für mich persönlich", beklagt Ferry Porsche die politischen Umwälzungen, „repräsentierte das damalige Österreich-Ungarn eine Art Vorstufe für die Vereinigten Staaten von Europa. Leider haben die Politiker, die für die Friedensverträge von Versailles und St. Germain verantwortlich waren, dies nicht begriffen."[14] Das „goldene Zeitalter der Sicherheit", wie auch Stefan Zweig die fast tausendjährige österreichische Monachie nennt, ist definitiv zu Ende.[15]

Für die Porsche-Familie hat der Zeitenwechsel auch weitreichende persönliche Konsequenzen: Will man den elterlichen Besitz nicht verlieren, muß man sich für die Annahme der Nationalität der neugegründeten Tschechoslowakei entscheiden. Ferdinand Porsche tut es aus einem Gefühl der Verbundenheit mit Maffersdorf, aber vor allem, weil er als Österreicher zu den Kriegsverlierern gehört hätte, denen es nicht erlaubt war, ins Ausland zu reisen. Bei der internationalen Automobilausstellung in Paris nicht dabei zu sein – für Ferdinand Porsche schlicht undenkbar. Es ist das wichtigste Forum, sich und seine Leistung darzustellen. In Paris präsentiert er zum Beispiel im Jahr 1929 seinen luxuriösen Steyr-5,3-Liter-Achtzylinder.

Verlassen kann man sich einzig und allein auf die Festung Familie und auf die Loyalität einiger weniger. Man mischt sich nicht ein, erst recht nicht in die Politik. Ein Porsche steht allein für sich, für niemanden sonst.

Zwar geht es nicht ohne die Außenwelt, denn nur in und mit ihr läßt sich die Technikleidenschaft leben und realisieren. Verwurzelt jedoch ist man nur im eigenen Kosmos – in der Leistungsstärke des Patriarchen Ferdinand Porsche, erweitert um die Verläßlichkeit des Familienverbundes. Mit den engsten Verwandten als Geschäftspartnern und einer Handvoll Techniker- und Ingenieur-Koryphäen als engste Mitarbeiter formieren sich die Porsches in immer stärkerem Maße zu ihrem eigenen Kosmos.

Die Welt, in die Ferdinand Piëch hinein wächst, ist ein in den Grundfesten erschüttertes Europa. Bereits an seinem ersten Lebenstag verzeichnen Journalisten-Seismographen Vorboten der Katastrophen, an denen später auch der Porsche-Traum vom Wagen fürs Volk, von einer neuen automobilien Zukunft, zunächst einmal scheitert: am Krebsgeschwür Faschismus und am Krieg. „Kartoffel-Jones, der Kapitän des 1200-Tonnen-Dampfers ‚Mary Lewellyn'", berichtet ein London-Korrespondent am 17. April 1937 nach

Wien, „(...) wettert in der Londoner Presse, weil er seine Kartoffeln nicht nach Bilbao liefern kann."[16] Und er bringt das britische Außenministerium mit seiner Forderung, die Blockade des baskischen Hafens zu durchbrechen, in arge Bedrängnis. Auch die unabhängige englische Arbeiterpartei macht mobil: Sie beschließt am Nachmittag des 17. April, 40 000 Pfund zu sammeln, um ein Lebensmittelschiff nach Bilbao zu schicken. Zwei Monate später, am 19. Juni, fällt die Stadt Bilbao an Franco. Nichts und niemand kann Francos Kampf um die Macht in Spanien und seinen Aufstieg zum faschistischen „Caudillo" aufhalten.

Am selben Samstag wird im österreichischen Loeben der 24jährige Hilfsarbeiter Max Endthaler aus Bruck an der Mur wegen Verstoßes gegen das Sprengstoffgesetz zu fünf Jahren Haft verurteilt: „Außer verschiedenen Ausrüstungsgegenständen und nationalsozialistischem Flugschriftenmaterial wurde bei Endthaler auch ein mit einem Deckel verschlossener Blechkübel vorgefunden, (...). In diesem Kübel waren fünf Stück geladene Eierhandgranaten und 39 Stück Dynamitpatronen."[17]

Ganz Europa ist ein Pulverfaß. Der Ernst der Lage und der brutale Charakter des Hitler-Faschismus wird bei den Familien Porsche und Piëch von dem Ehrgeiz überlagert, endlich den Durchbruch für das Volkswagenprojekt, geradezu ein Synonym für die Zukunft der Automobilindustrie, zu schaffen. Es ist ein Jahre dauernder Kampf – nicht zuletzt gegen massive Widerstände und Kritik des Reichsverbandes der Automobilindustrie (RDA) –, der immer wieder auf des Messers Schneide steht. Aber Ferdinand Porsche hat starke Verbündete: Adolf Hitler – und seinen eigenen porsche-typischen Willen zum Erfolg.

Sechs Wochen nach Ferdinand Piëchs Geburt, am Himmelfahrtstag 28. Mai 1937, kommt der Großvater seinem Ziel mit der Gründung der „Gesellschaft zur Vorbereitung des Deutschen Volkswagens m.b.H.", der sogenannten „Gezuvor", einen wichtigen Schritt näher. Die ersten Prototypen sind bereits auf der Straße: 30 Versuchswagen, von Hitler persönlich in Auftrag gegeben und bezahlt, gehen in den Härtetest. Ferdinand Porsche kämpft um die Realisierung seiner Vision, und er läßt sich weder beirren noch aufhalten: „In der Verfolgung eines einmal gesetzten Ziels verfuhr Porsche vergleichsweise rücksichtslos. Und er war nicht zimperlich in der Wahl seiner Mittel, wenn es etwas durchzusetzen galt."[18]

Kampfgeist wird Ferdinand Piëch in die Wiege gelegt; auch das „Ideen-Sponsoring", wie er sein Bestreben nennt, die Besten der Besten aufzuspüren, um Innovationen zum Durchbruch zu verhelfen. Doch es geht ihm nicht primär um die Förderung von Talenten, sondern um den eigenen Erfolg: Nur mit einem schlagkräftigen Team im Rücken kann es gelingen, sich selbst ein Leistungs-Denkmal zu setzen. Wie sich die Bestrebungen des Großvaters und des Enkels gleichen: Drei Monate ist Ferdinand Piëch alt, als sich Ferdinand Porsche im Juli 1937 mit dem Schnelldampfer „Bremen" zu einer Reise in die USA aufmacht. Das Volkswagenwerk in Fallersleben, dem späteren Wolfsburg – es soll das fortschrittlichste und erfolgreichste in Europa werden. Ferdinand Piëch formuliert 61 Jahre später knapp und präzise als seine VW-Vision: „Unser Ziel ist klar definiert: Volkswagen – die Erfolgreichsten."[19] Und dazu bedarf es, damals wie heute, modernster Technologie und bester Manpower.

Wo sonst könnte man sich in den dreißiger Jahren nachhaltiger „inspirieren" lassen als in Detroit, beim großen Henry Ford; bei dem Mann, der mit dem berühmten *Modell T* – hergestellt in Großserienfertigung – bereits ein wegweisendes Kapitel Automobilgeschichte des 20. Jahrhunderts geschrieben hat. An die 15 Millionen gebaute Stück machten das *Modell T* zu einem Bestseller. Nach den Plänen Ferdinand Porsches soll das Volkswagenwerk ein Abziehbild des Ford-Fließband-Werkes werden, ein *River Rouge* am Mittellandkanal, der europäische Prototyp einer modernen Produktionsstätte.

Porsche ist aber nicht nur auf Werks-Schau, sondern auch als „Headhunter" in Detroit unterwegs, auf der Suche nach Spezialisten für neueste Fertigungsmethoden. Die „Ausbeute" ist hervorragend: Neben Hans Mayr, dem Betriebsleiter der Ford-Werke in Detroit, können etwa ein halbes Dutzend Ingenieure sowie Experten für die technische und kaufmännische Leitung für das Volkswagenwerk gewonnen werden.

55 Jahre später landet der Enkel Ferdinand Piëch, gerade als Vorstandsvorsitzender der Volkswagen AG im Amt, einen spektakulären Coup: Er holt die weltbeste Wunderwaffe, den General-Motors-Kostenkiller José Ignacio López samt dessen Experten-Team aus Detroit, um VW wieder zu dem zu machen, was es seit Großvaters Anfängen sein sollte – eine Autoschmiede von Weltrang.

Für die Zukunft legt Ferdinand Piëch die Meßlatte für VW noch einen Quantensprung höher: Er will mit dem VW-Konzern „aufs Treppchen", in die Spitzengruppe der weltstärksten Drei – Seite an Seite mit den Detroiter Giganten General Motors und Ford.

Der Ehrgeiz des Großvaters Ferdinand Porsche, seinen Volkswagen endlich in einem eigens dafür errichteten Werk zu produzieren, nimmt wenige Wochen nach Ferdinand Piëchs erstem Geburtstag Gestalt an: Am 26. Mai 1938 zelebriert Adolf Hitler mit mächtigem propagandistischen Pomp die Grundsteinlegung für das Volkswagenwerk, mit dessen Gesamtplanung die Firma Porsche betraut ist. Für die Familie und das Familienunternehmen stehen die Zeichen also auf Erfolg und Expansion. Mehr noch: Für Ferdinand Porsche verheißt der Startschuß die Erfüllung eines Lebenstraums. „Ich fühle mich VW verpflichtet", wird Ferdinand Piëch 58 Jahre nach der Grundsteinlegung sagen.[20] In der Tat ist das Projekt Volkswagen lebensbestimmend für die Familie. Und es ist auch der Schlüssel zur Zukunft der Porsche-Kinder und -Enkel.

Nach ihrer Heirat im Jahr 1928 haben sich Louise und Anton Piëch in Wien ein Haus gebaut. Der Sohn Ferdinand wächst jedoch nicht in seiner Geburtsstadt auf, sondern lebt mit seiner Familie bis zum 15. Lebensjahr auf dem ländlich-ruhigen Schüttgut in Zell am See. Es ist eine abseits gelegene Oase vor einer imposanten Bergkulisse. Über sieben Kilometer Länge und anderthalb Kilometer Breite ruht der Mittelpunkt des Ortes, der See, inmitten grandios aufgefalteter Massive mit Gipfelhöhen von 2 000 bis über 3 000 Meter. Eine Erinnerung an die Landschaft seiner Kindheit und Jugend nimmt der VW-Chef Ferdinand Piëch nach Wolfsburg mit: Ein wandfüllendes Ölgemälde des Kitzsteinhorns, des majestätischen 3 203 Meter hohen Gletscher-Berges, an dessen Fuß das Schüttgut liegt, ist markanter Blickfang in seinem ansonsten sehr sachlichen Büro.[21]

Das Schüttgut wird vor allem in den letzten Kriegs- und den ersten Nachkriegsjahren für den gesamten Clan zum Zufluchtsort – regiert von Louise Piëch, dem niemals wankenden Fels in der Brandung. Doch das Landgut ist alles andere als ein beschauliches Idyll fern der geschäftlichen Männerwelt, des Konstruktionsbüros in Stuttgart und der Arbeit im Volkswagenwerk, denn Louise Piëchs Ehrgeiz ist auf anderes gerichtet als darauf, Mutter und Hausfrau zu sein. Sie hat andere Talente und Ambitionen.

Ferdinand Piëchs Mutter sitzt schon am Steuer eines Autos, als Mädchen ihres Alters mit Puppen spielten. Eine rasante Autofahrerin ist sie ihr Leben lang, und mit 19, 20 Jahren geht sie sogar bei Autorennen an den Start. Auch sein technisches Talent, sagt Ferdinand Piëch, komme nicht vom Vater. „Wenn bei uns zu Hause etwas zu reparieren war, hat es immer meine Mutter gemacht. Sie konnte sogar beim Käfer den Gasbowdenzug austauschen, wenn er gerissen war."[22] Ihre Kraft imponiert.

Zuwendung, Anteilnahme, Wärme, das jedoch sind Begriffe, die in Ferdinand Piëchs Wortschatz so wenig vorkommen, wie er Zuwendung, Anteilnahme und Wärme erfahren hat. Die energische Hand der Mutter, ihre Ablehnung alles Überflüssigen und jedweder Verschwendung, legen den Schluß nahe, daß sie auch wenig Zeit für ein „überflüssiges" Eingehen auf den Sohn hatte. Was ihn prägt und was er vermißt, sucht und findet der Porsche-Enkel später als Erwachsener bei Test-Touren in der Wüste – Einsamkeit und Wärme.

Ferdinand Piëch, sofern ihm überhaupt Sätze über sich und die Familie zu entlocken sind, spricht nicht über Gefühle. Er konstatiert. Zumeist lakonisch, spöttisch-ironisch, distanziert. Doch selbst das Wenige, das er scheinbar emotionslos preisgibt, kann ein gehöriges Maß an Kränkung, Verletzung, Verletzlichkeit, Bedauern und Bitterkeit nicht verhehlen. Die Mutter? „Die hat uns fast uns selbst überlassen." Der Großvater? „Er war fast nie da." Die Genialität des Großvaters? Auch die, sagt Ferdinand Piëch, habe er nicht kennengelernt. Der Vater? „Der ist früh verstorben."[23]

So beeindruckt Ferdinand Piëch von seiner Mutter ist – den Vater, seine „wichtigste Bezugsperson", liebt er.[24] Aber er liebt einen Abwesenden, denn schon seit Ferdinand Piëchs vierten Lebensjahr ist der Vater als Hauptgeschäftsführer im weit entfernten Volkswagenwerk. Wäre es nach Anton Piëch gegangen, hätte die Familie nachziehen sollen. Er pachtet für neun Jahre ein Grundstück vom Gut Mörse-Wolfsburg und geht wohl davon aus, daß Frau und Kinder „auf lange Sicht in die Nähe des Hauptwerkes übersiedeln". Aber „seine Frau Louise lehnt es nachdrücklich ab, in die Stadt des KdF-Wagens zu ziehen, und besuchte ihren Mann, der seit 1941 hauptsächlich dort lebte, mit den Kindern nur gelegentlich in den Schulferien".[25] Ferdinand Piëch lernt das Volkswagenwerk also schon als kleiner Junge kennen.

Daß Louise Piëch der Stadt des KdF-Wagens nichts abgewinnen kann, ist wenig verwunderlich. Im Vergleich zum herrlich gelegenen Zell am See ist sie ein trostlos-unwirtlicher Ort. 2 742 Arbeiter hat das Werk 1939, und bis 1944 steigt ihre Zahl auf 17 365. Es ist eine Belegschaft, die aus Menschen besteht, die größtenteils unter unwürdigen Lagerbedingungen leben und arbeiten müssen: russische und polnische Kriegsgefangene, Häftlinge aus Konzentrationslagern, Zwangsarbeiter aus Belgien, Frankreich und Holland. Auch vom Kriegsgericht verurteilte deutsche Soldaten werden zur Strafarbeit nach Fallersleben abkommandiert.

„Am besten, man sperrt ihn mit Papier und Bleistift ein"

Der Schutzwall des Schweigens und der Macht, den die Familien Porsche und Piëch um sich herum errichten und den sie auch im Medienzeitalter aufrechtzuerhalten vermögen, hat eine Distanz fordernde Aura des Besonderen geschaffen, die den Blick auf den Menschen verstellt. Es ist vor allem die starke Persönlichkeit Louise Piëchs – zeit ihres langen Lebens der Inbegriff einer Familienautorität und Hüterin der Porsche-Integrität –, die jeden Anflug einer reflektierenden oder gar kritischen Betrachtung der innerfamiliären Situation verbietet. Das Äußerste an persönlicher Anmerkung zu ihr sind Charakterisierungen wie „harte Hand der Mutter", „eiserner Wille", „Ehrgeiz", doch stets in einem Kontext, der Respekt und Bewunderung ausdrückt.

Was die Familie und die ungemein starke Mutter für Ferdinand Piëch bedeuten, der in einer Zeit aufwächst, die durch äußere Katastrophen wie den Krieg und durch familiäre Krisen und Konflikte geprägt ist, kann nur aus Bruchstücken entschlüsselt werden. Paradoxerweise ist es Ferdinand Piëch selbst, der entschiedene Verfechter des reinen, durch keine menschliche Regung getrübten Leistungsprinzips, der große Schweiger und wegen seiner Härte, Unnahbarkeit und vermeintlichen Gefühllosigkeit Vielgescholtene, der ausgesprochen persönliche Lebensspuren zum Familienbild beiträgt.

Ferdinand Piëch macht keinen Hehl daraus: Technik ist seine Leidenschaft, sein Metier, seine Bestimmung. An seiner Leistung und nur danach will er beurteilt werden. Er ist Leistung, er lebt Leistung, er reduziert sich konsequent auf das Prinzip Leistung – darauf, besser, noch besser, der Beste zu sein. Dieser sich stets mit anderen vergleichende Leistungsdruck läßt kein „besser" zu, das über einen längeren Zeitraum Bestand hat und Zufriedenheit bietet. Denn er mißt sich immer wieder neu und zwingt dazu, die Meßlatte höher und höher zu hängen. Kaum ist eine Aufgabe gelöst, schon wird das nächsthöhere, noch ehrgeizigere Ziel ins Visier genommen. „Es gibt nach dem Sanieren immer höhere Ziele", peitscht sich auch der VW-Chef Piëch nach den ersten harten Jahren zur nächsten Herausforderung, – „in der Weltrangliste weiterkommen."[26]

Was treibt diesen Mann zu einem Leben auf der Überholspur? Der einzige Enkel, wie seine Leistungen nachdrücklich bestätigen, der das Zeug zu einer weiteren „Ära Porsche" hat, startet seinen Lebensweg innerhalb der Familie aus einer wenig aussichtsreichen Position, weitab der Pole-Position. Und nur seelische Not, Angst, der Mangel an Zuwendung und Anerkennung können Triebkräfte freisetzen, die stark genug sind, sich einem Leistungsdiktat zu unterwerfen, das Glück, menschliche Geborgenheit und den Genuß der schönen, leichten Seiten des Daseins geradezu verbietet.

Eine Tasse Kaffee mit Honig zum Frühstück, ein Spiegelei ohne Brot, ein Salat oder eine Suppe als Mittagessen, nur hin und wieder ein Glas Alkohol – die Anspruchslosigkeit ist Ferdinand Piëch wesenseigen, und er verträgt auch nicht mehr als das Wenige, das er zu sich nimmt. Er trägt seine Koffer selber, er verzichtet auch auf jede optische Fülle – seine Lieblingsfarben sind die Nicht-Farben Schwarz und Weiß. Genießen und sich verwöhnen lassen würden ablenken, abhängig machen, die Wachsamkeit reduzieren und die Leistungsfähigkeit schmälern. Das Etikett Asket haftet ihm an, doch Ferdinand Piëchs Askese hat keine esoterische Dimension. Sie ist ein probates Mittel zu einem ego-bezogenen Zweck: um die physische und psychische Leistungsfähigkeit allzeit auf höchstem Wettkampfniveau zu halten.

Echt ist seine Bescheidenheit aber nur bedingt – sie endet dort, wo sein Standing berührt ist. Als einem älteren Mitarbeiter bei einem Japan-Besuch – aus Respekt vor dem Alter – die Koffer abgenommen werden, Ferdinand Piëch – dem Chef, aber jüngeren – dagegen nicht, steckt er die Mißachtung der Rangfolge wenig souverän weg. Was er ansonsten häufig praktiziert, wird plötzlich zu einem Statusproblem. Als dem Chef am Abend eine junge Geisha verehrt wird und der ältere Mitarbeiter mit einer altersgemäßen, aber weniger attraktiven Begleitung vorlieb nehmen muß, kontert Ferdinand Piëch den Koffer-Fauxpas mit der Bemerkung: „Siehst du, es hat eben doch nicht nur Vorteile, älter zu sein." Es hat ihn geärgert, hintangesetzt zu werden. Das Bemühen, Ferdinand Piëch in keiner Situation zu nahe zu treten und Rücksicht auf seine große Empfindlichkeit in bezug auf Rangfolge und Bedeutung zu nehmen, beschreiben Mitarbeiter als ständige Quelle der Verunsicherung und Anspannung.

Auf die Frage, ob er ein guter Vater sei, antwortet Ferdinand Piëch: „Sicher nicht besser, als meine Mutter uns Kindern gegenüber war. Ihr Prinzip war, für eine gute Ausbildung der Kinder zu sorgen, danach müssen die selber durchkommen."[27] Prinzipien sind Louise Piëchs Lebens- und Familienkorsett. Wichtig ist die Ausbildung als Startkapital, als Grundstock, um Leistungsstärke zu entwickeln. Materiell entbehrt Ferdinand Piëch nichts, mit seinen persönlichen Bedürfnissen bleibt er sich selbst überlassen. Ein Kind, das die Mutter spielerisch, fröhlich, emotional fordert – es stört beim ehrgeizigen, auch zeitbedingt-harten Kampf der Erwachsenen um geschäftliche Erfolge. Einem Kampf, an dem Ferdinand Piëchs Mutter in den Kriegs- und Nachkriegsjahren in entscheidendem Maße beteiligt ist, trotz der beiden größeren Kinder und des 1942 geborenen Hans Michael.

Wie erlebt sich ein Kind, dem die Erwachsenen viel, sehr viel an Zuwendung und Resonanz schuldig bleiben? „Es läuft Gefahr", so der Psychologe und Heidelberger Professor Dr. Theo Klauß, „zum selbstbezogenen Einzelgänger zu werden, denn Kinder erleben sich dadurch, daß ihre Äußerungen aufgenommen und beantwortet werden. Dieses Wechselspiel – Impuls des Kindes, Antwort des Erwachsenen, erneute Reaktion des Kindes – vermittelt ihm die Erfahrung, daß es verstanden wird, daß es von Menschen umgeben ist, die ihm wichtig sind; daß das Leben mit anderen weitaus interessanter ist als das Alleinsein."

Ferdinand Piëch erlebt wenig Spiel- und Freiraum im Miteinander und viel einsamen Freiraum im Sich-selbst-überlassen-Sein. Um die positive Resonanz und Anerkennung, die er nicht bekommt, als er sie braucht, kämpft er sein Leben lang. Es ist ein quälendes Streben, das er bestätigt und überwunden glaubt: „Früher war die hohe Empfindlichkeit um Anerkennung eine Schwäche. Heute habe ich das nicht mehr nötig."[28] Vor dem Hintergrund seiner Kindheit eine nur zu verständliche „Schwäche" – aber ein Ferdinand Piëch verzeiht keine Schwächen. Sich selbst am allerwenigsten. Er brandmarkt. Er bekämpft.

Schon mit vier Jahren fertigt der begabte Enkel erste technische Zeichnungen. „Und mit vier Jahren durfte ich zum erstenmal im Käfer meines Großvaters schalten", erinnert er sich mit Stolz an das Erlebnis während eines Sommerurlaubs im Ferienhaus am Wörthersee.[29] Das Domizil kauft Ferdinand Porsche für jene 100 000 Reichsmark, die mit der Verleihung des Deutschen Nationalpreises für seine Käfer-Konstruktion verbunden waren. Daß sich der Großvater tatsächlich einmal mit dem Enkel Ferdinand beschäftigt, ist ein außerordentlich seltenes Ereignis. Die Erwachsenen spielen im Leben der Kinder, und die Kinder im Leben der Erwachsenen keine Rolle. Auch wenn die Familie im Volkswagenwerk zu Besuch ist, befaßt sich allenfalls der Chauffeur mit den Porsche-Enkeln.

„Am besten, man sperrt ihn mit viel Papier und einem Bleistift in ein Zimmer ein", rät ein VW-Manager zu Ferdinand Piëchs Anfangszeiten in Wolfsburg, „dann bekommt man hervorragende Ergebnisse. Sobald er auf Menschen trifft, gibt es nur Probleme."[30] Stellt man diese Äußerung vom

Kopf auf die Füße, bietet sie eine Annäherung an das Kind Ferdinand Piëch: Die anderen haben ihn ausgeschlossen, nicht er sie. So wird ihm sein Talent – und er sich selbst – immer mehr zur Insel.

Daß Ferdinand Piëch nicht nur begabt, sondern eine Hochbegabung auf technischem Gebiet ist, findet in der Familie ebenso wenig Beachtung wie seine Introvertiertheit. Er bleibt sich selber überlassen, und sein Talent wird weder anerkannt noch geschätzt oder gefördert. Und das in einer Familie, in der Technik und Autos die absolut höchste Wertschätzung genießen! Seine Eltern scheinen nicht einmal Notiz von seinen Fähigkeiten zu nehmen, denn sie schicken den Sohn am Ende der Grundschulzeit zum Arbeitsamt. „Als ich 14 war, die Hauptschule gerade abgeschlossen hatte", erzählt Ferdinand Piëch als Anekdote, was er als große Kränkung empfunden haben muß, „schickten die Eltern mich zur Berufsberatung ins Arbeitsamt. In Zell am See blühte gerade der Fremdenverkehr auf. Deshalb sollte ich ins Hotelfach gehen, wurde mir geraten."[31]

Zum seelischen Einzelkämpfer wird Ferdinand Piëch schon in seiner frühen Kindheit – lange bevor er sich selbst als Einzelkämpfer beschreibt und ihm die darin sich ausdrückende Autarkie und Unabhängigkeit zum Markenzeichen werden. Denn der Porsche-Enkel ist von Anfang an in seiner Identität bedroht und muß hart um seine Chance auf einen anerkannten Platz im Leben kämpfen. So weiß der Talentierte von seiner technischen Begabung – aber nicht einmal das verschafft ihm die lebensnotwendige und stabilisierende Wertschätzung der Familie. Ihm zugewandte Menschen hätte er gebraucht, um sich Menschen zuwenden zu können, denn gerade hochbegabte Kinder sind in besonderem Maße auf Austausch und Anregung angewiesen, um Urvertrauen, um ein positives Verhältnis zu Menschen zu entwickeln.

Charme, sagt Ferdinand Piëch über sich selbst, „das ist mir nicht gegeben. Ich muß mit dem zurechtkommen, was mir angeboren und anerzogen ist. Menschen mit Charme tun sich viel leichter."[32] Offenheit und Selbstvertrauen, zwei der wesentlichen Voraussetzungen für Charme, werden Ferdinand Piëch in der Tat nicht anerzogen, im Gegenteil. In der ausschließlich auf Stärke und Leistung orientierten Familie wird sein Ringen um Akzeptanz immer mehr zu einem Kampf gegen sich selbst.

Deutlich werden Ferdinand Piëchs Schwierigkeiten bereits während der ersten beiden Schuljahre: Er kann auch in der zweiten Klasse weder richtig lesen noch schreiben. Doch niemand nimmt von seiner Legasthenie Notiz.

Sie fällt weder der Mutter noch dem Lehrer auf. Die 1928 in Zell am See eröffnete Schule leidet, seit sie den Betrieb aufgenommen hat, an chronischem Raummangel. Es gibt keinen Pausenraum, keinen Sportplatz, und Ferdinand Piëchs Klasse ist mit 60 Kindern hoffnungslos überfüllt. Mit seinem „Handicap", weniger zu können als die anderen Schüler, muß er alleine zurechtkommen – für ein Grundschulkind, das eigentlich sehr viel kann, sogar mehr als die anderen, eine massive Kränkung.

Ferdinand Piëch zeigt eine Reihe von Auffälligkeiten, die bei hochbegabten Kindern keine Seltenheit sind: Sie durchschauen vieles sehr schnell und können vieles alleine; sie brauchen die anderen nicht; sie entwickeln darum von sich aus oft wenig Bereitschaft, sich auf andere einzulassen. Der Grund für seine Legasthenie könnte genau diese mangelnde Bereitschaft des Hochbegabten sein, sich mit und an anderen zu orientieren: Wer die Schriftsprache lernt, muß Regeln akzeptieren und sie sich aneignen. Doch ein Kind, das in dem Bewußtsein lebt, gut ohne die anderen und ihre Regeln auszukommen – warum sollte es deren Normen übernehmen? Warum soll es nicht einfach b statt d schreiben? Die Konsequenz einer solchen – aus der Sicht des Kindes durchaus logischen – Haltung ist allerdings eine ausgesprochen unangenehme: Es wird von den Erwachsenen kritisiert und muß den Spott anderer, besser angepaßter und darum als erfolgreicher eingestufter Schüler ertragen. Eine Erfahrung, die dem Kind erneut bestätigt, daß von anderen nichts Gutes zu erwarten ist und man sich besser ausschließlich auf sich selber verläßt.

Die Familien Porsche und Piëch sind in den Jahren 1943 und 1944, als für Ferdinand Piëch der Schulernst des Lebens beginnt, vollauf damit beschäftigt, Verträge unter Dach und Fach zu bringen und zu retten, was zu retten ist: Im Volkswagenwerk laufen schwierige Verhandlungen zum rechtlichen Verhältnis zwischen der „Volkswagenwerk GmbH" und der „Dr. Ing. h.c. Ferdinand Porsche KG" in Stuttgart-Zuffenhausen. Man bereitet die Auslagerung der Firma aus Stuttgart vor und bringt auch die Familie Ferry Porsches aus der bombenbedrohten Stadt heraus. Seine Frau Dorothea und die Kinder suchen auf dem Schüttgut Zuflucht. Ferdinand Piëch hat es also nicht mehr nur mit seinen Geschwistern, sondern mit einem ganzen Rudel Kinder zu tun. Drei der insgesamt acht hat er altersmäßig über sich – die Geschwister Ernst und Louise sowie den Vetter Ferdinand Alexander –, und vier unter sich – den erst wenige Monate alten Bruder Hans Michael, die Vettern Gerhard, Peter und Wolfgang Porsche.

„Es war eine verschworene, hochqualifizierte Gemeinschaft"

Ferdinand Piëchs Zuhause wird zum Taubenschlag, zur lebhaften Großfamilie und Schaltzentrale. Louise Piëch ist in den bedrohlich-unsicher werdenden Zeiten erst recht mehr Managerin als Mutter. Aus der Notlage heraus, aber ebenso sehr aus Neigung. Und sie erweist sich als ausgesprochen geschäftstüchtig und weitsichtig.

Die resolute Porsche-Tochter sorgt schon 1943 dafür, daß ihr Anteil und der ihres Mannes aus der Porsche KG ausgegliedert und die nach Österreich verlagerten Unternehmensteile in eine eigene österreichische Gesellschaft eingebracht werden: „Der am 15. Oktober 1943 zwischen Ferdinand und Ferry Porsche einerseits und Anton und Louise Piëch andererseits abgeschlossene Vertrag übertrug die in Österreich befindlichen Vermögensteile an Louise und Anton Piëch und sah bezüglich der Patente ein ‚unbeschränktes' Mitbenutzungs- und Vorkaufsrecht vor. (…) Das Motiv für diesen Schritt Louise Piëchs dürfte in ihrer wachsenden Abneigung gegen das Engagement in der KdF-Stadt gelegen haben (…)."[33] Eine, wie die Zukunft zeigen wird, überaus vorteilhafte Entscheidung, denn sie bewahrt dieses Vermögen davor, nach dem verlorenen Krieg als deutsches Eigentum behandelt zu werden.

Seit sich Ferdinand Porsche im Jahr 1930 in Stuttgart selbständig gemacht hat, ist die Firma ein Familienunternehmen, das seine Schlagkraft aus der Qualität, dem Ehrgeiz und der ehrgeizigen Entschlossenheit der Beteiligten bezieht, sich als die Besten zu erweisen. Die „Dr. Ing. h.c. F. Porsche GmbH Konstruktionen und Beratungen für Motoren- und Fahrzeugbau" startet mit einer starken Mannschaft.

Zum Team gehört neben den Anteilseignern Ferdinand Porsche (70 Prozent), dem Schwiegersohn Anton Piëch (15 Prozent) und dem Rennfahrer Adolf Rosenberger (15 Prozent) auch jene legendäre Truppe von Ingenieuren und Technikern, von der Ferdinand Piëch noch 60 Jahre später als „genial" und „traumhaft" schwärmt: der Oberingenieur und Chefkonstrukteur Karl Rabe – Porsches rechte Hand – , Karl Fröhlich, zuständig für Getriebe, Josef Kales, der Motorenspezialist, Joseph Zahradnik, zuständig für Fahrwerke, der Karosserieexperte Erwin Komenda und Josef Mickl, Spezialist für Berechnungen. Insgesamt folgen Porsche etwa ein Dutzend seiner alten Wegbegleiter in die Selbständigkeit in der Stuttgarter Kronenstraße 24. „Es war", beschreibt Ferry Porsche den Teamgeist, „eine verschworene, hochqualifizierte Gemeinschaft, bereit, unter der bewährten Führung meines Vaters auch die schwierigsten Aufgaben anzugehen."[34] Den Clan verstärkt der lebenslang treue Porsche-Sekretär Ghislaine Kaes, den „der Professor", wie er ihn stets respektvoll nennt, nach der Trennung seiner Eltern mit elf Jahren in den Familientroß aufgenommen hat. Die familienübliche Anrede „Onkel" kommt Ghislaine Kaes angesichts der Distanziertheit, Imposanz und Dominanz des Verwandten nicht in den Sinn. Er wird ihn 30 Jahre lang nur „Professor" nennen und ihm Tag für Tag zu Diensten sein.

In der verschworenen Gemeinschaft des Großvaters wurzeln auch die Vorstellungen des Managers Ferdinand Piëch von seinem „Dream-Team". Gute Leute haben bei ihm „Narrenfreiheit", stellt er nachdrücklich klar und strebt danach, die Spitze der kreativen Elite um sich zu scharen, ausgewiesen durch Leistung, bedingungslose Unterwerfung unter die Aufgabe und Loyalität gegenüber der Nummer eins, Ferdinand Piëch.

Doch anders als der Enkel Ferdinand Piëch kann der Großvater noch unangefochten als Patriarch agieren und sich auf die volle Unterstützung der Familie verlassen. Ferdinand Porsche holt 1934, als es geschäftlich aufwärts geht, auch Ferdinand Piëchs Mutter mit ins Boot: „Porsche nutzte die wesentlich verbesserte Ertragslage der Porsche GmbH, sie in die Rechtsform einer Kommanditgesellschaft zu überführen, an der Ferry Porsche mit 15 Prozent, Anton Piëch mit 10 Prozent und seine Tochter Louise mit 5 Prozent des Kapitals beteiligt sind."[35]

Die 1943 begonnene Verlagerung der Stuttgarter Firma nach Österreich erweist sich aber nicht nur für das Unternehmen Porsche, sondern auch für den jungen Ferdinand Piëch als Glücksfall, denn durch den Umzug lernt er einige der hochinteressanten, technikbesessenen Mitarbeiter des Großvaters kennen. Die müssen an dem „Burli", wie Ferry Porsche den Neffen nennt, Gefallen gefunden haben. „Als Fünfjähriger", erinnert sich Ferdinand Piëch, „durfte ich mit Fluggerät umgehen. Am meisten zu tun hatte ich mit dem Theoretiker meines Großvaters, Dipl.-Ing. Mickl. Der beschäftigte sich mit allem, von der Windkraftmaschine über die Rakete bis hin zum Gebläse des Käfers, das stammte von ihm. (...) All das hat mich sicher beeinflußt, mich für Technik zu interessieren."[36] Vor allem aber trifft er mit Mickl auf einen Menschen, der seine Impulse aufnimmt und darauf antwortet.

Umgesiedelt wird die Firma, um Pläne von Rüstungsminister Albert Speer zu durchkreuzen, die Porsche KG ins „Protektorat Böhmen und Mähren" auszulagern. Daß die Porsches im „Protektorat" nichts Gutes erwartet hätte, ist den von Hitler eingedeutschten Familienmitgliedern nur zu bewußt. In dem von den Nazis besetzten Teil der Tschechoslowakei, bringt es Ferry Porsche auf den Punkt, wäre man „gewiß nicht als Freund empfangen worden. Nicht zu reden von dem, was uns als eingedeutschte ehemalige tschechische Staatsbürger nach der Niederlage erwartet hätte."[37]

Man geht statt dessen in österreichische Gefilde und entscheidet sich aus Sicherheitsgründen für eine Dreiteilung des Unternehmens: Das Lager wird in die Fliegerschule Zell am See in unmittelbarer Nachbarschaft des Schüttguts verlegt; die Fertigung ins etwa 100 Kilometer entfernte Gmünd, und die Zentrale bleibt in Stuttgart. In die Fliegerschule zieht ein Gutteil der aus Österreich stammenden Porsche-Spezialisten ein. Gmünd, der damals 1100-Einwohner-Ort im Kärntner Lies- und Maltatal, ist eine Oase der Sicherheit. Es gab keinen einzigen Bombenalarm und keine Bomben, „nur eine", erzählt der Antiquitätenhändler Helmut Pfeifhofer, der in Gmünd ein außergewöhnliches privates Porsche-Museum aufgebaut und Teile des „Originalschauplatzes" restauriert hat, „ist aus Versehen abseits des Ortes im Wald gefallen".

Angespanntheit, Unsicherheit, aber auch *Business as usual* machen den Alltag auf dem Zeller Schüttgut seit 1943 aus. Und *Business as usual*, das heißt im Hause Porsche Autos, Autos, Autos. Sie spielen auch in der Bergwelt eine entscheidende Rolle. Es wird entwickelt und entwickelt, getestet und getestet. 1943 ist Ferry Porsche mit verschiedenen Modellen Kübelwagen auf Erprobungstour unterwegs. Kaum eine Alm in den Kärntner Alpen ist vor den Kletterern sicher, „oft zur Überraschung der Sennerinnen", wie er amüsiert anmerkt.[38] Sogar bis aufs Kitzbüheler Horn, auf eine Höhe von 1 998 Meter, schafft man es mit einem Schwimmwagen. Auf dem Gipfel ist es so eng, daß der Wagen von vier Mann angehoben und „von Hand" gewendet werden muß.

Heftig beeindruckt ist Ferdinand Piëch als Siebenjähriger von den ungewöhnlichen Flitzern seines Onkels Ferry. Im Pendelverkehr zwischen Stuttgart, Gmünd und Zell am See ist Ferry Porsche 1944 mit einem besonders spritzigen VW-Cabriolet unterwegs. Er hat sich dafür einen Motor reserviert, der eigentlich als Antriebsaggregat für transportable Seilbahnen entwickelt wurde. Grundelement ist ein VW-Motor, aufgeladen durch ein Roots-Gebläse. So konnte die Leistung des auf 1,1 Liter aufgebohrten Motors auf 45 PS gesteigert werden.

Zum 85. Geburtstag Ferry Porsches erinnert sich Ferdinand Piëch an die stets besonderen Autos seines Onkels: „Schon als ich jung war, hatte er immer die besseren Autos als wir. Als wir kurz nach dem Krieg eines der ersten Käfer-Kabrios fuhren, hatte er in sein Kabrio einen Kompressormotor eingebaut. Er brauste allen davon."[39] Und Ferdinand Piëch baut zu dieser Zeit, mit neun Jahren, seinen ersten Unfall: „Ich saß im grünen Käfer", erzählt er, „Kissen unterm Hintern, und wollte aus der Garage rausrangieren. Da bin ich vorne mit der schönen Chromstoßstange an der Garagenwand hängengeblieben." Verrückt nach Autos zu sein, das kann der Großvater verstehen. Er nimmt das Malheur gelassen und hilft mit einem Tip: „Du mußt dir noch ein dickeres Kissen in den Rücken legen, dann kommst du besser ans Bremspedal."[40]

„Er sah das Schüttgut als Sitz der VW-Konzernleitung an"

Anders als Ferdinand Piëchs Vater ist sein Onkel Ferry Porsche in den letzten Kriegsjahren relativ häufig bei seiner Familie auf dem Schüttgut. Auf seinen Vater muß Ferdinand Piëch bis April 1945 warten – obwohl sich der Onkel und der Großvater schon Ende 1944 bzw. im Januar 1945 ganz aus Deutschland absetzen. Daß alles verloren ist, darüber scheint sich, so der Historiker Professor Hans Mommsen, „Ferdinand Porsche seit Januar 1945, als er der Panzerkommission, der er angehörte, fernblieb, klar geworden zu sein. Er zog sich nach Wien und Gmünd zurück."[41]

Anton Piëch bleibt bis zur letzten Stunde im Volkswagenwerk. Neben seiner Aufgabe als Betriebsführer hat Ferdinand Piëchs Vater auch „das Kommando über die vier aus Werksangehörigen und anderen Ortsansässigen bestehenden örtlichen Volkssturmkompanien. (…) Auf Befehl des Bataillonskommandeurs Piëch zog diese Truppe Richtung Elbe bis kurz vor Tangermünde, wo sie der kämpfenden Truppe unterstellt wurde. Piëch selbst rückte jedoch nicht mit dem Volkssturm aus, so daß der örtliche Apotheker seine Funktion übernehmen mußte. Statt dessen verließ Piëch das Hauptwerk nach dem Panzeralarm und verlegte die Konzernleitung unter Mitnahme großer Bargeldbeträge von Mörse nach Neudeck und von dort nach Zell am See."[42]

Dort hat sich inzwischen die ganze Familie, einschließlich des Großvaters aus Wien, versammelt. Zehn Millionen Reichsmark bringt Anton Piëch mit nach Zell. Und „da nach dem alliierten Einmarsch kein formeller Absetzungsbescheid ergangen war, betrachtete sich Piëch weiterhin als Geschäftsführer des Volkswagenwerks, und er sah das Schüttgut als Sitz der VW-Konzernleitung an".[43] Die Turbulenzen und Absurditäten der Zeit machen es möglich: Für kurze Zeit ist Ferdinand Piëch gewissermaßen in der VW-Zentrale zu Hause – als Achtjähriger.

Geldmittel sind es nicht, aber Nahrungsmittel sind auch auf dem Schüttgut knapp, denn den aus Deutschland „Zugereisten" steht nur zu, was es auf Lebensmittelkarten gibt. Als Ferdinand Piëch acht und neun Jahre alt ist, lebt er unter mehr als 30 Porsches und Porsche-Getreuen auf dem weitläufigen Anwesen. Der landwirtschaftliche Betrieb steuert einiges zur Versorgung bei, doch „manchmal hatten wir eben nur Kartoffeln zum Frühstück", beschreibt Ferry Porsche die unmittelbare Nachkriegszeit. „Aber Millionen unserer Landleute", merkt er zumindest noch an, „ging es damals noch viel schlechter."[44] Bedeutend schlechter!

Ferdinand Piëchs Vater gelingt es kurz nach Kriegsende, noch einiges für die Zukunft der Porsche KG zu richten: „Eine Zeitlang beglich er noch namens des Volkswagenwerkes die Rechnungen der Porsche KG, bis die Verhaftung Ferdinands und Ferry Porsches sowie Piëchs die Fiktion, in Zell am See säße die VW-Zentrale, beendete." Und auch die zehn Millionen Reichsmark finden „größtenteils für die Finanzierung der Porsche KG Verwendung".[45]

Auf dem Schüttgut fühlt man sich zunächst einmal sicher. Aber es ist die Ruhe vor dem Sturm. Ferdinand Piëch muß seinen Vater nach nur drei Monaten erneut entbehren: Am 29. Juli 1945 rücken Polizisten aus Gifhorn auf dem Familiengut an und führen sämtliche Männer ab, derer sie habhaft werden können. Nur die Frauen und Kinder bleiben zurück. Anton Piëch, Ferry Porsche sowie einige der Porsche-Techniker und -Ingenieure werden ins Zeller Feuerwehrhaus gesperrt und dann ins Salzburger Gefängnis „Landl" überführt.

Ab Mitte September 1945 ist der Vater für kurze zwei Monate wieder zu Hause, wird dann jedoch, wie der Großvater Ferdinand Porsche, unter Vorspiegelung falscher Tatsachen und mit fadenscheinigen Begründungen von den Franzosen verhaftet und kommt erst knapp zwei Jahre später – im August 1947 – gegen eine hohe Kaution aus der Gefangenschaft in Frankreich frei. Auch für Ferdinand Porsche ist es die zweite Verhaftung: Er wird zunächst in Gmünd von den Briten festgenommen und interniert, aber nach zahlreichen Verhören wieder auf freien Fuß gesetzt.

„Die Herren", kommentiert Ferdinand Piëch die Abwesenheit der Männer bitter-ironisch, „waren im Gefängnis."[46] Die Enttäuschung darüber sitzt tief. Und der Respekt vor der Stärke der Mutter wächst. Was er ihr verdankt? „Ihre konsequente Art zu handeln und Probleme zu beseitigen. Bei Kriegsende hat Mutter das Geschäft geführt."[47] Sie führt es in der Zeit der Abwesenheit der Männer tatkräftig. Daß sie für den Sohn und seine Probleme weder Auge noch Ohr hat, wird bei Ferdinand Piëch von der Bewunderung für ihre enorme Kraft überlagert. Ihr Vorbild ist der Ansporn, die eigenen, als „Schwäche" empfundenen Schwierigkeiten mit noch mehr Entschlossenheit und Willensstärke zu „beseitigen".

Die imposante Berg- und Seelandschaft rund um das Schüttgut, im Sommer ein Wassersport-, im Winter ein Schneeparadies, ist für die Enkel ein ideales Freizeit-Terrain, eine Gegenwelt zu den Nachkriegsproblemen und -belastungen. Der Sommer 1945 ist besonders schön und heiß. In der Segelfliegerschule sind amerikanische Soldaten einquartiert, und die haben ihren Spaß. Es ist anzunehmen, daß der nahe gelegene Flugplatz auch für Ferdinand Piëch, für die Geschwister und die Vettern ein Magnet ist, denn die Amerikaner veranstalten auf dem Areal mit Begeisterung Autorennen. Der Hit ist ein rasantes Rennsport-Coupé, eines von nur zwei gebauten, das nach Zell ausgelagert wurde. Ferdinand Porsche hat es 1939 für das Langstreckenrennen Berlin–Rom entwickelt. Der Superflitzer mit einer Stromlinienkarosserie aus Leichtmetall und einem frisierten VW-Motor, der es auf eine Spitzengeschwindigkeit von 145 Stundenkilometern brachte, kam nie zum Einsatz, da der Kriegsausbruch das Rennen verhinderte. Er wurde aber einer der Lieblingswagen des alten Porsche für längere Strecken.

Da das Wetter traumhaft ist, greifen die GIs kurzerhand zur Blechschere, schneiden das Coupé-Dach ab und funktionierten das Prachtstück zum Roadster um. Lange gut geht es mit dem Rennspaß allerdings nicht, denn „sie dachten nicht daran, Öl nachzufüllen, und so ging eines Tages der Motor fest, und der Traum war zu Ende. Das Wrack landete auf einem Misthaufen, wo es sehr wahrscheinlich verrottet ist."[48]

Noch bis Juli 1946, als Ferry Porsche aus der Haft entlassen wird, agiert Ferdinand Piëchs Mutter als alleinige Porsche-Chefin und -Managerin. Gmünd wird aufgebaut, und es ist eine teils atemberaubende Strecke von Zell am See ins Kärntner Lies- und Maltatal – über Lend, St. Johann, Wagrain, in Flachgau gen Osten, über die Tauern und die 1 650-Meter-Katschberghöhe nach Süden. Die steile Katschberg-Paßstraße wird sehr bald zur idealen Härte-Teststrecke für die ersten in Gmünd gebauten Porsches.

Der Aufbau der „Hütten-Werke" geht so gut voran, daß dort Ende 1946 bereits mehr als 200 Personen arbeiten. Im Gmünder Ortsteil Gries wird eine Porsche-Siedlung mit einer Reihe von Häusern und einer Porsche-„Villa" gebaut, die allerdings bescheidener ist, als es die Bezeichnung vermuten läßt. Am anderen Ende des Dorfes, nach außen sicher abgeschirmt und von einem Pförtner bewacht, liegen die Konstruktions- und die übrigen Arbeitsbereiche der „Hütten-Werke". „Hütte" hatte Ferdinand Porsche auch sein Holzhaus im Volkswagenwerk genannt. Der Raum, in dem er sich einmal wöchentlich mit seinen Vertrauten zu Besprechungen traf, glich mehr einem Wohnzimmer denn einem Büro – mit einem großen Kaminofen, einer Eckbank und Stühlen rund um den großen langen Holztisch.

Willkommen sind die „Fremden" in Gmünd ganz und gar nicht. Sie werden von der ansässigen Bevölkerung argwöhnisch beäugt. Die Eindringlinge kaufen das Wenige auf, das in der kargen Nachkriegszeit zu bekommen ist, und sie bringen viel lärmenden Verkehr in den Ort. Es rollen Lkw zur Reparatur an, landwirtschaftliche Maschinen – und überhaupt weiß niemand genau, was hinter der Umzäunung geschieht. Den Porsches ist die Distanz nur recht; man bleibt ohnehin, wie es Porsche-Art ist, am liebsten unter sich. „Ich war zehn Jahre alt nach dem Krieg. Uns haben die Kinder der Porsche-Leute leid getan", erzählt Helmut Pfeifhofer vom Porsche-Museum. „Wenn wir draußen gespielt haben, saßen die auf der Terrasse und haben gelernt. Mit uns anderen Kindern hatten die keinerlei Kontakt. Der Porsche-Betrieb bekam sogar eine eigene Telefonnummer, während alle andere Nummern über das Amt liefen. Und man hatte seine eigene Werksfeuerwehr." Porsche – das war eine Welt für sich. Man veranstaltete seine eigenen Skirennen, „und die Familie", erinnert sich Helmut Pfeifhofer, „wurde jeden Sonntag vom Chauffeur zur Kirche gefahren".

Ferdinand Piëchs Mutter Louise leistet während der Abwesenheit der Männer hervorragende Arbeit, doch die Rückkehrer lassen keinen Zweifel daran: Es ist ein „Not-Matriarchat".[49] „Meine Schwester Louise hatte während unserer zwangsweisen Abwesenheit die Firma mit bemerkenswerter Courage am Leben erhalten", kommentiert der Bruder Ferry Porsche ihre Arbeit.[50] Professor Hans Mommsen wird deutlicher: „Während der Abwesenheit Anton Piëchs und Ferdinand Porsches übernahm Louise Piëch tatkräftig die Firmenleitung, die sie auch nach deren Rückkehr nicht aufgeben wollte. Sie setzte sich zugleich mit allen Kräften für die Freilassung der Männer ein."[51] Louise Piëch überbringt auch die Millionen-Kaution, um die Männer aus der Haft freizubekommen.

Daß sie sich für besser geeignet hält als die Männer, daraus macht Louise Piëch keinen Hehl. Und Ferdinand Piëch bestätigt die Mutter in ihrem Unmut darüber, das Zepter wieder abzugeben zu müssen: „Als die Männer aus der Kriegsgefangenschaft wieder nach Hause kamen, haben sie sie prompt wieder an den Herd geschickt. Sie fand, daß ohne Männer alles besser lief. Von heute aus gesehen ist meine Mutter auch geschäftstüchtiger, als es mein Vater und Großvater waren."[52]

„30 Jahre Trainingscenter Familie"

Ferdinand Piëchs Start ins Leben ist ein harter Kampf um eine Lebensposition, die durch eine Reihe von Faktoren massiv beeinträchtigt ist: durch den im Vergleich zur Mutter schwächeren Vater; durch die männerherabsetzende Einstellung Louise Piëchs; durch die mittlere Geschwisterposition – als Ältester hätte er es vielleicht noch leichter gehabt, ebenso als Jüngster; durch seine nicht gut ausgebildeten sozialen Fähigkeiten wie auch durch die mangelnde Anerkennung seiner Talente und Kompetenz. Kampf – „das ist mein Leben", stellt der Porsche-Enkel kurz und bündig fest. „Ich bin an so was gewöhnt." Sich selbst zu behaupten und sich gegen andere durchzusetzen, darin ist er geübt durch „30 Jahre Trainingscenter Familie".[53]

Für das Familienunternehmen Porsche macht sich der früh begonnene Kampf um die Nachkriegszukunft bezahlt. Man hat schon bald wieder Tritt gefaßt: Anfang der fünfziger Jahre, als Ferdinand Piëch die Hauptschule in Zell am See beendet und seine Ausbildung auf einer Salzburger Realschule fortsetzt, feiert man bereits das tausendste Exemplar der neuen deutschen Sportwagenmarke Porsche. Schon im Juli 1948 holt der Ferry-Porsche-Cousin Herbert Kaes mit dem allerersten Wagen, dem Typ 356 Nr. 1, bei einem Straßenrennen in Innsbruck einen Klassensieg. Und 1951 geht Porsche mit dem Gmünder Leichtmetall-Coupé erstmalig beim schon damals weltbeachteten Langstreckenrennen in Le Mans an den Start.

Dieses Ereignis erlebt Ferdinand Piëchs Großvater nicht mehr: Ferdinand Porsche stirbt am 30. Januar 1951 in Stuttgart und wird in der Kapelle des Schüttguts beigesetzt. Ein Jahr zuvor hat man den 75. Geburtstag in großem Stil gefeiert. Die illustre Gästeliste ist ein Ausdruck der ungebrochenen Wertschätzung für den Ausnahme-Konstrukteur. Seit seiner Entlassung aus französischer Gefangenschaft ist Ferdinand Porsche nur noch Käfer gefahren. Seine letzte Reise macht er kurz vor seinem Tod im November 1950 nach Wolfsburg ins VW-Werk. „Dieser Besuch hat den alten Herrn tief beeindruckt, man spürte, daß er auf sein Lebenswerk stolz war. Er schaute sich alles sehr genau an", beschreibt Ferry Porsche die erste und einzige Nachkriegsbegegnung des Käfer-Konstrukteurs mit dem Volkswagenwerk, „und er schien befriedigt darüber zu sein, daß in dem von ihm vor dem Krieg geschaffenen Werk nun doch noch der ‚zivile' Volkswagen für normale Kunden produziert wurde, für den er ihn eigentlich geschaffen hatte. Sicher hat ihn diese Reise aufgewühlt, vor allem, wenn man überlegt, wie sehr er unter der Ungerechtigkeit, die ihm widerfahren war, und der Haft gelitten hatte."[54]

In der Nacht nach der Rückkehr erleidet Ferdinand Porsche einen Schlaganfall. Die letzte Fahrt macht er im Krankenwagen, aber Ghislaine Kaes, sein treuer Sekretär, fährt mit dem Käfer hinterher und überholt die Ambulanz kurz vor dem Krankenhaus. „‚Als der Professor auf der Trage rausgebracht wurde', erzählt der Wegbegleiter, ‚da hat er mich streng angeguckt und gefragt: Weshalb hast du uns überholt? Und dann hat er auf meine Gegenfrage, wie er das wissen könne, schmunzelnd geantwortet: Na, ich kenne doch meinen Motor.'"[55]

Nur anderthalb Jahre später verliert Ferdinand Piëch seine wichtigste Bezugsperson – den Vater. Anton Piëch stirbt im Alter von nur 58 Jahren an einem Herzinfarkt. Auch seine letzte Autofahrt, im August 1952, ist die Rückreise von Wolfsburg über Stuttgart nach Österreich. Wie sehr Ferdinand Piëch der Tod des Vaters getroffen hat, zeigt sein rapides Absacken in der Schule: „In nur einem halben Jahr", beschreibt er seine Betroffenheit, „wurde ich vom Klassen-Zweitbesten zum schlechtesten Schüler und blieb sitzen. Da ging ich freiwillig in ein Schweizer Internat und wurde wieder ein guter Schüler."[56]

Das Internat als Zuflucht, die Leistungssteigerung als scheinbar einzig mögliche „Lösung", mit dem Tod des Vaters fertig zu werden! Ferdinand Piëch bekämpft das Symptom – den Leistungsabfall. Zur Linderung der Ursache – des Schmerzes – hätte er Geborgenheit, Trost und Zuwendung gebraucht. Louise Piëch, die Mutter, nimmt ihn statt dessen in die Pflicht. Sie stählt. Sie erzieht ihn zu dem, was auf der Skala der Familientugenden ganz oben rangiert: Leistung, Leistung, Leistung. „Horrorbilder erscheinen da, wenn Ferdinand Piëch erzählt: der heimische Eßtisch als ein Ort des Kräftemessens und Kräftestärkens. Denn seit dem frühen Tode des Vaters – Ferdinand Piëch war fünfzehneinhalb – nahm Mutter Louise das der vier Kinder an ihre rechte Seite, das gerade erfolgreich irgendeine Leistungsprüfung absolviert hatte."[57] Man bekommt nichts geschenkt, ist die Lektion, die sie erteilt; das Lebenselixier Anerkennung und Zuwendung muß durch optimale Leistung erkauft werden.

„Ich saß dort viel zu oft. Das war mir bewußt", beschreibt Ferdinand Piëch die Folgen der von der Mutter angeheizten Rivalität zwischen den Kindern, „daraus haben sich Spannungen unter den Geschwistern entwickelt."[58] Aber nicht nur das. Das mütterliche Leistungstraining schafft einen permanenten Leistungsdruck, denn es erlaubt nur Pyrrhussiege – errungen um den Preis ständiger Seelennot: Sicher ist dem häufigen Sieger Ferdinand ein Platz an der Seite der Mutter nie. Die Anerkennung währt nur bis zum nächsten Leistungstest. Das Kind soll es immer wieder noch besser machen. Man läßt es „weiterhin auf den Zehenspitzen tanzen", läßt „es sich anstrengen und weiterhin um sich und seine Fähigkeiten ängstlich besorgt sein".[59] Louise Piëch vermittelt mit Nachdruck, daß nur dem Besten eine anerkannte Position im Leben zusteht. Wobei „der Beste sein" stets die Aufforderung impliziert, es noch besser zu machen. Und das vor dem Hintergrund der Erfahrung, daß die übermächtige Mutter den Sohn zwar neben sich sitzen läßt, wenn er etwas leistet, aber in Wort und Tat immer wieder demonstriert, wie wenig sie von Männern und ihren Fähigkeiten hält.

Der Kampf – sich stets neu beweisen, sich am Stärksten der Starken messen – wird zum Lebenselixier. Ferdinand Piëch steht und fällt mit dem immer wieder neu zu erbringenden Nachweis seiner Leistungskraft: Nicht der finanzielle Rückhalt, bestätigt er den Zwang zum Kampf, sichere seine Existenz, sondern allein seine Leistungsfähigkeit.

Nach dem Tod ihres Mannes wird Louise Piëch Chefin von damals 71 Mitarbeitern des 1947 gegründeten Salzburger Porsche-Unternehmens. „Die Witwe, Mutter von vier Kindern, entschloß sich zum Weitermachen" – dieser Tenor zahlreicher und in gleichem oder ähnlichem Wortlaut immer wiederkehrender Geburtstags- und Jubiläumswürdigungen Louise Piëchs in österreichischen Zeitungen wird der tatsächlichen Situation wenig gerecht. Sie verknüpft den Schicksalsschlag mit dem Unterton, daß sich die Mutter von vier Kindern wohl oder übel, auch wohl oder übel zu Lasten der Kinder, in die Managementpflicht nehmen lassen muß.

Als ihr Mann Anton stirbt, ist Louise Piëch 48 Jahren alt, und zwei der vier Kinder sind bereits erwachsen. Der älteste Sohn ist 23 Jahre, die Tochter Louise 20 Jahre alt. Der fünfzehneinhalbjährige Ferdinand Piëch kommt ins Internat; Kind ist nur noch der zehnjährige Sohn Hans Michael.

Louise Piëch ist bereits eine erfahrene, engagierte und ausgesprochen ehrgeizige Managerin. Sie wird auch noch mit weit über 80 Jahren mit einem silbernen Porsche Allrad-Carrera von Zell nach Salzburg kommen und als graue Eminenz im Unternehmen nach dem Rechten schauen.

Für Ferdinand Piëch beginnt nach dem Tod des Vaters eine Zeit, die er als Alptraum erlebt. Im Internat in Zuoz bei St. Moritz wird der Kampf zum Überlebenskampf. Ferdinand Piëchs Reaktion auf die aus seiner Sicht schockierend-neue Realität ist eine erschreckende Rigorosität gegenüber sich selbst: „Er lernt zu hungern, um sich Aufmerksamkeit und Fürsorge zu erlisten. Er beginnt, seine Geheimnisse zu hüten, seine Mitmenschen argwöhnisch zu beobachten, sich davonzustehlen, um einsam in den Bergen herumzuklettern."[60]

Mit der bislang erlebten Porsche-Clan-Realität – der Selbstbezogenheit seiner Kindheit und der im wesentlichen nur auf sich selbst bezogenen Familie – hat die Internatsrealität wenig gemein. Die Porsche-Welt, festungsgleich, hat ihre eigenen Wahrnehmungen und ihre eigenen Regeln. Der Rest der Welt – das sind „die anderen", eine für den Porsche-Enkel weitgehend unbekannte Größe. Sich als „Festung" zu formieren gelingt jedoch nur um den Preis einer verzerrten Wahrnehmung der Realität. „Die Familie", formuliert der langjährige Direktor der Psychosomatischen Klinik der Universität Gießen, Professor Horst-Eberhard Richter, zum Thema „Festungsfamilie", „denkt die Realität konstruktiv um – und erreicht damit, daß ein Mißverhältnis zwischen Realitätskonzept und Selbstkonzept der Familie aufgehoben wird."[61]

„Ich bin als Hausschwein aufgewachsen und mußte als Wildschwein leben", ist der markante Satz Ferdinand Piëchs, mit dem er seinen Realitätsschock beschreibt.[62] Im Vergleich zur äußeren Welt kommt ihm die Familienrealität wie ein „Hausschwein-" und ein „Naturschutzpark" vor. Im Internat ist das „Hausschwein" Ferdinand Piëch mit einer anderen Wirklichkeit und mit den daraus resultierenden Schwierigkeiten konfrontiert. Über das Rüstzeug, sich dieser Wirklichkeit zu stellen, verfügt er nicht. Strategien, Konflikte auszutragen, Spannungen auszuhalten oder Probleme miteinander zu klären, hat die Familie weder entwickelt noch vermittelt. Dort gilt allein das „Wir oder die", das Entweder-Oder.

Diese Polarisierung ergibt sich aus der Natur der „Festungsfamilie": Um die eigene Welt aufrechterhalten zu können, darf der familiäre Zusammenhalt nicht ins Wanken geraten, auch wenn die Spannungen zwischen den Mitgliedern der Familie groß sind. Nicht nur das Verhältnis zwischen Louise Piëch und den Männern belegt, daß es an kritischen innerfamiliären Konstellationen nicht mangelt. Den Zusammenhalt trotz dieser Schwierigkeiten sicherzustellen gelingt nur nach einem altbewährten Rezept: Man rückt gegen äußere Feinde zusammen: „Sie schaffen sich die Fiktion guten Einvernehmens, indem sie ihr internes Gruppenproblem externalisieren und sich in der Umwelt Adressaten für die Vorwürfe besorgen, die sie eigentlich gegeneinander und ursprünglich sogar meistens unbewußt gegen ihr eigenes Ich richten."[63] Es ist das klassische Freund-Feind-Denken nach dem Motto: „Entweder du bist *für* mich oder *gegen* mich. Bist du nicht für mich, bist du mein Feind."

Im Spannungsfeld zwischen dem gegenüber der Außenwelt praktizierten Freund-Feind-Denken der Familie und seiner eigenen Suche nach einem Platz im Leben trifft Ferdinand Piëch die Wirklichkeit hart. Er erzählt ein Schlüsselerlebnis: Es war den Internatszöglingen nicht erlaubt, über eigenes Geld zu verfügen. Ferdinand Piëch hatte jedoch – entgegen der Regel – 100 Franken in seinem Besitz. Dieses Geld wird ihm gestohlen. Er wägt ab und kommt zu dem Ergebnis, daß sein Regelverstoß weniger schwer wiegt als der Diebstahl. Er bringt ihn bei der Direktion zur Anzeige. Ein Schritt, der für ihn zum Desaster wird: Die Leute, die er für „kerzengerade und ehrlich hielt", drehten ihn „mehrere Tage durch die Mangel". Er wäre fast von der Schule geflogen. „Ich habe die Auflage bekommen, daß mir nichts gestohlen wurde."[64]

Die Konsequenzen, die Ferdinand Piëch aus diesem Erlebnis zieht, sind radikal und pauschal. Er schlußfolgert ein für allemal, „... daß Ehrlichkeit bestraft wird", entwickelt nach eigenem Bekunden „ein extrem hohes Mißtrauen gegenüber anderen, die man für völlig normal hält" und lernt daraus, „erst mal auszuforschen, wenn was passiert, wie reagieren andere Menschen auf das".[65] Sind sie ein Freund? Oder ein Feind? Auch dieses Erlebnis bestätigt ihn in der Erfahrung, daß von anderen nichts Positives zu erwarten ist; daß ihm nichts anderes übrig bleibt, als nur und ausschließlich auf sich selbst zu setzen. Nur als Einzelkämpfer kann er bestehen, und nur der Alleingang bietet Schutz und Sicherheit, „weil man sich nicht verlassen kann".[66]

Ein paar wenige Loyale als Verbündete findet der Porsche-Enkel im Internat, aber zur Lebensphilosophie wird ihm das Credo: „Sei stark; mache dich unabhängig von anderen; mache dich hart; mache dich unabhängig von deinen eigenen Bedürfnissen; suche und liebe die Einsamkeit; gib nichts preis; gib nichts Eindeutiges von dir; lerne zu hungern, um mit so gut wie nichts auszukommen."

Das Selbstbild, das Ferdinand Piëch entwickelt, läßt keinerlei Raum für einen Mißerfolg. Es zwingt zu permanenter Höchstleistung und dazu, jedes die Leistungskraft schmälernde Bedürfnis im Keim zu ersticken. „Man kann alles, wenn man nur will", ist der Kern dieses Selbstbildes; es kann und darf also keinen Grund geben, ein Ziel nicht zu erreichen. Alles liegt nur an mir. Andere zu brauchen, von ihnen abhängig zu sein – auch das wäre eine Schwäche. Bei so viel selbstauferlegtem Druck wird der Weg ins Leben zum Kampf um Sein oder Nicht-Sein: „Möglicherweise sind die Schritte, die ich im Leben gemacht habe, erkämpft habe, für meine Person überlebenswichtiger wie für einen anderen Menschen", faßt Ferdinand Piëch seine Daseinserfahrungen zusammen.[67]

Wenn mit Anstrengung und Willenskraft alles gelingt, unabhängig von äußeren Bedingungen und eigenen Begrenzungen, darf es kein Scheitern geben; da bleiben nur die Optionen Sieg oder Niederlage. Und eine Niederlage käme der Selbstzerstörung gleich. Denn schon das geringste Scheitern bedeutet, ganz und gar zu scheitern, völlig widerlegt zu sein. Ferdinand Piëch drückt es so aus: Im Streit findet er sich selbst fürchterlich. „Da werfe ich meine ganze Person in die Waagschale, mit dem Risiko, daß es auch gegen mich ausgehen kann. Es geht dann existenziell um ihn oder mich, mit allem, was bei dem dranhängt und bei mir dranhängt."[68] Streit bedeutet, in Frage gestellt zu werden, Gefahr zu laufen, eine – das Selbst vernichtende – Niederlage zu erleiden.

Vor dem Hintergrund der Forderung an sich selbst, alles schaffen zu müssen, nicht den geringsten Fehler machen zu dürfen, hat dann sogar die Möglichkeit, jemanden als Feind zu identifizieren, etwas Befreiendes. „Berechtigte Kritik tropft nicht ab, sie wurmt", gibt Ferdinand Piëch preis. Aber vieles, fährt er fort, wird „nur formuliert, um persönlich zu verletzen. Dann trifft es mich nicht. Ich erkenne, woran ich bin. Ich habe einen Gegner gewonnen."[69] Und mit einem identifizierten Gegner als Gegenüber ist Ferdinand Piëch wieder auf sicherem Terrain.

Menschen, die es sich leicht machen, werden für den sich selbst mit unnachsichtiger Härte auf Autarkie und Leistung trimmenden Porsche-Enkel zu einem provozierend-roten Tuch. „Wieso meinen wir, daß wir als in Europa Geborene mit mehr Faulheit besser leben sollen?"[70] Ferdinand Piëch nimmt kein Blatt von den Mund, wenn es um ihm Grundsätzliches geht: Harte Arbeit tut not; sich in die Pflicht nehmen tut not.

Nicht weniger zuwider ist ihm jeder Anflug moralischer Faulheit und Laschheit. Ferdinand Piëch bezeichnet sich als Atheist und meint damit, daß man ihm den Katholizismus im Internat gründlich ausgetrieben hat: „Ich habe in der Schule einen extremen Katholizismus von Südamerikanern miterlebt. Die haben fürchterliche Dinge gedreht, sind jede Woche zur Beichte gegangen, und nächste Woche ging es weiter. Das Wichtigste war, kein Flugzeug zu besteigen, ohne vorher gebeichtet zu haben."[71]

Etwas anstellen, und sich dann in der Beichte freisprechen lassen – nein, Schuld muß bestraft werden! Und das heißt im Umkehrschluß: Gar nicht erst schuldig werden. „Da man nie weiß, wie lang das Leben geht, sollte man sich so verhalten", postuliert Ferdinand Piëch als Lebensgebot, „daß man nie auch nur eine Sekunde ein schlechtes Gewissen haben muß für das, was man in diesem Leben getan hat."[72] Ein Anspruch, der nur um den Preis von Projektionen aufrechterhalten werden kann: Wenn etwas schiefgeht, kann nicht ich schuld sein, es muß an den anderen liegen.

Der Lohn der bitteren Jahre im „Gefängnis" Internat ist der erste eigene Wagen. Ferdinand Piëch bekommt ihn von der Mutter zum Abitur geschenkt: einen Porsche Typ 356, die aufsehenerregende Symbiose aus VW-Innenleben und Porsche-Tuning und -Styling. Auch privat kommen sich die Familien und Volkswagen näher: Das von viel Publikum am Straßenrand bestaunte Paar, das 1959 im weißen VW-Cabrio durch die Stadt Wolfsburg zum Traualtar fährt, sind Ferdinand Piëchs ältester Bruder Ernst und Elisabeth Nordhoff, die Tochter des Volkswagen-Generaldirektors Heinrich Nordhoff.

„Die absolute Emotion ist der 18-Zylinder-Bugatti"

Mit dem Studium an der Eidgenössischen Technischen Hochschule (ETH) in Zürich, das er nach acht Semestern Ende 1962 als Diplomingenieur abschließt, bestätigt Ferdinand Piëch seine Passion und zugleich den Stellenwert der Technik. Sie ist der Schlüssel, der aus seiner individuellen Entwicklungslogik heraus zu einer Reihe von Schlössern paßt.

Technisches Genie, das Fundament und die Krone des Porsche-Ruhms, ist das Terrain, auf dem sich Ferdinand Piëch als Hauptvertreter der dritten Generation, als Enkel der Enkel, erweisen kann. Sie ist zugleich das Gebiet, auf dem Leidenschaft, ansonsten angstbesetzt, gefahrlos ausgelebt werden kann. Was Ferdinand Piëch als Kind kaum erlebt – über die Entwicklung technischer Ideen wird es erlebbar: Da ist Rückmeldung, Austausch, Bestätigung, Anerkennung und Begeisterung.

Als Student in Zürich richtet er sich zum Beispiel seinen Porsche mit extrem kurzer Übersetzung für die Berge her. „An Ortseingängen", freut er sich diebisch, „mußte ich damals immer die Zündung ausschalten, so laut war der Wagen. Er hatte keinen Schalldämpfer."[73] Einmal jagt er nach den Weihnachtsferien die 500 Kilometer von zu Hause nach Zürich über den verschneiten 1 800 Meter hohen Arlberg-Paß. „Er ist beinahe erfroren", sagte der Kommilitone Werner Kälin (...). ‚Ich habe ihn gefragt, hast du keine Heizung?' Er sagte: ‚Dafür war kein Platz mehr.'"[74]

Technik, Motoren, Autos – sie bieten Ferdinand Piëch die Möglichkeit, eine emotionale Beziehung aufzubauen; wenigstens dadurch Glück zu erleben, daß er seine Leidenschaft Technik auslebt: „Die absolute Vernunft ist unser Drei-Liter-Auto, und da reichen drei Zylinder", so der VW-Konzernchef. „Die absolute Emotion ist dann eben der 18-Zylinder-Bugatti."[75]

Über Autos und Technik spricht der ansonsten ausgesprochen wortkarge Ferdinand Piëch gern; im Kreis seiner Techniker fühlt er sich sicher und wohl. Wie kein anderer konnte er „seit meiner Kindheit in die Entwicklung von Autos hineinschauen".[76] In *Autos* kann man hineinschauen, in *Menschen* nicht. Ferdinand Piëch erkennt Talente, Leistungsstärke, die für seine Zwecke „richtigen Leute" – der Mensch dahinter bleibt ihm suspekt, weil undurchschaubar und unberechenbar. Ganz langsam nur, Wort um Wort, gibt er Persönliches preis. Er tastet sich an sich selbst mit derselben Fremdheit und derselben Zögerlichkeit heran wie an die Worte, mit denen er Fragen nach persönlichem Erleben und Befinden beantwortet. Die Sätze, zu denen er sich durchringt, sind Versteinerungen, bereinigt um jedes lebendige Fühlen und Empfinden. Wichtig ist Ferdinand Piëch nur eines: Herausforderungen zu bestehen und Aufgaben zu lösen.

Wenn Menschen, bis auf ganz wenige Ausnahmen, als verläßliches, wichtiges und unentbehrliches Gegenüber, als emotionale Heimat, ausfallen, bleibt nur die Zuflucht zu Totem, zu Vergangenem: So wählt sich Ferdinand Piëch als Hobbys Geschichte, Altertum und Ägypten. Von sehr lebendigem Wert ist ihm die Geschichte Japans. Auch wenn dem leidenschaftlichsten Kämpfer für die Automobilindustrie in Europa nichts so sehr ein Stachel im Fleisch ist wie die Leistungsstärke der japanischen Automobilindustrie – Ferdinand Piëch ist ein Kenner des Landes, begeistert von dem Fleiß und vom starken Zusammenhalt der Japaner.

Das Samurai-Schwert als Symbol für Kampfkraft, Siegeswillen, auch für einen Ehrenkodex der Kämpfenden, wird ihm zum Symbol für die Verwurzelung Japans in Traditionen, die den Hauptkonkurrenten zu einem lange kaum zu bremsenden Siegeszug auf den internationalen Märkten verhalfen. Und die mentale Kraft der Japaner ist für den sich stets zum Erfolg verurteilenden Porsche-Enkel zugleich ein Teil Rüstzeug, Krisen zu bewältigen: „Ich befasse mich schon lange mit der Geschichte Japans in den letzten 150 Jahren. Die sind so etwas gewöhnt: einzubrechen, zu verändern und wieder anzugreifen. Wenn der Sturm kommt, biegen sie sich wie Bambus und richten sich danach wieder auf. Die Europäer sind eher wie ein Baum: Entweder er steht, oder er bricht ab."[77]

Mental tankt Ferdinand Piëch auch zu Hause in japanischem Ambiente auf. Hinter dem Haus des VW-Chefs liegt ein japanischer Garten; sein Entspannungs-Refugium war lange ein Japanzimmer, ein Ort der Ruhe und Einkehr, vergleichbar der Exerzitien-Stille in einem Kloster.

Dem Anspruch Ferdinand Piëchs, stets und ständig perfekt zu sein, es immer wieder besser als alle anderen zu machen, entspricht auch seine Begeisterung für den Sport: Im Sport wie in der Technik ist alles eindeutig und nachprüfbar meßbar. Auch beim Sport, bestätigt sein gelegentlicher Fitneßtrainer, der Ex-Weltmeister im Eisschnellauf Günter Traub, ist Ferdinand Piëch ein Techniker – und ungemein ehrgeizig. Mit Traub hat er mehrfach die 42-Kilometer-Loipe des Engadiner Skimarathons durchlaufen. Bestzeit: 3 Stunden 42 Minuten!

Bei Flaute geht der begeisterte Segler Piëch schlafen und überläßt das Boot seiner Frau. Ein Schiff im Sturm ist dem Mann der Herausforderungen allemal lieber, als zu dümpeln. Sport auch als Ventil für die Seele, um Frust, Anspannung und Streß abzubauen: Die körperliche Anspannung bis zur Erschöpfung – Joggen, Skilanglauf oder Rad fahren – bringt zurück ins Lot.

Ein weiterer Stabilisator ist die Familie. Das traditionelle Lebensmuster der ersten und zweiten Porsche-Generation – die Familie als Verankerung und Schutzschild – ist auch Ferdinand Piëch heilig. Bedeutung und Identität entstehen durch die Familie, denn nur der eigene Kosmos ist zuverlässig. Wie viele Kinder er hat? „So genau weiß man das nicht", antwortet Ferdinand.[78] Sind es zwölf? Dreizehn? Dreizehn sind es wohl. Zusammen mit den dazugehörigen Müttern ist man eine stattliche Großfamilie. Eine größere sogar als der Schüttgut-Clan der Familien Piëch und Ferry Porsche zusammen, in dem Ferdinand Piëch aufwächst. An der Zahl der Kinder gemessen, hat er die „Produktivität" der gesamten zweiten Porsche-Generation als „Einzelkämpfer" übertroffen!

„Nur bei intaktem Familienleben", davon ist Ferdinand Piëch zutiefst überzeugt, „ist Erfolg im Geschäftsleben möglich."[79] Gemessen an bürgerlichen Konventionen, ist sein Privatleben allerdings eher unkonventionell als intakt. Doch konventionell ist der Porsche-Enkel ohnehin nur gemessen an dem, was er für sich selbst als Konvention akzeptiert. Moral ist ein Eckpfeiler der Familienpolitik, wie sie nachhaltig von seiner Mutter Louise Piëch vertreten und durchgesetzt wurde. Doch der Eckpfeiler dieser Moral ist nicht Empathie. Sie ist ein Ehrenkodex, dessen Kern ein nach außen untadeliger, von Skandalen reinzuhaltender Name ist.

Bis auf eine Ausnahme gelingt es auch Ferdinand Piëch, sein Privatleben aus den Schlagzeilen herauszuhalten. Ein Erfolg, der bei der Vielzahl der beteiligten Kinder und Frauen ohne Konsens sicher nicht zu erreichen ist. Geld kann manches, aber nicht alles unter den Teppich kehren, wie die Beispiele anderer millionen- oder milliardenschwerer Familien zeigen.

Den Grundstein zur Großfamilie legt Ferdinand Piëch mit seiner ersten Frau, einer Arzttochter aus St. Moritz. Fünf Kinder stammen aus dieser ersten Ehe. Verletzende Medienschelte bringt dem Kinderreichen Mitte der achtziger Jahre eine im weitesten Sinn innerfamiliäre Beziehung ein: Ferdinand Piëch erwählt sich Marlene Porsche, die Frau seines Vetters Gerhard Porsche, Landwirt auf dem Familien-Schüttgut in Zell am See, als Lebensgefährtin. „Der Manager – Vater von zwölf Kindern aus drei Verbindungen", ereifert man sich, „hat seinem Cousin die Gemahlin ausgespannt. Zehn Jahre lebte er mit ihr zusammen, ohne sie zu heiraten (…) ‚Der Mann ist unberechenbar', erinnern sich ehemalige Mitarbeiter."[80]

Diese spezielle Beziehung, noch dazu ohne Trauschein, ist ein vielen nicht unwillkommener moralischer Hebel, die weitere Karriereeignung des damals stellvertretenden Audi-Vorstandsvorsitzenden in Frage zu stellen. Doch mehr als die Anzahl der Frauen und Kinder provoziert Gegner und Widersacher, wie ungeniert unbeirrt der Porsche-Enkel sein eigener Moral-Maßstab ist. Rücksicht nehmen, das unterstreichen sein Verhalten und die Selbstverständlichkeit, mit der er sich nimmt, was er will, muß er nicht. Ferdinand Piëch lebt beruflich wie privat nach eigenen Prinzipien, nach seinem eigenen Konzept. Privat ist Für-Sorge, das Für-die-Familie-Sorgen, Teil dieses Konzepts; ebenso, daß die Frau seinen Vorstellungen einer Rollen- und Aufgabenverteilung entspricht.

Was er von einer Frau erwartet, daran läßt Ferdinand Piëch keinen Zweifel. Er stellt auch „keinen leitenden Mitarbeiter ein, ohne dessen Partnerin kennengelernt zu haben". Denn er „will wissen, ob die Frau ihrem Mann zur Seite steht".[81] Sie soll die Verankerung in der Familie bieten, mit ihm an einem Ende des Stranges ziehen und – zumindest als Frau an Ferdinand Piëchs Seite – Kinder gebären. Selbstzweck und ein Sicheinlassen auf die Untiefen unkontrollierbarer Gefühle sind die Kinder so wenig wie Ehen und Beziehungen. Ferdinand Piëchs Begründungen für den Kinderreichtum schlagen den großen und verblüffenden Bogen von der Hoffnung, es möge ein technisches Genie darunter sein, bis zu der Überzeugung, einen Beitrag zur Rettung Europas beizusteuern: „Es ist wahrscheinlich, daß eine Großfamilie das eine oder andere Talent eines der Vorfahren mitgeerbt hat. Es ist aufgrund der Zahl wahrscheinlicher. Ich bin aber auch zutiefst davon überzeugt, daß Mitteleuropa an Kinderlosigkeit ausstirbt, und einer, der sich's leisten kann, durchaus etwas dagegen tun kann."[82]

Vater ist er dennoch, auch einer mit Freude an den Kindern. Die Wochenenden sind dem Familienmenschen Ferdinand Piëch heilig. Und wie andere Väter, die eine Eisenbahn schenken, um selbst damit zu spielen, freut sich der Enkel der Auto-Dynastie über eine Rikscha: „Mein neustes Hobby ist ein Mountainbike mit einem Anhänger für meinen Dreijährigen. Ich habe mir so eine Rikscha gekauft. Sie hat den einzigen Nachteil, daß sie nach vorne hin zum Fahrer geschlossen und nach hinten für alle Faxen offen ist."[83] Was Ferdinand Piëch von seinen Töchtern und Söhnen erwartet? Daß sie ihre Frau oder ihren Mann im Leben stehen. „Keines ist auf einem falschen Weg", stellt er mit Befriedigung fest.[84]

Und was wäre der falsche Weg? Auch Ferdinand Piëchs Kinder sind Erben; die Erben eines Vermögens, aber vor allem die Erben einer Verpflichtung. Müßiggang und einen verschwenderischen Lebensstil gestattet er seinem Nachwuchs ebenso wenig wie sich selbst. Solange die Kinder eine ordentliche Ausbildung absolvieren und einem Beruf nachgehen, äußert er gegenüber einem vertrauten Mitarbeiter, werden sie von ihm finanziell bedacht. Weichen sie vom Leistungsweg ab, wird er sie nicht mehr unterstützen. Eigene Wege zu gehen ist gestattet, es sich leicht zu machen nicht.

„Weil der Ehrgeizige nicht mit dem Ersparten geizen muß, kann er für sich als Manager im Machtspiel alles auf eine Karte setzen und im Verlustfall seine finanzielle Freiheit genießen", orakelt ein Wirtschaftsmagazin zur Führungsmoral des designierten VW-Chefs.[85] Ein eklatantes Fehlurteil:

Der Verlustfall – bei Volkswagen nicht als Sieger vom Platz zu gehen – wäre für Ferdinand Piëch ein persönlicher Gau, die größte aller anzunehmenden Niederlagen. Und die finanzielle Freiheit zu genießen käme einem Verrat gleich, denn für den Enkel und Erben Ferdinand Piëch hat eine Lebensaufgabe den höchsten Stellenwert: das Erbe – die Basis der Macht – zu bewahren und zu mehren.

Der Erbe

Wie reich ist Ferdinand Piëch wirklich? Summiert sich sein Besitz auf fünf Milliarden Mark? Oder auf mehr, weil es gut um die Porsche-Aktien steht? Ist er vermögender als Eiji Toyoda, der japanische Automobil-Tai-Pan? Mißbraucht er gar seine VW-Stellung zum Vorteil der familieneigenen Unternehmen? Ferdinand Piëchs familiärer Hintergrund, das heißt, seine ererbten Anteile an der Stuttgarter „Porsche AG" und dem Salzburger Familienunternehmen „Porsche Holding Ges.mbH", machen ihn zu einer so spektakulären wie suspekten Ausnahmeerscheinung unter den Spitzenmanagern in Deutschland.

„*Das* müssen Sie wissen, meine Herren', sagt Piëch kurz vor seinem Amtsantritt als VW-Chef und überreicht dem Präsidium des Aufsichtsrates eine Liste seiner privaten Firmenbeteiligungen."[1] Dieses „Das" – die Quelle seines Reichtums – ist für Ferdinand Piëch jedoch kein Quell des Luxus und der Freuden. Er lebt nicht *vom* Erbe, er lebt *für* das Erbe. Der Börsenwert seiner Porsche-Anteile ist für den einflußreichen Aktionär von „untergeordneter Bedeutung, da ich niemals vorhabe zu verkaufen".[2] Von übergeordneter Bedeutung hingegen ist das Erbe als Wert an sich. Darum ist es für ihn eine Frage des „Charakters", sich der Erb-Ehre als würdig zu erweisen. „Natürlich haben wir das nicht bekommen, um es zu verschleudern", betont er immer wieder.[3] Man hat es bekommen, um das Vermögen weiter zu mehren.

Nach Ferdinand Piëchs Ehrenkodex gibt es nur ein Gesetz: „Als Kapitalist sehe ich ein Kriterium: daß ich zwischen der Beeinflußbarkeit dessen, was ich ererbt habe, und der Weitergabe an meine Erben einen Zuwachs erreicht habe. Mehrwert zu schaffen, über die Inflation hinaus, das sehe ich als Lebensaufgabe."[4] Ein Rolls Royce? Die Kühlerfigur in der Vitrine tut es auch: „Die Emily", erklärt Ferdinand Piëch, „hat sich meine Frau gewünscht, und da das Auto dazu zu teuer ist, habe ich vom Rolls-Royce-Chef die Emily bekommen."[5] Die Luxus-Welt der Reichen ist nicht seine Welt. Auftritte auf dem Society-Parkett sind ihm eher eine Qual. Er absolviert sie pflichtbewußt und so selten wie gerade nötig. „Ich empfinde es als Glück", so Ferdinand Piëch, „in ein ordentliches, nicht armes Haus hineingeboren worden zu sein. Ich würde es als ein Verbrechen ansehen, mir daraus ein schönes Leben zu machen."[6] Auch wenn diese emphatisch-überzogene Selbstdarstellung mit Moral begründet, was in einem ausgeprägten Machtstreben wurzelt – gemessen an seinem Vermögen ist Ferdinand Piëch das Gegenteil eines Verschwenders, denn die Milliarden im Rücken sind nicht zuletzt der sichere Grund, von dem aus der Erbe unabhängig und machtvoll agieren kann.

Das ordentliche Haus, in das Ferdinand Piëch hineingeboren wird, ist das Werk seines Großvaters Ferdinand Porsche, seiner Mutter, der Porsche-Tochter Louise, und seines Onkels Ferry Porsche, fünf Jahre jünger als die Schwester Louise. Die erste und zweite Porsche-Generation haben vieles gemeinsam: Sie sind ehrgeizig und geschäftstüchtig, zielstrebig und außerordentlich gewieft in der Verfolgung ihrer Interessen.

Louise Piëch und ihr Mann Anton tragen vier Kinder zur dritten Porsche-Generation bei: den Erstgeborenen Sohn Ernst (geboren 1929), die Tochter Louise (1932), den Drittgeborenen Ferdinand (1937) und den jüngsten Sohn Hans Michael (1942). Ebenfalls vier Kinder haben Ferry Porsche und seine Frau Dorothea: Ferdinand Alexander Porsche (Jahrgang 1935), Gerhard (1938), Peter (1940) und Wolfgang Porsche (1943).

Die achtköpfige Nachkommenschaft wächst in ein Erbe hinein, mit dem die zweite Generation des Porsche-Piëch-Clans mit jeder Faser des Daseins verwachsen ist. Die Porsches sind streng katholisch, doch ihr Verhältnis zu Geld und Reichtum entspricht eher dem calvinistischen Glauben, der Wert des Menschen hänge allein von seinem wirtschaftlichen Erfolg ab. Louise Piëch und Ferry Porsche leben es den Kindern vor: Man geht zur Kirche, seinen Geschäften nach, ist unauffällig und bescheiden. Oberstes Lebensziel ist es, Geld und Vermögen zusammenzuhalten, keinen Millimeter Boden preiszugeben und hart am weiteren wirtschaftlichen Erfolg zu arbeiten. Wenn Ferdinand Piëchs Mutter in ihren letzten Jahren in der Fußgängerzone von Zell am See gesichtet wird, ist nur eines auffällig – ihre schlichte Erscheinung. Auf Wohlstand deutet allenfalls die Tatsache hin, daß ein Chauffeur sie absetzt und auf sie wartet.

Das Erreichte, signalisiert Louise Piëch, ist ein Beweis von Tugend, eine Belohnung dafür, ein guter, wertvoller Mensch zu sein. Daß sie eine noble Frau gewesen sei, hört man von Zeller Bürgern; und es sind idyllische Bilder, die sich mit ihr verbinden. Von ihrem roten Porsche zum Beispiel wird erzählt, den man immer wieder in der Landschaft sah, und wo der steht, ist Louise Piëch mit ihrer Staffelei nicht weit. Sie malt – gut sogar –, aber sie läßt sich so wenig in die Bilder schauen wie in die geschäftlichen und privaten Karten. Nur ein einziges Mal, bei einer Wohltätigkeitsveranstaltung, sind ihre Aquarelle zu sehen.

Die Familie genießt den größten Respekt, bestätigt der Zeller Lokalredakteur der Salzburger Nachrichten die Impressionen. Über das, was sich möglicherweise hinter der Fassade abspiele, gebe es nicht einmal Gerüchte. Doch selbst wenn es sie gäbe, ist deutlich herauszuhören – wer würde es wagen, sich mit den Porsches und Piëchs anzulegen! Jede Indiskretion wäre ein Affront; Kritik der Abstieg ins berufliche und gesellschaftliche Aus. Sie käme einem Angriff auf eine wehrhafte Festung gleich. Der Clan hat sich ein Lebensgebäude errichtet, das Sicherheit, Unabhängigkeit, Kontrolle und Überlegenheit bietet.

Einem Porsche und Piëch bereitet niemand ungestraft Unbill, ist eine diffuse Angst, die grassiert. Wenn der noch einmal bei uns fotografiert, riskiert der sein Leben, soll Ferdinand Piëch einem Fotografen gedroht haben, und sogar sein Onkel Ferry Porsche untermauert das furchteinflößende Image des Neffen mit der Bemerkung: „Wir haben fast körperliche Angst vor dem."[7] In Kombination mit seiner Machtposition als Manager, seinem Milliardenvermögen und Mißtrauen, den markig-fordernden Worten und machtvollen Gebaren bilden die kursierenden Piëch-Geschichten einen Nährboden, auf dem die Furcht vor seinem langen Arm und dem des gesamten Clans gedeiht. Ob berechtigt oder nicht – man traut Ferdinand Piëch grundsätzlich alles zu. Im Positiven wie im Negativen. Der mächtige Macher und Erbe wird so zu einer Instanz, der vorauseilender Gehorsam gewiß ist.

Die Ausnahmestellung, die Ferdinand Piëch für sich beansprucht, wurzelt vor allem in dem unbedingten Glauben an die Überlegenheit der eigenen Leistung. Auch der Großvater war in diesem Glauben durch nichts und niemanden zu erschüttern. Unter den Fragen, die Ferdinand Piëch als Belästigung empfindet, gibt es solche, die ihn langweilen, und solche, die er als dumm und überflüssig erachtet. Daß ihn etwas irritiert, ist selten. Die Frage, ob er Angst um seinen Job hatte, als die Volkswagen-López-Affäre eskalierte und er selbst massiv in die Schußlinie geriet, verblüfft ihn sichtlich. „Warum?" fragt er zurück. „Ich habe noch nie um meinen Posten gefürchtet."[8] Warum auch? Wer sich von Ferdinand Piëch trennt, den bestraft das Leben: „Mit einem Abgang des Gespanns Piëch/López würde in Deutschland die englische Krankheit ausbrechen. Nicht nur bei VW. Die Gegner hätten erreicht, was sie wollen. Sie hätten einen Krieg gewonnen."[9] Wer ihn, den Besten, nicht will, kann nur scheitern.

„Volkswagen ist ja sozusagen die Wiege"

An einem Kranseil schwebt die Ferdinand-Piëch-Attraktion, der New Beetle, im Juni 1998 vom feuerwerkerleuchteten Salzburger Himmel. Sein „Auftritt" ist der Höhepunkt einer Prominentenparty der „Porsche Holding" zur Eröffnung des „Porschehofes Salzburg". Der imposante Glaspalast des Porsche- und Piëch-eigenen Unternehmens auf dem neuen Firmengelände an der Vogelweiderstraße, ein Jahr nach dem 50jährigen Firmenjubiläum fertiggestellt, spiegelt die erreichten Milliarden-Erfolge eindrucksvoll wider. Ein Achtel der jährlichen Gewinn-Ausschüttung geht auf das Konto Ferdinand Piëchs.

Die Präsentation des High-Tech-Käfers in diesem Rahmen ist jedoch nicht nur ein Höhepunkt des Events, sondern zugleich ein Stück Familien-Genugtuung. „Ich habe immer nur die Autos meiner Familie gefahren", bringt Louise Piëch den Familienstolz auf den Nenner. „Erst die meines Vaters, dann die meines Bruders und schließlich die meines Sohnes."[10] Die Rennsport- und Repräsentationswagen aus Ferdinand Porsches Austro-Daimler- und Daimler-Ära und sein Volkswagen, die Sportwagen des Bruders Ferry und die vielfach preisgekrönten Autos des Sohnes Ferdinand Piëch – sie fügen sich zu einer fast hundertjährigen, drei Generationen umfassenden Erfolgsgeschichte.

Nur das Projekt Volkswagenwerk will sich nicht so recht in diese strahlende Bilanz fügen – zu sehr sind das Aufbau-Engagement Ferdinand Porsches und das Management Anton Piëchs mit der Nazi-Zeitgeschichte verknüpft. Das eigentliche Ziel, die zivile Produktion eines Wagens für das Volk, wird zudem erst in den Nachkriegsjahren – nach dem Ausscheiden der Porsche-Familie – erreicht. Mit Ferdinand Piëch kann man jedoch einen Triumph über vergangene Zeiten feiern – eine neue, starke Volkswagen-Porsche-Ära. Nach 48 Jahren Unterbrechung steht wieder ein Familienmitglied an der Spitze des Wolfsburger Konzerns. Und Ferdinand Piëch ist auf dem besten Weg, die VW- und Clangeschichte um ein Ruhmesblatt zu erweitern.

Die Achse Wolfsburg–Österreich erlebt in Salzburg eine für alle sichtbare Renaissance, und Ferdinand Piëch präsentiert mit dem New Beetle die emotionale und technische Fortschreibung des Großvater-Erbes. Eines Nachlasses, der dem Enkel viel eingebracht hat – unter anderem seinen Anteil an der Salzburger „Porsche Holding Ges.mbH". Dadurch ist Ferdinand Piëch Mitinhaber eines Konzerns, des größten Handelshauses in Österreich, mit dem die Familie eine inzwischen internationale Firmengruppe steuert. Als Familienaktionär der Porsche-Sportwagenschmiede in Stuttgart spielt er eine vielbeachtete Rolle, doch der über die Grenzen Österreichs hinaus geringe Bekanntheitsgrad des Salzburger Familienunternehmens steht in auffälligem Kontrast zu seiner wirklichen Bedeutung.

„Es war mein Ziel, einmal eine größere Firma zu leiten als mein Großvater", orientiert sich Ferdinand Piëch zu Beginn seiner Karriere an dem Volkswagen-Vorbild Ferdinand Porsche.[11] Dieses Ziel erreicht er 1988 mit seiner Ernennung zum Vorstandsvorsitzenden der VW-Tochter Audi. Es ist eine Position, die er in den Folgejahren durch hervorragende Managementerfolge – im Geschäftsjahr 1991 erreicht Audi mit gut sechs Prozent Umsatzrendite das beste Ergebnis seiner Unternehmensgeschichte – zum Karrieresprungbrett nach Wolfsburg ausbaut. Als „Wiederauferstehung des Ferdinand Piëch" werden seine Ergebnisse gefeiert: „Er wurde totgesagt, und er wurde totgeschrieben. Doch jetzt ist der Audi-Chef wieder da. Vor allem einer muß ihn fürchten: Daniel Gœudevert, Anwärter auf den VW-Thron."[12] Dieser Thron aber gebührt, nach eigenem Selbstverständnis, nur einem: dem Porsche-Enkel Ferdinand Piëch.

Mit VW begann und von VW kam, was die Dynastie Porsche-Piëch zu dem gemacht hat, was sie ist. „Man muß die Geschichte kennen", führt der jüngste Enkel Wolfgang Porsche zurück zu den Ursprüngen. „Volkswagen ist ja sozusagen die Wiege, aus der heraus sich das gesamte Thema Porsche erst entwickelt hat."[13] Es ist ein Thema, dessen sich die Familie nach dem Krieg mit besitzergreifendem Selbstbewußtsein und Geschäftssinn annimmt. Volkswagen ist „ihr" Werk, denn gehört hat der Porsche KG das Herz des alten Volkswagenwerks – man war seine Entwicklungsabteilung – und die Seele – das Produkt Käfer. Bei VW ist Ferdinand Piëch wieder auf heimischem Terrain. Dort fährt die Mutter vor dem Krieg winkend im offenen KdF-Wagen über das Werksgelände; der Vater lebt jahrelang in der KdF-Stadt; dort hat der Großvater seine berühmte „Hütte", für und bei Volkswagen arbeitet das vielgerühmte Porsche-Team. „Ich würde so weit gehen", knüpft Ferdinand Piëch an dieses Erbe an, „daß ich mir zutraue, in der Weltautoindustrie ein Team von einer Qualität zusammenzustellen, wie es mein Großvater im kleinen für den Käfer getan hat."[14]

Daß die erste Generation ein Unternehmen aufbaut und die zweite es bewahrt, diese Regel trifft auf das Porsche-Imperium nur bedingt zu: Ferdinand Porsche steuert mit seinem Spätwerk, der Volkswagen-Konstruktion, die Quelle bei, und die zweite Generation bringt sie zum Sprudeln. Die Rechte am VW-Käfer sowie die besondere Art der Geschäftsbeziehung zwischen dem Familienunternehmen „Porsche KG" in Stuttgart-Zuffenhausen und dem Volkswagenwerk eröffnen der Familie – nach einer ersten kritischen Nachkriegsphase – äußerst gewinnbringende Perspektiven.

Als der Krieg verloren ist, sind die Porsche-Weichen bereits in die richtige Richtung gestellt, denn die entscheidenden Unternehmensteile wurden rechtzeitig in eine österreichische Gesellschaft eingebracht. Und dem Clan gelingt ein kunstvoller Drahtseilakt: Das juristische Tauziehen bezüglich des rechtlichen Verhältnisses zwischen dem alten Porsche-Unternehmen in Stuttgart und den in Österreich neu gegründeten bereitet zwar einige Probleme, aber es geht zugunsten von Porsche aus. Summa summarum kann man also den Großteil des Besitzes über den Krieg retten: die Häuser – auch die Villa Ferdinand Porsches am Feuerbacher Weg in Stuttgart und die Konstruktionsbüros sind nicht zerstört –, Vermögen, Patente und Rechte. 1948 ist der Weg zu einem neuen unternehmerischen Aufschwung – auch juristisch – frei.

Den siebten Sinn für die richtigen strategischen Weichenstellungen zum richtigen Zeitpunkt hat vor allem Louise Piëch – ein Talent, das ihr Sohn Ferdinand als sein Erbe betrachtet. Und wie sie ist er ein sehr schweigsamer, hinter den Kulissen agierender, auf die Gunst der Stunde wartender und weit in die Zukunft planender Taktiker und Stratege. Nicht nur in bezug auf die unternehmerischen Weichenstellungen, sondern auch in bezug auf die Absicherung der eigenen Person.

Beim Poker um die Edelmarke Rolls Royce beweisen sich Ferdinand Piëchs Powerplay, sein Selbstbewußtsein und sein erfolgreiches Networking in besonderem Maße: Allen Schwierigkeiten und aller massiven Kritik zum Trotz bringt er die Luxusmarke unter das Volkswagen-Dach. Es ist ein milliardenschwerer Kraftakt, der angesichts der vernichtenden öffentlichen Schelte nur gelingt, weil sein Netzwerk – eine kleine verschworene Gemeinschaft einflußreicher Wegbegleiter, allen voran der VW-Aufsichtsratsvorsitzende Klaus Liesen und Gerhard Schröder, 1998 als Ministerpräsident der Vertreter des Hauptaktionärs Niedersachsen – rechtzeitig auf die Piëch-Linie eingeschworen und in die Entscheidungsprozesse eingebunden werden. Der Volkswagen-Einstieg in die Luxusklasse gelingt.

Ferdinand Piëch führt seit 1998 unter dem Dach des Volkswagen-Konzerns zusammen, was der Großvater in den dreißiger Jahren noch als Antipoden erlebt: die automobile Luxuswelt auf der einen Seite und seine Gegen-Vision des Volkswagens, des Autos für jedermann. Der Enkel und Erbe Ferdinand Piëch öffnet Volkswagen mit seiner Mehrmarken- und Innovationsstrategie völlig neue Zukunftshorizonte. Vom Drei-Liter-Lupo bis zu Plänen für einen 18-Zylinder-Bugatti muß sich „der Wettbewerb daran gewöhnen", so der Volkswagen-Konzernchef zu seiner Marken- und Modelloffensive, „daß wir in jeder Autoklasse Spitzenprodukte produzieren."[15]

Das Ende der Großvater-Ära bei Volkswagen im Jahr 1945 und den durch das Kriegsende erzwungenen Neuanfang der Familie erlebt der achtjährige Ferdinand Piëch vor der Haustür mit: Man repariert Autos und bastelt aus alten Wehrmachtswagen Neues zusammen. Ehrgeiziger sind die Pläne, die man am Standort Gmünd realisieren will: die Produktion der ersten Wagen der Marke Porsche. Man nimmt dafür, was man hat und kennt – VW-Teile. Die Entwicklung beginnt, auch wenn das rechtliche Verhältnis zu Volkswagen bis dahin noch nicht geklärt werden konnte, Anfang 1947 auf der Grundlage des von Ferdinand Porsche konstruierten Rennwagens Berlin-Rom. Das Ergebnis ist der Porsche Typ 356.

„Als Antriebsaggregat", so Ferry Porsche, „verwendeten wir einen Volkswagenmotor von 1131 ccm, der vor der Hinterachse angeordnet war, während das Getriebe hinter der Achse angeflanscht wurde. Die Radaufhängung vorne sowie Lenkung und Bremsen waren ebenfalls Originalteile vom Volkswagen. Das gesamte Fahrwerk mit einem Radstand von 2 150 mm, der Vierzylindermotor von 35 PS mit Luftkühlung und das nichtsynchronisierte Vierganggetriebe waren alles Original-Volkswagenteile, die durch kleine Veränderungen zu einer besseren Straßenlage und höheren Leistung führten."[16] Teile, die man hätte verwenden können, sind allerdings äußerst knapp. Aber nicht nur die Firma Porsche, auch das Volkswagenwerk hat überlebt: Die Hallen sind größtenteils zerstört, aber die Produktion läuft ohne einschneidenden Stillstand weiter. Da die Besatzungsmächte das Werk nicht als Rüstungsbetrieb einstufen, wird es auch nicht demontiert. Die Engländer lassen die Trümmer schon sehr bald wegräumen, und bereits Ende 1945 bauen 6 000 Mann Belegschaft wieder Autos.

„Das war auch für uns erfreulich", konstatiert Ferry Porsche.[17] Ein echtes Understatement angesichts des Deals, den Ferdinand Piëchs Mutter Louise und sein Onkel Ferry Porsche 1948 mit VW-Chef Heinrich Nordhoff aushandeln! Es bestand noch ein Vorkriegs-Vertrag zwischen der Porsche KG und dem Volkswagenwerk, aber erst als Heinrich Nordhoff an die Unternehmensspitze rückt, kommt es zu einer endgültigen Klärung und Regelung der Geschäftsbeziehung. Die erzielte Vereinbarung, am 16. September 1948 in Bad Reichenhall unterzeichnet, bereitet den Boden für eine Partnerschaft mit VW, die für die Familien Porsche und Piëch zur Goldgrube wird, zum Grundstein des gigantischen Erbes der dritten Generation:

- Porsche bekommt eine Lizenzgebühr von fünf Mark für jeden produzierten Käfer. Dieses Vertrauen in den Erfolg des Volkswagens erweist sich als ungemein einträglich: Am 3. Juli 1953 läuft bereits der 500 000ste Käfer vom Band, am 5. August 1955 der 1 000 000ste, und am 17. Februar 1972 überrundet der VW das Ford Modell T und wird zum meistverkauften Auto der Welt. Bis 1978, als der letzte Käfer in Deutschland vom Band läuft, sind über 20 Millionen verkauft.

- Porsche erhält zudem die Genehmigung, auf der Basis von VW-Teilen Sportwagen zu bauen, und kann seine Fahrzeuge über das VW-Vertriebsnetz verkaufen sowie über die Service-Organisationen warten lassen. Damit sind zwei zentrale Probleme des jungen Sportwagenproduzenten, der Vertrieb und der Kundendienst, gelöst.

- Es wird außerdem vereinbart, daß Porsche VW-Entwicklungsaufträge erhält. VW wird so bei Porsche zum Dauerkunden. Beide Unternehmen, bestätigt Ferry Porsche die einträgliche Kooperation 13 Jahre nach der Vereinbarung, arbeiten zusammen, „als wären wir eine Firma".[18] Und den gemeinsam geschaffenen Mittelmotor-Sportwagen VW-Porsche lanciert man zum Beispiel über eine VW-Porsche-Vertriebsgesellschaft, an der beide Firmen mit 50 Prozent beteiligt sind. Auch wenn sich das Verhältnis zu Volkswagen in späteren Jahren sehr verschlechtert – für das noch junge Porsche-Unternehmen ist die Kooperation von entscheidender Bedeutung.

- Schließlich wird festgelegt, daß Porsche die Generalvertretung für den Volkswagen in Österreich erhält. Ein Geschäft, das Ferdinand Piëchs Mutter zum Erfolgsunternehmen „Porsche Holding Ges.mbH" ausbaut.

„Wir konnten", stellt Ferry Porsche lapidar fest, „mit dem Vertragswerk zufrieden sein. Zweifellos ging es auch Nordhoff darum, uns an das Volkswagenwerk zu binden, denn ohne diese vertragliche Abmachung hätten wir ja ohne weiteres ein ähnliches Auto wie den Käfer für ein Konkurrenzunternehmen entwickeln können. Der VW war nun einmal unser geistiges Eigentum."[19] Heinrich Nordhoff ging es jedoch vorrangig darum, das Porsche-Entwicklungsmonopol zu brechen und die weitere Entwicklung des Volkswagens in eigener Regie voranzutreiben.

Knapp einen Monat nach Ferdinand Piëchs zwölften Geburtstag, am 14. Mai 1949, wird die Gesellschaft Porsche-Salzburg für den Volkswagen-Import, den Vertrieb und den Kundendienst gegründet. Gemanagt wird sie von seinen Eltern Louise und Anton Piëch. Die Porsche-Salzburg beginnt ihre Geschäftstätigkeit – den VW-Import – in Baracken auf einem ehemaligen Pioniergelände in der Salzburger Alpenstraße. Etwa 860 000 Mark (sechs Millionen Schilling) beträgt der Umsatz der beiden Standorte Gmünd und Salzburg im ersten gemeinsamen Geschäftsjahr. Im Jahr 1998/1999 bringen es die Porsche Holding Salzburg und die Porsche AG in Stuttgart auf einen Umsatz von zusammen etwa 12,2 Milliarden Mark.

Mit einer solchen Wirtschaftskraft im Rücken und seinem Gewinnanteil daraus könnte sich der Erbe Ferdinand Piëch gelassen zurücklehnen. Aber er setzt seine eigene imposante Leistungskraft dagegen: Der VW-Vorstandsvorsitzende Piëch legt 1998 und 1999 Traumergebnisse vor – seine Rekordbilanz des Geschäftsjahres 1998 weist einen Gewinn nach Steuern von 2,2 Milliarden Mark aus.

„Fünf Jahre Piëch täten VW nur gut"

Von der „Gegenfamilie" spricht Ferdinand Piëch, wenn er Porsche meint, und davon, daß er zum falschen Zweig der Familie gehöre.[20] Was die Geschäfte angeht, gehört er zum erfolgreicheren. Die Erfolgskurve des von seiner Mutter geleiteten österreichischen Unternehmens zeigt stetig und steil nach oben: Das Handelshaus kann in den fünfziger Jahren die Vorherrschaft von Fiat brechen, der durch die Kooperation mit der österreichischen Daimler-Puch quasi Inländer ist; man bekommt nicht nur einen Fuß in das Behördengeschäft, sondern beliefert das gesamte österreichische Bundesheer mit Volkswagen.

Bereits 1954, als der Sohn Ferdinand Piëch die ersten bitteren Jahre im Internat in der Schweiz erlebt, ist die Marke Volkswagen mit 5 218 verkauften Pkw und 25 Prozent Marktanteil erstmalig Marktführer in Österreich. 1961, als Ferdinand Piëch als Student an der Eidgenössischen Technischen Hochschule Zürich immatrikuliert ist, feiert man den 100 000sten in Österreich zugelassenen Volkswagen. „Der Markt war mit 250 000 bis

300 000 Autos nicht gerade einer der größten in Europa", bilanziert ein Wirtschaftsmagazin 1995, „aber sicher einer der einträglichsten. Bis zum EU-Eintritt galt Österreich als ausgesprochenes Hochpreisland."[21] Erst im Jahr 1996 wird die bisherige Porsche Holding OHG wegen ihrer Größe von einer Personengesellschaft in eine Kapitalgesellschaft, eine Ges.mbH, umgewandelt.

Zwei Millionen Autos hat das von Ferdinand Piëchs Mutter Louise 20 Jahre aktiv geführte Unternehmen in den ersten 50 Jahren seines Bestehens importiert und es in dieser Zeit auf einen Umsatz von 78,5 Milliarden Mark (550 Milliarden Schilling) gebracht! Etwa 140 000 Neuwagen der Volkswagen-Marken VW, Audi, Seat und Skoda sowie Porsches werden Jahr für Jahr in Österreich, Frankreich und den ehemaligen Ostblockländern verkauft.

Mit dem Salzburger Unternehmen kann sich Ferdinand Piëchs Mutter sogar mit deutlichem Abstand an die Umsatzspitze des Familienimperiums setzen und die deutsche Sportwagenschmiede ihres Bruders Ferry Porsche auf Platz zwei verweisen. Beide Unternehmen gehören beiden Geschwistern und seit Mitte der sechziger Jahre auch deren Kindern. Dennoch stehen die das jeweilige Unternehmen repräsentierenden Personen – Louise Piëch in Salzburg, Ferry Porsche in Stuttgart – für die Erfolge auf ihrem Terrain und stärken damit ihr Gewicht und ihren Einfluß im gesamten Imperium.

Als Ferdinand Piëchs Mutter im Jahr 1999 stirbt, ist die Porsche Holding mit einem Umsatz von rund 7,5 Milliarden Mark und knapp 7 000 Mitarbeitern eines der wichtigsten Privatunternehmen Österreichs. Ihr Geschäftsführer ist Ferdinand Piëchs Bruder, der Jurist Dr. Hans Michael Piëch. Das zentrale Geschäftsfeld unter dem Dach der Holding ist nach wie vor das ursprüngliche Geschäft: der Autohandel. Seit der Wende in Osteuropa verstärkt ein Generalimporteursvertrag mit dem VW-Konzern für Ungarn die Position der Porsche Holding. Es folgen Slowenien und die Slowakei sowie Tochtergesellschaften in Frankreich und Spanien. In Frankreich vertreibt man Chrysler und Mitsubishi sowie Yamaha-Motorräder, in Spanien werden die Marken Porsche und Saab importiert.

Seine vielfach miteinander vernetzten Funktionen machen den VW-Chef Ferdinand Piëch zur zentralen Figur in einem Business-Netzwerk, das Interessenkonflikte und Verdächtigungen auf Machtmißbrauch nur zu leicht provoziert. So ist er als VW-Vorstandsvorsitzender zugleich der wichtigste

Geschäftspartner der Porsche Holding, und auch die Geschäftsbeziehungen zwischen der Porsche AG in Stuttgart, an der er in demselben Umfang beteiligt ist wie an dem Salzburger Unternehmen, und VW sind engmaschig. Ferdinand Piëchs Entscheidungen als VW-Vorstandschef berühren ihn zwangsläufig auch geschäftlich-persönlich. So trägt der „Piëch-Effekt", das Ergebnis seiner Volkswagen-Roßkur, nicht zuletzt dazu bei, das Importgeschäft der Porsche Holding auf hohem Niveau zu halten. Im Jahr 1996, drei Jahre nach seinem Amtsantritt, liegt das Volkswagen-Preisniveau in Österreich um 12,8 Prozent unter dem Level von 1994. Das zahlt sich aus: In den österreichischen Top Ten ist der VW-Konzern 1996 mit drei Produkten vertreten – dem Golf auf Platz eins, dem Audi A4 auf Platz drei und dem Polo auf Platz acht.

Es ist eine unvergleichliche Einzigartigkeit, in der die Piëchs und Porsches auf dem Schüttgut in Zell am See, gut eine Autostunde vom Glaspalast der Porsche Holding in Salzburg entfernt, ihr Leben leben. Ob sie jagen, fischen, Familienfeste feiern, fliegen, golfen, exquisit essen oder Gäste im Hotel unterbringen – „das gehört alles mir", könnten sie mit Ferry Porsche sagen.[22] Und der Besitz vergrößert sich mit jedem Jahr.

Als „Gastarbeiter" in Deutschland ist Ferdinand Piëch im „Leistungsexil", seine Macht- und Bewußtseinsheimat aber ist das alpenländische Österreich. Nirgendwo sonst ist die Familienposition so selbstverständlich fest verankert und unangefochten. Ferdinand Piëch bleibt dieser Welt wie auch seiner Mutter zeit ihres Lebens verbunden: Er ist im Laufe der Jahre regelmäßig in Zell am See zu Besuch, um sich mit ihr zu beraten; er ist in der österreichischen Sprache zu Hause, in der Natur und Mentalität des Landes, und er holt etliche Österreicher in die Führungsriege von Audi und Volkswagen.

Es würde Wochen, gar Monate in Anspruch nehmen – sofern es überhaupt gelingen könnte –, den Spuren nachzugehen, was den Porsches und Piëchs allein in Österreich an privatem und firmeneigenem Haus-, Grund- und anderem Besitz gehört. Die Porsche Holding Salzburg hat intensiv diversifiziert – mit Schwierigkeiten, aber letztlich erfolgreich. Unter ihrem Dach sind unter anderem eine Porsche-Bank, Finanzierungsgesellschaften, Immobilien, Hotels, Tennisanlagen und Skilifte angesiedelt. Es gibt wohl kaum einen Österreicher, der im Laufe seines Lebens nicht irgendwann mit Porsche in Berührung kommt. In der Öffentlichkeit tauchen Hinweise auf Haus- und Grundbesitz der Piëch- und Porsche-Familienmitglieder nur gelegentlich auf. So im Jahr 1997, als der Name Ferdinand Piëch auf der Tagesordnung des Stadtsenates Salzburg steht: Der VW-Chef beantragt, sein Haus in Aigen in ein Restaurant umzubauen.[23] Dem Familien-Schüttgut gegenüber liegt das Hotel „Porsche Hof" und an der nördlichen Seeseite Wolfgang Porsches Nobelrestaurant Schloß Prielau. Das ehemalige fürstbischöfliche Anwesen ist der bevorzugte exquisite Ort der Familien für Aufsichtsratssitzungen und Familienfeiern.

Schon 1974 kauft die Familie das traditionsreiche Zeller Haus „Der Erlhof", eine der ältesten Ansiedlungen des Ortes. Prominenter regelmäßiger Sommergast in dem wunderschönen Anwesen mit Blick auf die Hohen Tauern war bis 1935 der Rittmeister Georg Trapp mit seiner weltberühmten singenden „Trapp-Familie". Familieneigen ist auch das Hotel „Bayrischer Hof" in Salzburg. Und das Jagdrevier vor der Haustür ist die familieneigene Hegegemeinschaft Piëch-Porsche Thumersbach.

Kürzlich wurde auch der Flughafen des Urlaubsparadieses, in unmittelbarer Nähe des Schüttguts in Zell am See gelegen, gekauft. Das 38-Hektar-Gelände wechselte für nur etwa drei Millionen Mark den Besitzer. Welches Interesse die Porsche Holding an dem Areal hat, begründet der Berater der Familien, Michael Urban: „Wir sind Besitzer der umliegenden Flächen und wollen verhindern, daß Spekulanten kaufen und irgendwann der Flugplatz für Gewerbezwecke zerstückelt wird."[24] Zell am See ist fest in Porsche-Piëch-Hand.

Anders als der VW-Chef Ferdinand Piëch, der in seinem Braunschweiger Haus von meterhohen Mauern, Technik und Polizei bewacht wird wie ein Spitzenpolitiker, gab und gibt es rund um den Familiensitz Schüttgut in Zell am See weder abschirmende Mauern noch Polizeischutz. Dort lebt man auch in der Sicherheit des Respekts, den man vor allem der Frau Kommerzialrätin Louise Piëch entgegenbrachte. Louise Piëch war keine Mitbürgerin zum Anfassen, sondern von einer Aura von Distanz umgeben, die jedoch als eine ihr gemäße akzeptiert wurde. Ging Ferdinand Piëchs Mutter durch die Menge, teilte sich das Meer. Sie mußte nicht rechtfertigen, erklären, für sich einnehmen – sie machte sich die Welt geneigt, und die Welt zollte ihr den Tribut, den sie einforderte. „Wenn heute in Österreich Tausende Menschen einen sicheren Lebensunterhalt verdienen, so ist dies nicht zuletzt dem wirtschaftlichen Weitblick und den organisatorischen Fähigkeiten von Frau Louise Piëch zu danken …", rühmt sie ein Porsche Jubiläumsbericht.[25] „Mein Kredit ist höher als bei Amtsantritt", stellt Ferdinand Piëch ein Dreivierteljahr nach der Übernahme der Geschäfte beim

Volkswagen-Konzern fest.[26] Aber anders als in Österreich, wo der autokratisch-patriarchalischen Herrschaft Louise Piëchs und des Clans Respekt gezollt wird, sieht sich Ferdinand Piëch in Deutschland massiver Kritik an seiner Person ausgesetzt.

Im österreichischen Umfeld der Familie ist man selbst für kleine Aufmerksamkeiten dankbar. So wird es den Piëchs und Porsches hoch angerechnet, daß der Bürgermeister von Zell am See zu Weihnachten nicht nur auf postalischem Wege gegrüßt, sondern zu einem Glas auf das Schüttgut geladen wird. „Zell am See", sagt ein noch junger Lokalredakteur, „verdankt der Familie außerordentlich viel." So sind die Zeller auch erleichtert, als die Familie ein Stück Land direkt vor dem Gut hergibt, damit die Umgehungsstraße gebaut werden kann. Froh ist man ebenfalls über die Schmittenhöhen-Bahn zum Berghotel auf der Schmittenhöhe, 2 000 Meter ü. d. M. gelegen und einer der schönsten Aussichtspunkte des Landes mit Blick auf über 30 Dreitausender.

Im Jahr 1988 erwarb die Porsche Holding 40 Prozent an der Bahn und investierte zudem um die 40 Millionen Mark in das Projekt. So lukrativ die Anlage für Porsche ist – sie ist auch für die touristische Hochburg Zell am See ein enormer Gewinn. Das sommers wie winters von den Bergbahnen erschlossene Erlebnisrevier ist ein Urlaubsmagnet, von dem die gesamte Region abhängt und lebt.

Insgesamt gilt das vielfach verschachtelte Piëch- und Porsche-Familienimperium, das mit immer neuen Gesellschaften, Beteiligungen oder Zwischenholdings gewinnbringend agiert, als sehr profitabel und ist von außen kaum zu durchschauen. Aufgrund der Unternehmensform besteht zudem keinerlei Zwang, öffentlich zu bilanzieren. Unter Ausschluß der Öffentlichkeit zu agieren, wäre auch Ferdinand Piëch das liebste. Die geheimsten Sachen erzählt der Piëch nicht einmal sich selbst, witzelt Gerhard Schöder über den Hang seines Freundes zur Geheimnistuerei.

Auch wenn Ferdinand Piëch seine in den Familienunternehmen wurzelnde Unabhängigkeit nicht explizit als Machtfaktor ins Feld führt, so verschafft sie ihm doch ein enormes zusätzliches Gewicht. Ein Ferdinand Piëch wird gerufen, wenn ein Retter gebraucht wird. Nicht er braucht die anderen – die anderen brauchen ihn. Seine Unabhängigkeit, jederzeit gehen zu können, wenn man ihn nicht nach eigenem Ermessen schalten und walten läßt, verleiht seinen vielfach unpopulären und umstrittenen Maßnahmen den nötigen Nachdruck. Geliebt wird er dafür kaum, eher ertragen, aber die Ergebnisse sprechen für sich.

Die Ambivalenz, die Piëchs Karriere begleitet – einerseits der Respekt vor der außergewöhnlichen Leistung, andererseits die Furcht vor der unnachsichtig-harten Hand –, macht den Mann für hoffnungslose Fälle zur Bedrohung wie zum Hoffnungsträger: „Fünf Jahre Piëch täten VW nur gut", beschreibt ein Piëch-Erfahrener als Chance, was andere als Menetekel erachten.[27] Piëch könnte den VW-Konzern „in kürzester Zeit in ein Desaster führen" und auch „für die deutsche Volkswirtschaft verheerende Folgen haben", warnt der Verkehrsexperte Frederic Vester vor dem designierten VW-Chef.[28]

„Wir erwarten, daß Sie da aufräumen", soll ihm dagegen Gerhard Schröder mit auf den Volkswagen-Weg gegeben haben.[29] Es ist eine Aufgabenbeschreibung, wie sie Ferdinand Piëch nicht treffender als seine Lebensbestimmung hätte formulieren können. Es besser zu wissen, es besser zu können, und besser als alle anderen zu sein, ist ihm wesenseigen; Anerkennung findet sein Ehrgeiz allerdings erst in den späten Karriere-Jahren. In den frühen Jahren hingegen, bei Porsche in Stuttgart, provoziert seine Unbedingtheit eine der größten persönlichen und familiären Krisen.

„Ferdinand Piëchs Laufbahn ist seine Sache"

Anders als bei Porsche in Salzburg, wo man vorwiegend still und hinter verschlossenen Türen auf Erfolgskurs ist, macht die deutsche Erblinie, Ferry Porsches „Porsche KG" in Stuttgart, seit Ende der sechziger Jahre Schlagzeilen. Sie wird zum Krisenherd und Schlachtfeld der Familie.

Kurz vor dem Abgang Ferry Porsches von der Stuttgarter Unternehmens-Bühne hat der Neffe Ferdinand Piëch am 1. Januar 1993 die VW-Bühne als Konzern-Vorsitzender betreten. Jener ungeliebte Neffe und Erbe, dem Ferry Porsche Mitte der achtziger Jahre nachgrantelte: „Ferdinand Piëchs Laufbahn ist seine Sache. Meine Aufgabe besteht darin, das Unternehmen so selbständig wie möglich zu halten."[30] Bei den Porsche-„Hausherren" in Stuttgart ist der Name Ferdinand Piëch ein Reizwort. Mehr noch – er zieht Zorn, ja geradezu Haß auf sich.

Ferry Porsche hat sich mit dem ersten 1948 in Gmünd fertiggestellten Porsche-eigenen Sportwagen, dem Typ 356, einen Traum erfüllt. „Fahren in seiner schönsten Form", dieses Porsche-Motto demonstriert man von Anfang an: Das VW-Innenleben des Typ 356 verbindet sich mit einer Linie, die in ihrer eleganten, stromlinienförmigen Weichheit Porsche-Fahrer und

-Liebhaber zu wahren Hymnen auf die Kurven animiert. 46 Porsches, alle in Handarbeit fabriziert, sind bis Anfang 1951 gebaut. Und mit der Unterzeichnung des VW-Vertrages im September 1948 reifen Pläne, an den alten Standort der Porsche-Konstruktionsbüros, nach Stuttgart, zurückzugehen. Da das alte Werk von amerikanischen Truppen besetzt ist, beginnt die Gmünder „Vorhut" die Arbeit in einem Büro in eben jenem Haus, das Ferdinand Porsche 26 Jahre zuvor gebaut hat.

Im September 1949 wird der Betrieb in Teilen auf 120 gemieteten Quadratmetern im Karosseriewerk Reutter eröffnet, das im Jahr 1964 von Porsche übernommen wird. Die Serienfertigung in Stuttgart beginnt 1950, und das erste Cabrio geht gleich in noble Hände – an den Erbprinzen zu Fürstenberg. Porsche wird zum Inbegriff des *Gentleman's Car* und zum Inbegriff von Sportlichkeit. Bereits 1951 gelingt mit einem Le-Mans-Sieg des aus Leichtmetall gefertigten 356ers, des Gmünd-Coupés, der Einstieg in die Spitzenklasse des Motorsports. Daß Ferry Porsche mit dem 356er in kürzester Zeit den Weltruhm einer Marke begründet, hat er selbst nicht für möglich gehalten. Vorsichtig, wie er ist, schätzt er die zu erreichende Verkaufszahl auf 500 Stück. Tatsächlich werden bis zur Ablösung dieser Modellreihe Ende der sechziger Jahre 78 000 Stück produziert

Porsche, als Autoschmiede in der Tradition Ferdinand Porsches, ist für den leidenschaftlichen Techniker Ferdinand Piëch das Herz des Erbes. Die Verbundenheit mit der vom Großvater begründeten Tradition unterstreicht auch die Tatsache, daß ein Teil jener genialen Mitarbeiter in Stuttgart arbeitet, von denen Ferdinand Piëch schon als Kind fasziniert war und es sein Leben lang bleibt: Erwin Komenda, der Karosseriespezialist, ist noch dabei, und auch der Chefkonstrukteur Karl Rabe.

Neunzehn Jahre ist Ferdinand Piëch alt, als Porsche 1956 das 25jährige Bestehen feiert. An diesem Tag wird auch die Fertigstellung des 10 000sten Porsche begangen. Aus der Halle herausgefahren wird er vom Vetter Wolfgang Porsche. Für Ferdinand Piëch öffnen sich die Porsche-Türen am 1. April 1963, direkt nach seinem Studium. Mit knapp 26 Jahren tritt der frischgebackene Diplomingenieur auf dem Terrain des Onkels an. Es ist der Anfang vom Ende einer aktiv-geschäftsführenden Karriere sämtlicher Familienmitglieder in den familieneigenen Unternehmen!

Mit dem Einstieg Ferdinand Piëchs bei Porsche in Stuttgart bricht die stets vorhandene Porsche-Piëch-Rivalität offen aus. Sie ist nicht zuletzt eine Bruder-Schwester-Rivalität und ein Vater-Sohn-Konflikt. Der Mythos, die Geschwister Ferry und Louise seien zwei wie aus einem Guß, verschleiert die durchgängig vorhandene Rivalität zwischen Bruder und Schwester. Ein gutes Einvernehmen können sie nur um den Preis getrennter Welten und dadurch, die Rivalität nach außen zu kanalisieren, aufrechterhalten.

Louise Piëch hat sich nie mit der klassischen Frauenrolle zufriedengegeben. Sie greift ein, handelt und nutzt die haftbedingte Abwesenheit der Männer nach dem Krieg, um ihren Anspruch auf eine führende Rolle im Familienverband nachdrücklich anzumelden und durchzusetzten. Nach außen hin muß sie den Männern nach deren Rückkehr erst einmal wieder den Vortritt lassen. Doch anders als der stets im Schatten des Vaters stehende Bruder Ferry, ist Louise Piëch selbstbewußt-eisern. „Ich habe", sagt Ferry Porsche, „bei der Arbeit meines Vaters ‚Blut geleckt' und bin von dieser engen Bindung an das väterliche Erbe nie mehr losgekommen."[31] Losgekommen ist er aber auch nie vom strengen Richterblick des Vaters, vor dem der Sohn so gut wie nie bestehen konnte. Es macht ihn sein Leben lang zögerlich und entscheidungsscheu.

Zwei Kinder, ein Erbe – als Ferdinand Porsche 1951 stirbt, wird die Rivalität zementiert: Der Vater macht nicht den Sohn zum Alleinerben, sondern verteilt das Erbe zu gleichen Teilen auf die beiden Kinder. Für Ferry Porsche eine tiefe Kränkung. „Richtiger wäre schon gewesen", stellt er klar, „wenn mein Vater den Weg der Rothschilds gegangen wäre und gesagt hätte: Einer trägt die Verantwortung, einer macht es."[32] Und Ferry Porsche verhehlt auch nicht, gegen wen sich seine Enttäuschung über den Vater und die Schwester hinaus richtet – gegen die Piëch-Kinder. „Mein Vater wollte meine Schwester unbedingt mit in die Firmenleitung bringen", macht er seinem Zorn mit vorwurfsvollen Worten Luft, „er hat aber nicht bedacht, daß sie einen Mann und vier Kinder haben würde und daß dann alles immer komplizierter wird."[33]

Als Ferdinand Porsche 1951 stirbt, sind Louise Piëchs Kinder einundzwanzig, neunzehn, vierzehn und neun Jahre alt. Das von Ferry Porsche vorgeschobene Argument, der Vater habe nicht bedacht, daß die Tochter Louise vier Kinder hat, kann sein eigentliches Problem nur notdürftig verschleiern: Der Vater Ferdinand Porsche hält seine Tochter Louise für weitaus stärker und geschäftstüchtiger als seinen Sohn Ferdinand. Da Ferry Porsche sich und seinen Nachwuchs für die eigentlich legitimen Erben hält, sind es natürlich die Kinder der Schwester, die dafür sorgen, „daß alles immer komplizierter wird". Der sein Leben lang durch die Erb-Entscheidung des Vaters tief verletzte Sohn empfindet den Piëch-Nachwuchs der Schwester seit Ende der sechziger Jahre mehr und mehr als massive Bedrohung für sein Lebenswerk – allen voran das Kuckucksei Ferdinand Piëch. Die Machtbalance zwischen den Familien erweist sich als ausgesprochen fragil. Und Ferdinand Piëch legt mit seinem Einstieg bei Porsche in Stuttgart Feuer an die unterschwellig schon lange schwelende Familien-Lunte. Er wird und macht sich zum Kristallisationspunkt alter Eifersuchten und nie gelöster Konflikte. Die Bestrebungen der zweiten Generation, die jeweiligen Einflußbereiche abzusichern und die Kinder innerhalb des Familienreiches zu plazieren, verschärfen sich während Ferdinand Piëchs Porsche-Zeit zur offenen Schlacht.

Mit seinem Antritt prallen Welten aufeinander: der eher zaudernde Onkel Ferry und der als „very eins-zwei-drei" beschriebene Neffe. Für Ferry Porsche, der mit der Erbentscheidung seines Vaters bereits eine bittere Niederlage einstecken mußte, wird die dritte Generation und ihr Ringen um Macht und Positionen zum Déjà-vu-Erlebnis. Sein Kampf um die Unabhängigkeit des Unternehmens Porsche innerhalb des Haifischbeckens Automobilindustrie – ein Kampf David gegen Goliath – ist zugleich ein Kampf um sich selbst, um die uneingeschränkte Herrschaft seiner Familie in „seinem" Revier. „Bis heute", sagt Ferdinand Piëch 1998, „ist es irgendwie ein unausgesprochenes Gesetz in unserer Familie: Porsche ist Stuttgart, und Piëch ist Salzburg."[34] Daran zu rühren ist ein gefährliches Spiel – das die zweite Generation jedoch zuläßt und sogar noch forciert. Denn die alten Mächte Louise und Ferry Porsche bringen die Kinder in Stellung. Die fügen sich nicht harmonisch in eine alte Ordnung ein, sondern fechten Stellvertreter-Machtkämpfe für die Eltern und zugleich ihre eigenen Kämpfe um eine Familienposition aus.

„Die Porsches und die Piëchs, die können sich nicht riechen"

Es muß den frischgebackenen Diplomingenieur Ferdinand Piëch mächtig in den Fingern gejuckt haben, als er 1963 bei Porsche antritt, denn was er zu Beginn der sechziger Jahre über Porsche lesen muß, ist alles andere als schmeichelhaft. Die Nobel-Autoschmiede hat nicht länger die Nase vorn, sondern sieht immer häufiger nur noch die Rücklichter der anderen. Der Achtzylinder-Motor kommt nach Expertenmeinung viel zu spät – und er wird und wird nicht fertig. Die Porsche-Rennfahrer meutern, weil sie mit Vierzylinder-Einspritzmotoren gegen die italienische Konkurrenz bei

Grand-Prix-Rennen auf verlorenem Posten stehen. „Das Hamburger Echo schreibt nach dem Großen Preis von Europa auf dem Nürburgring: Porsche hatte (...) weder etwas Neues zu bieten noch etwas zu bestellen."[35] Ein vernichtendes Urteil. Und wie es die Ironie der Geschichte will, sind die überlegenen italienischen und englischen Weltmeisterschafts-Rennwagen mit Heckmotoren ausgerüstet – einem Antrieb, den sich Ferdinand Porsche schon 1932 hat patentieren lassen. „Zwischen uns lagen Welten, ich habe nie danach gestrebt, etwas zu erfinden", beschreibt sich Ferry Porsche selbst.[36] Ganz anders Ferdinand Piëch: Vorsprung durch Technik ist seine Maxime – schon lange bevor er diesem Audi-Slogan in Ingolstadt technische Ehre macht. „Think big" und „Sieg" sind seine Maximen.

Als Ferdinand Piëch als Sachbearbeiter im Porsche-Motorenwerk beginnt, werden noch immer 356er gebaut. 1960 wird zwar mit 108 Millionen Mark zum erstenmal die 100-Millionen-Umsatzschwelle überschritten; aber ein ungetrübter Grund zu feiern ist das nicht. Der Typ 356 erreicht seine Grenzen; er ist nach 15 Jahren mehr Vergangenheit als Zukunft. „Es war mir schon lange klar gewesen, daß wir nicht ewig auf dem 356 sitzen bleiben konnten", stellt auch Ferry Porsche im Rückblick fest, aber seine Mühlen mahlen langsam.[37] Nach Ferrys Porsches Devise „immer schön vorsichtig, mit Bedacht und Improvisationstalent" verliert das Unternehmen im Wettbewerb an Boden.

Das unternehmerisch, produktionstechnisch und auch in bezug auf die Modellpolitik traditionelle, behäbige, familiär-geprägte, zögerliche Haus Porsche ist für Ferdinand Piëch eine geradezu provozierende Herausforderung. Doch mit dem Nachfolger des 356 gelingt den Stuttgartern trotz aller Probleme ein Familien-Meisterwerk: Es ist der berühmte 901, in 911 umbenannt – der erste hundertprozentige Porsche. Ferdinand Piëchs „Gesellenstück" ist die Erprobung des neuen Sechszylindermotors für den 911, den er schließlich serienreif macht.

Drei Ferdinands – zwei Porsches und ein Piëch – stehen für den Ruhm des 911: Ferry Porsche, der ihn gegen große Vorbehalte in seinem Unternehmen durchsetzt, sein Sohn Ferdinand Alexander, genannt „Butzi", der das Karosserie-Styling beisteuert, und Butzis Cousin Ferdinand Piëch. Scharmützel unter den Beteiligten entbrennen aber bereits darüber, wem der Löwenanteil am 911-Ruhm zukommt.

Ferdinand Piëch kann auf der Karriereleiter zunächst noch weiter nach oben klettern: Mit 29 Jahren übernimmt er die Porsche-Versuchsleitung, mit knapp 31 die Leitung der gesamten Entwicklungsabteilung. Seine Leistungsbilanz ist beeindruckend; doch das Klima zwischen Onkel und Neffe ist vergiftet. In seinen Memoiren widmet Ferry Porsche der neunjährigen Porsche-Arbeit seines Neffen ganze 24 Zeilen der 322 Seiten. „Besonders interessierte er sich für die Rennsportwagen", beschreibt er knapp, was Rennenthusiasten noch heute begeistert, „die wir bei den Läufen für die Europa-Bergmeisterschaft und die Sportwagen-Weltmeisterschaft unter anderem bei den 24 Stunden von Le Mans so erfolgreich einsetzen."[38]

Ferdinand Piëchs „Interesse" ist ein Hurrikan-Elan, mit dem er die Rennsportabteilung auf Sieg trimmt. Er führt zu spektakulären Ergebnissen und sorgt auf den Rennpisten der Welt für Furore. Doch als die legendäre Piëch-Konstruktion, der Typ 917, auf dem Genfer Automobilsalon für Aufsehen sorgt, ist die Porsche-Zukunft des 32jährigen Ausnahmetechnikers bereits weitgehend besiegelt: Er wird von Ferry Porsche aus dem Familienrat, dem Entscheidungsgremium der Eigner, hinauskomplimentiert.[39] Der mit 140 000 DM teuerste und mit 520 PS 350 km schnellste Porsche aller Zeiten wird den Stuttgartern noch bis 1972 sensationellen Rennsportruhm einbringen, für Ferdinand Piëch aber bedeutet er das Karriere-Aus. Zumindest auf Porsche-Terrain.

Aus erbschaftssteuerlichen Gründen, aber auch, um die Kinder disziplinierend in die Pflicht zu nehmen, erbt die dritte Generation früh und zu gleichen Teilen. „Ende der sechziger Jahre traten meine Mutter und mein Onkel, die jeweils zur Hälfte Anteilseigner waren, je 40 Prozent der Porsche-Anteile an uns acht Kinder ab", äußert sich Ferdinand Piëch im Rückblick. „Das war viel zu großzügig. Jetzt waren wir zehn Anteilseigner, und jeder hatte zehn Prozent."[40]

Aus beiden Familien drängt die dritte Generation in den sechziger Jahren bei Porsche herein. Den Piëchs gehört Salzburg, den Porsches Stuttgart – diese Machtgefüge gerät bedrohlich ins Wanken. Und Ferdinand Piëch, vom Reißbrett bis zur Rennstrecke ganz der ein- und energisch durchpeitschende Führungsstil des Großvaters, rührt beim Porsche-Chef an alte Wunden, denn der Neffe verkörpert einen Machttypus, in dessen Schatten Ferry Porsche bis zum Tod des Vaters stand – den des großen Ferdinand Porsche senior.

Daß er alles früher als andere weiß und alles besser kann; daß er ohne Rücksicht auf sich und andere vorprescht; daß er dem Ziel nahezu alles unterordnet – diese Persönlickeits- und Führungsmerkmale, nach dem Vorbild des Großvaters wie auch der Mutter geradezu der Schlüssel zum Erfolg, werden Ferdinand Piëch bei Porsche zum Verhängnis.

Die dritte Generation kämpft bei Porsche den Kampf zweier Linien: auf der einen Seite die Piëch-Power mit den Brüdern Ferdinand und dem 1971 hinzukommenden Hans Michael; auf der anderen Seite die Porsche-Söhne Ferdinand Alexander, ein Jahr älter als Ferdinand Piëch und Leiter der Porsche-Styling-Abteilung, und der 28jährige Produktionsleiter Hans-Peter Porsche. Der 25jährige Wolfgang Porsche ist noch Student. Gerhard Porsche, der älteste, wird Landwirt und lebt sein Leben als Verwalter des familieneigenen Schüttguts abseits des Stuttgarter Machtpokers. Auch wenn sich Ferdinand Alexander Porsche mit der Karosserie des 911ers bereits ein Styling-Denkmal gesetzt hat – verglichen mit der Entschlossenheit und der Durchsetzungkraft eines Ferdinand Piëch gilt er als viel zu weich und künstlerisch.

„Die Porsches und die Piëchs, die können sich nicht riechen", das ist bei Porsche kein Geheimnis und zeigt sich auf allen Ebenen.[41] Machtkämpfe werden nicht zuletzt über Seilschaften ausgetragen; man sammelt „seine" Truppen und bringt sie gegen die anderen in Stellung. Ranküne ist die Folge, eine Atmosphäre, die Intrigen begünstigt und das Klima vergiftet.

Und das in einer Situation, in der auch die Zahlen nicht stimmen: Der Porsche-Umsatz geht 1971 um über 100 Millionen Mark im Vergleich zum Vorjahr zurück, bedingt durch eine Absatzkrise in den USA und den Metallarbeiterstreik in Baden-Württemberg. Es ist ein Katastrophenjahr, denn zu allem anderen Übel lehnt auch VW den von Porsche für Volkswagen entwickelten Mittelmotor-Personenwagen EA 266 ab. Es ist eine Entscheidung, die Porsche schätzungsweise 50 bis 70 Millionen Mark an Fehlinvestitionen kostet.

Ferdinand Piëch, dessen Rennsport-Ambitionen Millionen verschlingen, kommt als Verschwender-Buhmann gut gelegen: „Die schönsten Rennerfolge", so Ferry über den Neffen und Erben, „lassen sich nur dann realisieren, wenn die Produktion verkäuflich ist und uns keine roten Zahlen beschert. Das hatte damals eben auch Ferdinand Piëch nicht verstanden. (…) Ich kann als Techniker nicht einfach irrealen Ideen nachhängen oder spintisieren, wie ich es auszudrücken pflege, mir also Spielereien erlauben, die dann später nichts bringen."[42] Doch es geht nicht vorrangig ums Geld, sondern um die Macht: Ferdinand Piëch bekommt zum 1. April 1971 die

Position eines technischen Geschäftsführers, aber er will weiter nach oben – an die Spitze.

Mit Ferry Porsche steht der Sportwagenschmiede ein Mann vor, der sich selbst in erster Linie als Unternehmer und nicht als bahnbrechender Konstrukteur versteht. Daß Techniker nach ganz oben gehören, ist dagegen ein Lebensthema Ferdinand Piëchs. Die Japaner setzen mit Erfolg auf diese Führungsqualifikation, „und ich halte die Japaner nicht gerade für erfolglos", untermauert er später mit leiser Ironie eine These, für die er durchs Feuer geht.[43] „Sicher, er ist in dieser Familiengeneration der einzige Autotechniker. Es ist aber auch nicht notwendig, daß unbedingt ein Techniker Vorsitzender im Aufsichtsrat oder im Vorstand sein muß", setzt sich Ferry Porsche immer wieder entschlossen dagegen zur Wehr, dem Neffen im Hause Porsche Macht und Einfuß zu gewähren.[44]

Gegen Ferdinand Piëchs Ehrgeiz, so dringt als Gerücht nach draußen, formiert sich die Familie Porsche zusammen mit dem Betriebsrat, dem der „Hardliner" Piëch ein besonderer Dorn im Auge ist. Würde es ihm gelingen, Ferry Porsche als Geschäftsführer abzulösen, wäre das paritätische Kräfteverhältnis der beiden Firmen nachhaltig zu Lasten der Porsches verändert. „Um dies zu verhindern, will Familien-Boß Ferry Porsche seinen hemdsärmeligen Neffen nicht an die Schalthebel der Macht gelangen lassen. Er verübelt seinem österreichischen Namensvetter die Methoden, mit denen dieser den Schlendrian aus den schwäbischen Werkshallen hinauskehrte."[45] Er nimmt es ihm mehr als nur übel, denn als Ferry Porsche Jahre später gefragt wird, welche Ingenieure ihn beeindruckt haben, kommt ihm der Name des Neffen Ferdinand Piëch nicht über die Lippen.

Wichtige Würfel fallen zum 1. März 1972: Die dritte Generation Piëch und Porsche hat zwar früh geerbt, doch von der aktiven Geschäftsführung wird sie ein für allemal ausgeschlossen – in Stuttgart wie in Salzburg. Ein Verdikt, das ebenso für die zweite Generation gilt: Auch sie gibt ihre bisherigen Ämter auf. Den Abschluß der Neuorganisation bildet die Umwandlung der Porsche KG in eine Aktiengesellschaft, die „Dr. Ing. h.c. F. Porsche AG", eine Familien-AG mit anfangs zehn Aktionären. An der Spitze der Geschäftsführung übernehmen erstmals zwei Fremde das Regiment: Der Kaufmann Heinz Branitzki und – eine bittere Ohrfeige für den Ingenieur Ferdinand Piëch – der Techniker Heinz Fuhrmann. Den Vorsitz im Aufsichtsrat übernimmt Ferry Porsche, Ferdinand Piëchs Mutter Louise wird seine Stellvertreterin.

Die zweite Generation, Louise Piëch und Ferry Porsche, straft die Nachkommenschaft rigoros ab. Die vertraute Konfliktkonstellation – der Clan gegen den Rest der Welt – hat sich verändert. Bedingt durch die Unfähigkeit Louise Piëchs und Ferry Porsches, mehr zur Lösung der Konflikte zwischen den Erben beizutragen als den Auftrag, der Nachwuchs möge sich disziplinieren, werden die Kinder zum Feind. Ferry Porsche sagt es deutlich: „Dazu ist festzustellen, daß die dritte Generation mit aller Macht darum gekämpft hat, den beiden Senioren, also meiner Schwester und mir, keine Vorrangstellung einzuräumen." Ganz anders hätte er mit ihnen umspringen sollen: „Ich würde, wenn ich noch einmal anfinge, einiges viel härter durchsetzen, als ich es in der Vergangenheit gemacht habe. Und zwar härter mit den Nachkommen."[46]

Die Altvorderen stehen 1972 vor einem Scherbenhaufen ihrer Absichten und Hoffnungen. Die Trennung von Eigentum und aktiver Geschäftsführung ist aber auch ein Waterloo für den Erben und Napoleon-Bewunderer Ferdinand Piëch, der wie kein anderer das Zeug, die Leidenschaft und den brennenden Ehrgeiz mitbringt, die Stellung des Clans auszubauen. Ferdinand Piëch beschreibt in seinen Versuchen, die Entwicklung zu begründen und zu rechtfertigen, welche Defizite den Ausschluß von der aktiven Geschäftsführung im familieneigenen Firmenimperium ursächlich begründen:

- ■ „Sehen Sie, mein Großvater hatte acht Enkel, und jeder ist der Meinung, er hätte die gleiche Begabung. Das würde auch gleiches Recht und gleiche Mitsprache bedeuten. Mit einer solchen Art von Mitsprache können einem Unternehmen Probleme erwachsen."[47]

- ■ „Das Nebeneinander von Qualifizierten und Nichtqualifizierten (Erben) machte alles sehr schwierig."[48]

- ■ „Wir als Kinder haben zuerst das Erbe angetreten, und dann sollten wir Verträge unterschreiben – das ist sehr schwierig."[49]

- ■ „Unter uns acht war die Zahl derer, die es nach Charakter und Ausbildung zu bewahren versprachen, tatsächlich in der Minderheit. Deshalb sagte die zweite Generation, also meine Mutter und ihr Bruder: ‚Damit niemand etwas kaputtmacht, ist es besser, es gehen alle raus.'"[50]

Ein Kriterium, sich als würdiger Erbe zu beweisen, ist, wie Ferry Porsche nachdrücklich bestätigt, die Charakterstärke, der Firma den Vorrang vor allen anderen Interessen einzuräumen: „Erst einmal mußten wir feststellen", beschreibt er nüchtern, was in der Familie wie eine Bombe einschlägt, „daß sich einige Aktionäre mehr für Geld interessieren als für die Firma."[51] Auch Ferdinand Piëch, ein strikter Anhänger des Auftrags, das Erbe nicht zu verschleudern, stellt fest: „Zumindest einer tat es dennoch."[52] Es ist ausgerechnet ein Piëch, sein ältester Bruder Ernst, der dem Haus zur Unehre gereicht. Ernst Piëch hat sich in Grundstücksangelegenheiten heftig verspekuliert und schockiert mit der Ankündigung, seine Porsche-Anteile an ein arabisches Konsortium zu verkaufen. Ein „Verrat", der die Familie 1983 zwingt, von ihrem Vorkaufsrecht Gebrauch zu machen, um den Ausverkauf der 9,5 Prozent Grundkapital zu verhindern. Etwa elf Millionen Mark muß jeder der Piëch- und Porsche-Eigner aufbringen, um Ernst Piëch mit etwa 100 Millionen Mark auszubezahlen. Für die Zukunft soll ein Konsortialvertrag sicherstellen, daß die vierte Generation nicht noch mehr Sprengkraft entwickelt als die dritte: Die Zehntel können nicht mehr geteilt werden. Die zahlreichen Ferdinand-Piëch-Kinder werden also unter sich ausmachen müssen, wie sie ihr „Erbe-Sein" gestalten.

Die Konflikte zwischen den Familien sind auch nach der Ernst-Piëch-Krise nicht gelöst, sondern nur auf die Ebene des Aufsichtsrates verlagert, in dem 1992 drei Porsches und zwei Piëchs die Familieneigner vertreten. Ferry Porsche übt noch bis 1993 ein Mandat in Stuttgart aus. Doch im Gegensatz zur Schwester Louise in Salzburg hat er einen krisenüberschatteten Abgang: In derselben Hauptversammlung am 5. März 1993, in der er – 84jährig – sein Mandat im Aufsichtsrat niederlegt, verkündet der Porsche-Vorstandschef Wendelin Wiedeking, das Unternehmen werde auch im Geschäftsjahr 1992/1993 – nach gut 65 Millionen Verlust im Jahr davor – mit einem saftigen Minus abschließen.

Einige Jahre später, im Geschäftsjahr 97/98, kann der Erbe Ferdinand Piëch allerdings zufrieden sein: Porsche steigert den Umsatz im Vergleich zum Vorjahr um 20 Prozent auf 4,9 Milliarden Mark. Das Ergebnis vor Steuern verbessert sich um 96 Prozent auf 324 Millionen, der Jahresüberschuß verdoppelt sich nahezu um plus 99 Prozent auf 277 Millionen Mark.

„Was die da bei Porsche machen"[53] – das mitanzusehen, ist dem von der Führung der eigenen Unternehmen ausgeschlossenen Ferdinand Piëch in den Jahren 1991 und 1992 eine absolute Qual. Daß er es besser gekonnte hätte als der agierende Porsche-Vorstandsvorsitzende Arno Bohn, davon ist er zutiefst überzeugt. Den Nachweis darf er nicht mehr erbringen, aber Ferdinand Piëch mischt sich auch aus der Ferne intensiv in die Stuttgarter Personal- und Unternehmenspolitik ein.

Der Audi-Chef und seit 1992 designierte VW-Vorstandsvorsitzende lebt seit dem Ausschluß aus der aktiven Führung der Familienunternehmen zu keinem Zeitpunkt nur eine einzige Rolle und Aufgabe: Neben seiner Funktion als Spitzenmanager in Fremdunternehmen ist er immer auch Erbe und ein Anteilseigner, der energisch eingreift, wenn es ihm notwendig erscheint. Das Doppel-, gar Dreifach-Engagement ist stets ein Drahtseilakt, der aufgrund der vielfältigen Verflechtungen innerhalb der Automobilindustrie und der trotz aller Kooperation angespannten Konkurrenzsituation kaum spannungsfrei gelingen kann.

„Piëch muß raus", fordert 1992 der stellvertretende Porsche-Aufsichtsratsvorsitzende und IG-Metall-Bevollmächtigte Ludwig Kemeth.[54] Es ist die harsche Antwort darauf, daß Ferdinand Piëch es nicht lassen kann, auf seine Art und Weise beispiellos zu provozieren: Er kontert die angestaubte Modellpolitik des Hauses Porsche im Herbst 1991 auf der Frankfurter Automobilausstellung mit „Fortschritt durch Technik" – mit dem Audi Quattro Spyder, einem Sportwagen, der dem Porsche 968 eindrucksvoll die Schau stiehlt.

Mit seiner Kritik an der Porsche-Modellpolitik und am Porsche Vorstandsvorsitzenden Arno Bohn steht Ferdinand Piëch in der Branche nicht allein. „Der Taktiker Piëch hatte am 23. September 1992 bei einem Vier-Augen-Gespräch mehr als einen Grund", bestätigen ihm Kenner der Porsche-Szene, „Bohn im Alleingang, und fast um jeden Preis, aus dem Weg zu schaffen. Er brauchte schnell einen Mann seines Vertrauens an der Porsche-Spitze. Denn diesmal ging es um den vollen Einsatz. Die Talfahrt bei Porsche hatte sich im Verlauf des Jahres so rasant beschleunigt, daß ein Totalschaden immer wahrscheinlicher wurde."[55] Für Ferdinand Porsche steht nicht weniger auf dem Spiel, als das Familienunternehmen „vor dem Untergang zu bewahren". Das ist „für uns höchstes Gebot. Wenn das Management gravierende Fehler macht, muß der Aufsichtsrat reagieren", formuliert er 1991 als Rechtfertigung für ein Engagement, das ihn erneut an den Porsche-Pranger bringt.[56] Das „uns" hat den Charakter eines *Pluralis majestatis*, denn zur Reaktion aufgerufen fühlt sich in erster Linie Ferdinand Piëch. Diese Attitüde und die Wahl seiner Mittel, insbesondere die Präsentation des Quattro Spyder, ist ein Eklat, der die Fronten verhärtet.

„Sagen wir es so: Es macht natürlich Spaß", bekennt sich Ferdinand Piëch zu seiner Lust an der Provokation, „die neutralen Manager bei Porsche mit technischen Entwicklungen gelegentlich zu wecken."[57] Die Konsequenz seines Weckrufs ist eine Zerreißprobe bei Porsche, die dem Unternehmen schweren Imageschaden als „Familien-Krachbetrieb" einbringt. Porsche-Vorstandschef Arno Bohn spitzt die erbitterte Auseinandersetzung durch die Androhung zu, mit Rechtsmitteln gegen das Aufsichtsratsmitglied und den Anteilseigner Ferdinand Piëch vorzugehen: Er wirft dem Audi-Chef vor, sich für seinen Spyder in der Porsche-Ideenschmiede, dem Entwicklungszentrum Weissach, bedient zu haben. Die an Heftigkeit kaum zu überbietende Porsche-Auseinandersetzung nimmt geradezu groteske Züge an: „Daß Gott nicht zulasse, wie sie hier mit mir umgehen", beschwört der um seine Position kämpfende Arno Bohn in der entscheidenden Sitzung des Porsche-Aufsichtsrates himmlischen Beistand.[58] Zwar erleidet Ferdinand Piëch mit seiner Absicht, Bohn durch den BMW-Entwicklungschef Wolfgang Reitzle zu ersetzen, Schiffbruch, denn Reitzle gibt ihm in letzter Minute einen Korb, da BMW ihn nicht aus seinem Vertrag entläßt, doch 1993 kann der im August zum Porsche-Vorstandsvorsitzenden ernannte Piëch-Mann Wendelin Wiedeking das Porsche-Ruder herumreißen.

Wie so häufig, scheiden sich auch in diesem Fall die Geister in erster Linie an der Person Ferdinand Piëchs. Es paßt zu seinem Image des eiskalten Taktierers und Egozentrikers, daß 1992 das Gerücht die Runde macht, er empfehle sich als Vorstandsvorsitzender des Volkswagen-Konzerns mit der Mitgift, das angeschlagene Familienunternehmen Porsche dem Wolfsburger Imperium einzuverleiben. In der Tat ist die Aufgabe der Porsche-Unabhängigkeit vor dem Hintergrund der desolaten Unternehmenssituation eine Option. Des Erben bevorzugte Wahl ist diese Option jedoch nicht: „Ich stehe auf der Eignerseite für Porsche, und solange ich lebe, wird Porsche selbständig bleiben", stellt Ferdinand Piëch 1993 auf der Porsche-Hauptversammlung mit Nachdruck klar.[59] Vielleicht soll sich das Blatt nach der „Kür", wie Ferdinand Piëch sein Volkswagen-Engagement bezeichnet, ja doch noch einmal wenden. Von den Branchenriesen bedrängt, aber fein und mein – der Posten des Porsche-Chefs könnte dem Erben Ferdinand Piëch nach wie vor gefallen.

Der Techniker

Exakt 158 Tage vor dem Beginn des Jahres 2000, am 26. Juli 1999, macht Ferdinand Piëch seine Öko-Vison wahr: Das erste serienmäßige Drei-Liter-Auto der Welt, der VW-Lupo 3L TDI, rollt in die Verkaufsräume der deutschen Händler. Bis zum Jahr 2000 – so hatte er schon 1992 angekündigt und technisch detailliert skizziert – sei das Drei-Liter-Auto Wirklichkeit. 30 Lebensjahre und eine in puncto Innovation und Kreativität sehr erfolgreiche Techniker- und Manager-Karriere liegen zwischen der Weltneuheit Lupo 3L mit ihrem 61 PS-1,2-Liter-Dreizylinder-Turbodiesel-Direkteinspritzer und dem 580-PS-Zwölfzylinder-Saugmotor des Porsche 917, mit dem Ferdinand Piëch die ersten spektakulären Erfolge seiner Laufbahn einfährt.

24 Stunden Spannung an den Porsche-Boxen in Le Mans! Nach 19 Jahren, in denen man „nur" Klassensiege erringt, kann 1970 endlich der größte Le-Mans-Erfolg – der Gesamtsieg – gelingen. Es wird ein doppelter Triumph für Ferdinand Piëch, seine 917er und das Porsche-Team: Der Stuttgarter Fahrer Hans Herrmann und der Brite Richard Attwood holen auf einem rot-weißen 917 K den Gesamtsieg; Larousse und Kauhsen kommen mit einem 917 Langheck auf Platz zwei. Daß Porsche-Rennfahrer einst bei Ferry Porsche protestierten, weil sie mit leistungsschwachen Motoren der Konkurrenz hinterherfahren mußten – es ist vergessen. Der ganze Clan ist Zeuge des Ferdinand-Piëch-Erfolgs.

Man logiert wie bei der allerersten Le-Mans-Teilnahme im Jahr 1951 in dem Örtchen Téloché bei Mulsanne, wo man damals eine kleine Werkstatt und Quartiere fand. In der Nähe liegt das Schloß eines Auto-Enthusiasten, in dem die Familie gastiert. Es ist 1970 der adäquat-noble Rahmen, um die Le-Mans-Sternstunde zu feiern und sich feiern zu lassen. Mit der Vergangenheit hat die in den sechziger Jahren mit Ferdinand Piëch eingeläutete neue Porsche-Rennsport-Ära allerdings außer dem Ort Téloché nichts mehr gemein.

Für die an der Entwicklung und den Erfolgen Beteiligten beginnt mit dem Antritt des Mannes aus der österreichischen Familienlinie eine leidenschaftlich andere Zeit: Ferdinand Piëch kehrt mit eisernem Besen; ersetzt Improvisationstalent durch computergestützte Systematik und Disziplin; Lockerheit durch straffe Organisation; läßt Menschen hinter sich, die den Zielen im Weg stehen, und rüstet technisch und kostenmäßig mächtig auf. Die Zeit der Nonchalance und des Ideals des Gentleman, verkörpert durch den Grandseigneur und längjährigen Porsche-Rennleiter Huschke von Hanstein, ist passé.

Daß Ferdinand Piëch mehr „Feingefühl beim Umgang mit Nockenwellen" als beim Umgang mit Menschen zeige, wird beklagt, doch wenn und wo es ihm darauf ankommt, verbindet er beides und holt alles aus sich, seinem technischen Talent und hochmotivierten Mitarbeitern heraus.[1] „Piëch habe damals Dinge in Bewegung gebracht', stellt Klaus Bischof, ein Mann aus der damaligen Rennabteilung anerkennend im Jahr 1998 fest, ‚von denen Porsche heute noch profitiere.'" Er erinnert sich gerne an die turbulenten „und harten Zeiten, als alle mit anpacken mußten, Motorenkonstrukteure abends oder an Samstagen in der Fabrikhalle mithalfen und Rennfahrer sich keine Starallüren erlauben konnten".[2]

Vorsprung durch Technik, dieser Audi-Slogan charakterisiert niemanden treffender als Ferdinand Piëch selbst: Ob in den neun Jahren bei Porsche von 1963 bis 1972, den folgenden gut 20 Jahren bei Audi oder seit 1993 als Vorstandsvorsitzender der Volkswagen AG – er setzt Maßstäbe. Seine technische Hochbegabung und seine Leistungen entziehen sich aufgrund ihrer Brillanz und Überzeugungskraft jeder ernsthaften Kritik.

26 Jahre ist Ferdinand Piëch alt, als er seine Karriere am 1. April 1963 als Sachbearbeiter im Porsche-Motorenversuch startet. Und zwar mit einem Sportwagen, der wie kein anderer für die Marke Porsche steht – mit dem Typ 911. Ferdinand Piëch testet und entwickelt den neuen 911-Antrieb, einen luftgekühlten Sechszylinder-Boxermotor. Es ist eine völlig neue Konstruktion: ein Viertakt-Vergasermotor mit zwei Ventilen pro Zylinder und 1991 ccm Hubraum. In der ersten Version entwickelt er 130 PS bei 6 100 Umdrehungen pro Minute (U/min).

Auf sportlichem Sektor ist der 911 eine Porsche-Chance, um die Plätze an der Spitze zu kämpfen. Nicht kleckern, klotzen ist Ferdinand Piëchs Devise. Sie erweist sich als ausgesprochen erfolgreich, denn sein Rennsport-Engagement bringt den Stuttgartern Siege auf allen Strecken. „Wir gewannen im Jahr 1966 die Sportwagen-Weltmeisterschaft, neben anderen Titeln, verteidigten das Sportwagen-Weltchampionat im darauffolgenden

Jahr erfolgreich", bilanziert der Chef des Hauses, Ferry Porsche, die ersten Piëch-Jahre, „und holten uns noch die Europa-Bergmeisterschaft, die Rallye-Europameisterschaft und wurden Trans-Am-Sieger."[3] Im Jahr 1968 wird Ferdinand Piëch die gesamte Entwicklung unterstellt. Im selben Jahr fährt Porsche die GT-Weltmeisterschaft und die Europa-Bergmeisterschaft nach Hause, wird Rallye-Europameister und Sieger der Trans-Am.

Doch Ferdinand Piëchs Entschlossenheit, alles aufzubieten, um die Konkurrenz hinter sich zu lassen, berührt Ferry Porsche, den Mann der zweiten Porsche-Generation, unangenehm, gar peinlich: „Dies brachte uns beides ein", kommentiert er den Elan seines Neffen, „zunächst die Anerkennung des internationalen Publikums, aber auch Kritik, weil wir uns eben mit großem Engagement beteiligten, wie man das sonst eigentlich nur von Daimler-Benz gewohnt war. (...) Hier war bereits in starkem Maße der Einfluß der nächsten Generation zu spüren."[4]

Vornehme Zurückhaltung ist Ferdinand Piëchs Sache im Wettkampf nicht. Er setzt im Ringen um die Rennsport-Kronen auf Klasse plus Masse. Und schreibt damit Rennsportgeschichte. Seine „Waffen" sind Enthusiasten ein Begriff: der 908, ein 904 mit einem Achtzylinder-Triebwerk, und vor allem der 917. Als die internationale Sportbehörde FIA im Jahr 1967 ihr Reglement ändert und die Hubraumbegrenzung für die Markenweltmeisterschaft ab 1. Januar 1968 von bisher drei auf fünf Liter erhöht, läuft Porsche Gefahr, nicht mithalten zu können, denn die Konkurrenz will Fünf-Liter-Motoren aufbieten. Es scheint aussichtslos, die Übermacht parieren zu wollen. Doch Ferdinand Piëch hält nicht nur dagegen – er schafft eine neue Rennsport-Dimension.

In weniger als einem Jahr konstruiert Piëchs Team aus dem Porsche Dreiliter-Achtzylinder den 580 PS-Zwölfzylinder. Ferdinand Piëchs Begründung für die gewaltigen, kraftprotzenden Ungetüme, die kaum zu bändigen sind, ist so schlicht wie einleuchtend: Man braucht die Großvolumigen, „um auf Rennstrecken den anderen davonzufahren".[5] Die Erfolge, allen voran der Gesamtsieg in Le Mans, bestätigen ihn.

„Niemand hatte so etwas für möglich gehalten", erzählt der Brite Brian Redman, der 1969 und 1970 für Porsche fuhr. „Und zwar wegen der finanziellen und der personellen Engpässe."[6] Doch Ferdinand Piëch trotzt allen widrigen Bedingungen und läßt nicht locker – auch darin ganz der Großvater Ferdinand Porsche.[7]

Als Ferdinand Piëch eines Tages eine verbesserte Version des 908 testen will, sind in der Nacht 25 Zentimeter Schnee gefallen. Jeder andere wäre gar nicht erst zur Teststrecke herausgefahren, doch Ferdinand Piëch beugt sich dem Wetter nicht. Er läßt räumen, salzen, und Brian Redman muß trotz der gefährlichen Witterungs- und Fahrverhältnisse raus auf die Strecke. Erst als sich der Testfahrer bei Tempo 180 km/h wie ein Kreisel auf der Mitte einer Geraden dreht, der Fahrer aus dem Wrack herausklettert, auf dem spiegelglatten Eis ausrutscht und hinfällt, entscheidet Ferdinand Piëch – ausgesprochen unwillig – auf Abbruch.

Ferdinand Piëchs Rakete, der 917, ist bei den Fahrern regelrecht gefürchtet, denn das Kraftpaket ist gefährlich instabil. Wieder und wieder muß unter Hochdruck an der Höllenmaschine gearbeitet werden, um den Antrieb in beherrschbare Bahnen zu lenken. Die kraftvolle Power des in Le Mans siegreichen 917-Kurzhecks ist ein Zwölfzylinder-Saugmotor, ein luftgekühlter Boxer, mit zwei Ventilen pro Zylinder, vier obenliegenden Nockenwellen mit Steuerradantrieb und einer mechanischen Bosch-Zwölf-Stempel-Doppelreiheneinspritzpumpe. Bei einem Hubraum von 4 494 ccm leistete er 580 PS bei 8 400 U/min.

Ein Jahr später machen der weiße Martini-917K und die Piloten Gijs van Lennep und Dr. Helmut Marko das Le-Mans-Rennen. Es ist ein Superjahr für Porsche: Man stellt 33 Teilnehmer, der siegreiche Wagen schafft einen Schnitt von 222,387 km/h; man bringt es in den 24 Stunden auf sage und schreibe 5 335,313 zurückgelegte Kilometer, und einige 917er schaffen auf der Hunaudières-Geraden eine Spitzengeschwindigkeit von 380 km/h.[8]

Weitere für Porsche außerordentlich wichtige Siege werden mit Piëchs Superstars in der CanAm-Serie in den USA und Kanada eingefahren. Bei diesen Rennen wird 1972 erstmals der Typ 917/10 mit einem Turboladermotor eingesetzt. Er bringt eine deutliche Leistungssteigerung wie auch eine Verbesserung des Wirkungsgrads des Motors, also eine Kraftstoffeinsparung. Nach den Härtetests im Rennsport geht der Abgasturbolader erstmals im Porsche Typ 911 Turbo in Serie.

Rennsportmotoren – sie sind für jeden Konstrukteur ein Traum. Und Ferdinand Piëch läßt nichts aus. Wie sein Großvater, der für die Auto-Union-Rennwagen einen Sechzehn-Zylinder-Motor konstruierte, baut er einen Sechzehner für die CanAm-Serie. Es ist ein Sechzehnzylinder-Zweiventil-Saugmotor, ein luftgekühlter Boxer mit vier obenliegenden Nockenwellen mit Steuerradantrieb. Der Hubraum: 7 166 ccm. Mit der mechanischen Bosch-Kraftstoffeinspritzung leistet er 880 PS bei 8 300 Umdrehungen!

Zum Einsatz kommt der größte Piëch-Motor allerdings nie. Der stärkste Motor, der je in Sportwagen verwendet wird, treibt den 917/30 an. Und zwar ein luftgekühlter Zwölfzylinder-Zweiventil-Boxermotor mit vier obenliegenden Nockenwellen mit Steuerradantrieb und Abgas-Turbolader. Er bringt bei einem Hubraum von 5 374 ccm 1 100 PS bei 7 800 U/min. Dieser Motor mit einer mechanischen indirekten Kraftstoffeinspritzung brachte es auf 385 km/h.

Ferdinand Piëch erkämpft mit technischer Brillanz, Druck, mit Millioneninvestitionen und seinem auf Effektivität, Einsatz und Siegeswillen getrimmten Team viel Renommée für die Marke Porsche. Es ist ein Siegtaumel auf Zeit, aber ein unvergeßlicher. „1969", würdigt ein Porsche-Chronist den Triumpfzug, „begann das Zeitalter des legendären Zwölfzylinder Porsche 917, eines jener Motorsport-Kraftprotze, die oft schnell wieder von der Bühne des Motorsports verschwinden. So ging es auch den überragenden 917, die fast alles gewannen, was bei Sportwagenrennen zu gewinnen war."[9] Ob er noch einen 917 irgendwo als Erinnerung stehen hat? „Mit dem", sagt Ferdinand Piëch, „habe ich mich so lange beschäftigt. Das hat dann genügt."[10]

Motoren bleiben Piëchs Metier jedoch auch nach seinem Ausstieg bei Porsche im März 1972. Als selbständiger Ingenieur entwickelt Ferdinand Piëch für die Daimler-Benz AG Grundlagen für einen Fünfzylinder-Dieselmotor. Seine Selbständigkeit ist allerdings nur ein Intermezzo, denn bereits zum 1. August desselben Jahres ist der Ex-Porsche- ein Audi-Mann.

„Aerodynamik, Leichtbau und gute Motoren"

„Horch" und „Wanderer", sie schrieben Automobilgeschichte, und der Kenner gerät bei der Erinnerung an die formschönen Limousinen ins Schwärmen. Auch wenn beide Namen zum Audi-Erbe gehören – als Ferdinand Piëch bei der VW-Tochter „Audi NSU Auto Union AG", heute Audi AG, in Ingolstadt unterschreibt, ist das diffuse, bieder-behäbige Marken-Image alles andere als ein Anreiz. Es ist eine Herausforderung!

Auch die Position, die der Ex-„Porsche-Geschäftsführer Technik" akzeptiert, liegt unter seinem bisherigen Karriere-Niveau: Er wird als „Leiter der Hauptabteilung für Sonderaufgaben der technischen Entwicklung" eingestellt. Den Rang zu akzeptieren ist für den ehrgeizigen Macher und Machtbewußten ein Sprung über den Schatten: „Bei Audi durfte ich als Hauptabteilungsleiter einsteigen, nachdem ich bei Porsche vom Praktikanten zum Geschäftsführer avanciert war. Das tat schon weh."[11] Doch nur wenige Jahre später ist Ferdinand Piëch erneut in der Spitzenliga am Ball: 1974 als „Leiter der Entwicklung" und gleichzeitig „Bereichsleiter Aggregatenentwicklung" im VW-Werk Wolfsburg, ein Jahr später als Audi-Vorstand, zuständig für den Bereich „Technische Entwicklungen"; 1983 wird er zum stellvertretenden Vorstandsvorsitzenden und 1988 zum Audi-Vorstandsvorsitzenden berufen. Die Aufstiegs-Meriten hat er sich mit einer beeindruckenden High-Tech-Modellserie verdient.

Der seit seiner Porsche-Zeit als Technik-Rambo und -Größenwahnsinniger Apostrophierte erweist sich bei Audi als ein anderes Doppeltalent – als Mann der wegweisenden, aber pragmatischen Innovationen und als ein Erneuerer mit Sinn für die richtige Umdrehung mehr, um das bisherige Markenimage zu sprengen. Es ist die Kombination Techniker – Markenstratege, die ihn bei Audi so erfolgreich macht. Ferdinand Piëch findet bei Audi ein ausgezeichnetes Team vor – zum Beispiel den Diplomingenieur Bensinger, dem Audi den Quattro verdankt, und den Diplomingenieur Richard van Basshuysen, der den revolutionären Dieselmotor mit Direkteinspritzung entwickelt. Ferdinand Piëch setzt auf diese Ideen. Sie haben seine volle Rückendeckung, allen Widerständen zum Trotz. Leicht hat man es bei Audi nicht mit ihm, denn Ferdinand Piëch ist ein so arbeits- und erfolgsbesessener wie ungestüm-initiierender Technikversessener.

Modellpolitisch beginnt die Audi-Revolution in den siebziger Jahren mit Evolutionen: „Der Weg nach oben", schildert Ferdinand Piëch den Umbruch, „das große Umdenken, begann mit ganz einfachen Dingen. Als erstes haben wir uns die TÜV-Statistik mit den häufigsten Mängeln am Automobil angeschaut. (...) Es begann eine klare Qualitätsausrichtung."[12] Davon profitiert zunächst der Audi-Fahrer alten Stils: „Damals haben wir uns gesagt, wir wollen den Audi 80 so weit bringen, daß er keine roten Balken mehr bekommt. Also erst einmal für unsere traditionelle, gut bürgerliche Käuferschicht ein hochwertiges Auto bauen."[13]

Der Audi-Weg zu einer Nobelmarke unter dem Volkswagen-Konzerndach ist zugleich eine Antwort auf die Herausforderung durch die japanische Konkurrenz. Ferdinand Piëch kontert die japanischen Vorteile – eine bessere Organisation der Produktionsabläufe und Lean Production – mit Top-Technologie: „1972 haben wir uns zum erstenmal überlegt, was gegen die billigen Japaner hilft", schlägt er sein Lebensthema bereits im ersten Jahr bei Audi an. Den Stärken der Konkurrenz setzt Ferdinand Piëch eigene entgegen: Innovation und Kreativität. „Uns helfen nur Entwicklungen", postuliert er als Vorwärtsstrategie, „für die die Japaner selbst zum Kopieren mindestens drei Jahre brauchen." Die Umsetzung dieser Erkenntnis ist ein furioser Technologieschub bei Audi, eine „Uniqueness" auf einer Reihe von Feldern, die tatsächlich einige Jahre Bestand hat. Eine Spitzenleistung wie beispielsweise der weltbeste c_w-Wert beim 1982er Audi 100 ist für die japanische Konkurrenz, so Ferdinand Piëch, kaum zu kopieren, „selbst wenn sie die aerodynamische Form abnehmen. Darin steckt Wissen, „das man sich nur im Windkanal erarbeiten kann."[14]

„Drei Dinge machen das Auto rund: Aerodynamik, Leichtbau und gute Motoren", bringt Ferdinand Piëch sein Technik-Konzept auf den Punkt.[15] Vor allem zur Erreichung des Ziels, den Kraftstoffverbrauch signifikant zu verringern, braucht man Autos mit geringem Gewicht, erhöhtem Drehmoment und hervorragender Aerodynamik. Auf allen Feldern erweist er sich bei Audi nicht nur als Meister, sondern sogar als Hexenmeister. Der Fünf-Zylinder-Ottomotor, der Abgas-Turbolader-Motor mit Ladeluftkühlung, die Sicherheits-Leichtbauweise, permanenter Allradantrieb, der weltbeste c_w-Wert, die Einführung der vollverzinkten rostfreien Karrosserie im Großserienbau – das ist eine Audi-Leistungsbilanz, die überzeugt.

Die von Ferdinand Piëch verantworteten Audi 80 und Audi 100 der achtziger Jahre werden von einer internationalen Jury zu Autos des Jahres gewählt. Mit den Rallye-Erfolgen des Audi Quattro gelingt den Ingolstädtern ein regelrechter Coup: Der Motorsport-Newcomer schafft es auf Anhieb, eine Sensation zu landen. Er setzt sich vom Start weg an die Spitze und gibt die obersten Siegertreppchen über Jahre nicht mehr frei.

Mit einer bereits substantiell besseren Technik und einer neuen Klasse Antrieb geht der von Ferdinand Piëch 1976 präsentierte neue Audi 100 in den Markt. Mit ihm macht er den ersten Schritt in die neue Richtung – nach oben. Daß sich Audi-Fahrer mit nur vier Zylindern begnügen müssen, diese mageren Zeiten sind mit dem Fünfzylinder-Benzineinspritzmotor mit 100 kW (136 PS) Leistung vorbei. Dieser Antrieb, ein serienmäßiger schnellaufender Fünfzylinder Ottomotor in Reihenbauweise, ist der weltweit erste seiner Art für Kraftfahrzeuge.

Auf konventionelle Lösungen kann Ferdinand Piëch bei seinem Bestreben, das Motorenprogramm nach oben abzurunden, nicht zurückgreifen: „Ein in gewohnter Bauweise vor Getriebe und Differential liegender Reihen-Sechszylindermotor hätte zu lang gebraucht, die hohe Vorderachslast hätte die Vorzüge des Frontantriebs erheblich geschmälert und Schwierigkeiten

„Aerodynamik, Leichtbau und gute Motoren"

bezüglich Reifenverschleiß und Bedienungskomfort heraufbeschworen."[16] Unter Kosten- und Service-Gesichtspunkten ist der neue Fünfzylinder auch bereits als Baukasten angelegt. Im Vergleich zu einem Sechszylinder, an dem man ebenfalls gearbeitet hat, liegt er bei der Laufkultur zurück, ist aber besser beim Verbrauch und ermöglicht, daß der Audi-Frontantrieb beibehalten werden kann. „Der neue 2,2-l-Fünfzylindermotor", benennt Ferdinand Piëch die Vorzüge des Antriebs, „verleiht dem Wagen die besten Fahrleistungen, verknüpft mit großer Laufruhe und – wesentlich durch die Enspritzung bedingt – exaktem Ansprechen auf Veränderungen des Gaspedals."[17] Mit weniger viel zu erreichen, dieses Konzept des Fünfzylinders hat auf längere Sicht Bestand.

Mit beiden, dem 1976er Audi 100 wie auch dem 1978 präsentierten neuen Audi 80, setzt Ferdinand Piëch zentrale Zielvorstellungen um: mehr Größe und Komfort, allerdings nicht durch Karosseriekosmetik, sondern durch ein innovativ-konstruktives Gesamtkonzept. So hat der Audi 100 durch eine breitere Spur, größeren Radstand, neue Tank- und Ersatzradlager und einen neuen Fahrzeugboden deutlich mehr Innen- und Kofferraum.

Sicherheit wird zum integralen Bestandteil sämtlicher Neukonstruktionen. Das Prinzip des „autogenen Faltbeulens" ist der Schlüsselbegriff beim neuen Audi 100. Der Safety-Vorbau ist so konstruiert, daß eine optimale, schützende Faltenbildung des Fahrzeugs bei einem Aufprall erreicht wird. Es ist, so Ferdinand Piëch, ein völlig neuer Vorbau, „bei dem die Radhäuser so kurz wie möglich gehalten werden, und die vorderen Längsträger im Bereich davor frei im Raum stehen. Sie sind völlig gerade und verlaufen mit Rücksicht auf die Verhältnisse beim Schrägaufprall etwas nach vorn außen. Beim Frontalaufprall übernehmen die Längsträger bis zu einem Verformungsweg von 300 mm 70 Prozent der Energieumsetzung, danach kommen noch andere Bauteile wie Radhaus, Kotflügel, Motorhaube zum Tragen."[18] Zusätzliche Sicherheitsfaktoren sind eine Abstützung der Verzögerungskräfte gegen die Fahrzeugkabine durch eine Reihe weiterer konstruktiver Maßnahmen.

„Wir sind in einer Vorreiterposition"

Im Jahr 1980, auf dem Genfer Automobilsalon, enthüllt Audi die erste Piëch-Sensation – den 200-PS-Quattro, das erste Fahrzeug mit permanentem Allradantrieb aus moderner Produktion. Erfahrungen mit dem Allradantrieb hat man in der Familie Porsche-Piëch bereits einige gesammelt, so beim Schwimmwagen des Großvaters Ferdinand Porsche und bei einer Reihe anderer Modelle. Ein nicht nur bei Bedarf zuschaltbarer, sondern ein ständiger Allradantrieb – diese Idee bringen Ferdinand Piëch und sein Team von einer Skandinavien-Testtour mit. Als Vater des Quattro will er sich aber nicht titulieren lassen. „Nein", wehrt er ab, „die Idee stammt von meinem Mitarbeiter Bensinger, und sie ist anläßlich einer Winterfahrt mit dem Geländewagen Iltis entstanden. Da sich dieser Iltis ausgezeichnet bewährt hat, haben wir uns die Frage gestellt, ob wir das nicht bei einem Fahrzeug mit niedrigerem Schwerpunkt ausprobieren wollen."[19]

Der „Iltis", ein Geländewagen für militärische Zwecke, der bei Testfahrten auch als Packesel für alles, was man bei der Tour benötigt, dabei ist, zeigt bei den Fahrten auf Schnee und Eis ausgezeichnete Fahreigenschaften – Eigenschaften, die man dem Hochbeinigen im Vergleich zu einem Fahrzeug mit einem niedrigen Schwerpunkt gar nicht zugetraut hätte. Ferdinand Piëch und sein Diplomingenieur Bensinger, der für seine Arbeit 1983 den Porsche-Preis der Technischen Universität Wien erhält, bringen die Räder ins Rollen. Aus eigener Machtfülle kann der vom Allrad-Erfolg absolut Überzeugte den neuen Antrieb nicht durchsetzen. Er muß überzeugen. Und es ist inzwischen Legende, wie Ferdinand Piëch den VW-Vorstand Ende siebziger Jahre im Sturmlauf überrollt.

Für den bis dahin üblichen zuschaltbaren Allradantrieb brauchte man ein gesondertes Verteilergetriebe, über das mittels zusätzlicher Kardanwelle die zweite Achse angetrieben wird. Einer der Nachteile dieses Antriebs: Die Fahreigenschaften des Wagens werden durch das Aus- und Einschalten des Allrads verändert. Herkömmliche, nur für den Bedarfsfall konziperte Allradantriebe waren zudem mit deutlichem Mehrgewicht verbunden. Der permanente Audi-Allradantrieb zeichnet sich durch zahlreiche hochwertige konstruktive Details aus. So konnte ein permanenter Allradantrieb entwickelt werden, der den Wagen nicht viel schwerer als ein vergleichbares Standardauto macht und der mit einer minimalen Anzahl zusätzlicher Lagerstellen auskommt.

Ob die Welt den neuen Antrieb braucht? „Die Quattro-Idee bedeutet Vorsorge für Fahren bei glatter werdender Straße", beschreibt Ferdinand Piëch ihre Vorzüge. „Je unangenehmer die Situation, je größer das wetterbedingte Risiko, umso größer der Vorteil des permanenten Allradantriebs."[20] Im Vergleich zum zuschaltbaren Allradantrieb kann sich der permanente den Straßeneigenschaften besser anpassen.

„Wir sind in einer Vorreiterposition"

Vor allem aber trifft der ständige Allradantrieb den herrschenden Zeitgeist. Wer sich als cool und unkonventionell erweisen will, fährt mit dem Land-Rover in die Oper, geht nicht, sondern fährt im Wald spazieren, verleiht sich ein sportives Image und beweist bei Wind und Wetter souveräne Fahrüberlegenheit. Es ist ein Trend, mit dem Sportwagen-Chef Ferry Porsche wenig anfangen kann. Einen Schmarrn findet er, was seinem Neffen dazu verhilft, das Audi-Image mit einer gehörigen Portion Sportlichkeit aufzuladen. „In manchen Gegenden", stellt Ferry Porsche nüchtern-pragmatisch fest, „brauche ich ihn überhaupt nicht, und er verteuert das Auto noch dazu. Mir kommt das ganze Thema manchmal vor, als diskutiere man darüber, ob man Eisschränke an die Eskimos verkaufen sollte."[21]

Auch der Daimler-Entwicklungschef Professor Werner Breitschwerdt hält dagegen und flüchtet sich in Ironie: „Auch wir können Autos mit einem Antrieb bauen, den man für 98 Prozent der Fahrzustände gar nicht braucht."[22] Menschen brauchen vieles nicht, haben möchten sie es dennoch – und sei es nur wegen des guten Gefühls, locker an einem Fahrer der Marke mit dem Stern vorbeizuziehen, der mühsam über die glatten Winterstraßen schliddert. Unter dem Strich bringt die Quattro-Idee Audi tatsächlich mehr Imagezuwachs als betriebswirtschaftlichen Gewinn, doch sie trägt maßgeblich dazu bei, die vier Ringe weltweit zu einem Aushängeschild für technischen Fortschritt, Kreativität und Qualität zu machen.

Der „Leckerbissen", wie Ferdinand Piëch den permanenten Audi-Allradantrieb nennt, markiert vor allem eine Revolution im Rallyesport. Er fährt eine grandiose Siegesserie ein. Und mit der Französin Michèle Mouton, dem „schwarzen Vulkan", setzt Ferdinand Piëch auf eine Frau, deren Siege in der männerdominierten Rennsportdomaine eine wahre Rallye-Euphorie auslösen. Die mit dem Quattro zur Starpilotin avancierende Fahrerin sichert dem „überlegenen technischen Konzept des Quattro", so der unterlegene Fahrerweltmeister Walter Röhrl, die höchste Aufmerksamkeit.[23] Rallyesiege und die schnellen Quattro-Serienautos – sie erfüllen den Slogan „Vorsprung durch Technik" mit Leben. In der Serienproduktion startet Audi den permanenten Allradantrieb bei 200 PS und geht dann beim 80 Quattro runter auf 136/130 PS.

Auf der Frankfurter Automobilausstellung im Herbst 1983 präsentiert Ferdinand Piëch den nächsten technologischen Vorsprung, für den die Japaner „auch ein paar Jahre brauchen": den Audi 80 Quattro mit dem Antiblockiersystem ABS. Für den Technik-Guru ist „der permanente Allradantrieb mit serienmäßigem Bremsantiblockiersystem das Höchste, was wir uns erträumen können. Darüber hinaus ist es wirklich schwer, eine konkrete Vorstellung von einer zukünftigen Antriebsart zu haben."[24]

1985 kann der inzwischen stellvertretende Audi-Vorstandsvorsitzende zum permanenten Allradantrieb genüßlich Bilanz ziehen: „Wir sind in einer Vorreiterposition, und das schon seit vielen Jahren. Wir verfolgen mit Interesse, daß andere Marken, insbesondere die Nobelmarken, nach mehr als fünf Jahren Audi-Produktion nun nachziehen wollen."[25] Seine anfänglichen Erwartungen und Prophezeiungen, der neue Antrieb werde einen veritablen Siegeszug antreten und durch die große Nachfrage als Massenproduktion nicht teurer als ein paar Winterreifen, hat sich zwar nicht erfüllt, doch mit dem permanenten Allradantrieb wurde in einem kleinen, aber imageträchtigen Marktsegment ein neuer attraktiver Standard gesetzt, der aus der Automobillandschaft nicht mehr wegzudenken ist. Bei Audi ist der Anteil der verkauften Quattro-Fahrzeuge von anfangs etwa acht Prozent auf inzwischen 25 Prozent des Gesamtabsatzes gestiegen.

„Die aerodynamisch günstigste Serienlimousine der Welt"

Wie es Ferdinand Piëchs Art ist, findet nur seinen Segen, wer und was den härtesten Strapazen stand hält. Als das neueste, weg- und richtungweisende Audi-Modell, der neue Audi 100, im Oktober 1982 präsentiert wird, hat er extremste Probetouren in allen Kimazonen der Erde hinter sich – von der Eiseskälte in Finnland, nördlich des Polarkreises, über die Sahara bis zur Gluthitze des amerikanischen Death Valley. Mit dieser Entwicklung liefert Audi eine High-Tech-Antwort auf die Frage nach der Zukunft der Mittelklasse. Vor dem Hintergrund der in den Jahren zuvor ständig gestiegenen Unterhaltskosten für einen Komfortwagen trug sich mancher mit der Überlegung „abzusteigen", um für die Benzinrechnungen nicht immer tiefer in die Tasche greifen zu müssen.

Viel Komfort und Platz, aber ein Benzinverbrauch wie bei einem wesentlich kleineren Wagen – das war das ehrgeizige Ziel für die dritte Generation Audi 100. Und diese Qualität, so Ferdinand Piëch, sollte durchgängig in das Auto „hineinkonstruiert" werden. Mit einem Hattrick gelingt ein Spitzenergebnis: Die viertürige Stufenhecklimousine bietet viel Komfort, Platz, Sicherheit und hervorragende Werte beim Kraftstoffverbrauch. Sie wird von der Fachwelt wie vom Verbraucher gleichermaßen begeistert aufgenommen. Die drei wesentlichen konstruktiven Maßnahmen bei diesem Audi sind:

- Senkung des Luftwiderstandes zur Senkung des Leistungsbedarfs bei höheren Geschwindigkeiten.

- Verminderung des Gewichts zur Senkung des Leistungsbedarfs beim Beschleunigen und zur Senkung des Rollwiderstandes.

- Optimierung der Motoren dahingehend, daß günstigere Verbrauchskennfelder möglich werden, bei gleichzeitiger Steigerung des angebotenen Drehmomentes im unteren Drehzahlbereich und Senkung der Leerlaufverbräuche.[26]

Hinter der „Senkung des Luftwiderstandes" verbirgt sich eine Weltbestleistung – ein bislang noch nie erreichter c_w-Wert von nur 0,30 für die Audis mit den 55- und 74-kW-Motoren. Er macht den Audi 100 zur aerodynamisch günstigsten Serienlimousine der Welt. Dieser Spitzen-c_w-Wert ist auch ein Ergebnis des Piëchschen Führungsprinzips, Strukturen und Hierarchien aufzubrechen – eine Disziplin, in der er es als VW-Chef zur Meisterschaft bringt. Bei der Entwicklung des neuen Audi wird die Arbeit der Designer vom Kopf auf die Füße gestellt: Der bislang bei der Autoentwicklung übliche Weg, daß Designer eine Form entwickeln, die dann unter aerodynamischen Gesichtspunkten verändert wird, erfährt eine Umkehrung. Beim Audi 100 entwickeln zunächst einmal die Aerodynamiker unter Berücksichtigung der Sitzplätze und des Raumbedarfs eine optimale Grundform. Erst dann entsteht das endgültige Modell als Gemeinschaftswerk von Aerodynamikern und Designern, und zwar im Windkanal.

Der Aufwand ist gewaltig: Im Test sind die Audi-Modelle nicht nur in den Wolfsburger Windkanälen, sondern auch in Luftfahrt-Windkanälen wie denen der Eidgenössischen Flugzeugwerke, der deutschen Forschungs- und Versuchsanstalt für Luft- und Raumfahrt bzw. den Kanälen der Hochschulen Darmstadt und Stuttgart. Die Testreihen führen nicht zuletzt zu einem intensiven Gedankenaustausch mit Aerodynamikern der unterschiedlichsten Disziplinen. Es ist eine Arbeit, bei der bis zum Anlauf der Produktion auf jede Kleinigkeit geachtet werden mußte, um das Ergebnis zu halten. Wind, Wasser und Verschmutzung schlagen zu Buche; ebenso die Aerodynamik im Innern durch die Kühlluftführung und die Fahrgastraumbelüftung.

Im Ergebnis sind die wesentlichen aerodynamischen Pluspunkte des neuen Audi im Detail: eine „glatte Frontpartie mit sanft ansteigender Motorhaube, die auch die Scheibenwischerachsen abdeckt, Formgebung von Front- und Heckscheibe, strömungsgünstig gestalteter Rückspiegel, hohes Heck, diffusorartige Ausgestaltung von Reserveradmulde und untenliegendem Heckspoiler, Radvollblenden sowie außenbündige Seitenscheiben".[27] Für diese Scheibenlage mußte ein völlig neuartiges Türsystem entwickelt werden, bei dem die Scheiben mit Hilfe pilzförmiger Edelstahlzapfen in Alurahmen geführt werden, die hinter den Scheiben liegen. Die unter aerodynamischen Gesichtspunkten entwickelten schrägen Scheiben haben jedoch den großen Nachteil, daß die Wärmeeinstrahlung eine starke Innenraumaufheizung bewirkt. Es ist ein Makel, der von der Konkurrenz nur zu gerne aufgegriffen wird, um der außerordentlich guten Resonanz auf das Ausnahme-Fahrzeug etwas entgegenzusetzen.

Das Ziel, das Gewicht zu senken, wird beim Audi 100 unter anderem durch neue Materialien erreicht. So sind Türrahmen und Aggregateträger (Tür) als Schweißgruppe aus Aluminium, und auch Wagenheber und Kühler sind weitgehend aus Leichtmetall; Vollblenden, Reserveradmulde und Radhaus vorn bestehen aus hochwertigen Kunststoffen; das Reserverad ist ein Mini-Ersatzrad. Allein die Reserveradmulde, das Reserverad und der neue Wagenheber bringen eine Gewichtsreduzierung von etwa 10 kg gegenüber einer herkömmlichen Konstruktion. „Mit c_w = 30 unterbot der Audi 100 III", lobt die Automobilpresse, „seinen Vorgänger um fast 30 Prozent, drang in Regionen vor, die nicht einmal von Sportwagen erreicht wurden und ließ die ganze Konkurrenz weit hinter sich. Mit ihm wurden neue Maßstäbe gesetzt, an denen niemand vorbeigehen kann."[28]

Um die gute Aerodynamik, die Gewichtsverringerung und die motorseitig geschaffenen Möglichkeiten voll auszuschöpfen, ist das Getriebe um einiges steifer übersetzt. Als Ergänzung hat der Audi 100 eine Schaltanzeige, die dem Fahrer signalisiert, wann er in den nächsten Gang schalten sollte, um verbrauchsgünstig zu fahren. Das Bündel an Maßnahmen führt zu einem sensationell günstigen Kraftstoffverbrauch: So schluckt der Audi 100 mit 74 kW (100 PS) und Fünf-Gang-Getriebe nur 5,4 l (90 km/h), 6,9 (120 km/h) und 10,9 l im Stadtverkehr. Der Leerlaufverbrauch kann um 30 Prozent vermindert werden, was sich besonders im Stadtverkehr positiv auswirkt. An Komfort bietet der fünfsitzige sparsame Audi sogar noch mehr als das Vorgängermodell: Die vorne Sitzenden haben 50 mm mehr Schulterbreite und 80 mm mehr Kniefreiheit, die hinten Sitzenden 40 mm mehr Schulterbreite. Das Kofferraumvolumen ist von 535 l auf 570 l gewachsen; das 80-Liter-Tankvolumen reicht auch bei flottem Fahren für über 1 000 Kilometer.

Dem Audi 100 folgt im Juli 1983 ein Turbo – der Audi 200. Auch er ist ein Produkt mit der Aufgabenstellung, Komfort, Fahrleistung und Wirtschaftlichkeit miteinander zu verbinden, und zwar bei einem Fahrzeug für exklusive Ansprüche. Die Stärke des Audi 200 ist sein auf der Basis des Audi 100 entwickelter wesentlich leistungsfähigerer Motor. „Mit der dritten Generation war die Zielsetzung verbunden", so Ferdinand Piëch, „einen turboaufgeladenen Motor zu entwickeln, welcher im Vergleich zu leistungsgleichen Saugmotoren hinsichtlich Drehmomentcharakteristik, Instationärverhalten, Schadstoffemission und Komfort gleichrangig ist, jedoch deutliche Vorteile bei den Kriterien Gewicht, Bauraum und insbesondere Kraftstoffverbrauch aufweist."[29]

Dieser Motor der dritten Turbogeneration zeichnet sich durch ein besonders hohes Drehmoment im unteren Drehzahlbereich und durch besonders günstige Ansprecheigenschaften, unter anderem infolge der starken Verringerung des Trägheitsmoments des Turboläufers, aus. Die Verdichtung ist in einer Weise erhöht, daß ein signifikant geringerer Kraftstoffverbrauch erreicht werden konnte. Beim Audi 200 mit 134-kW-Turbomotor geht er gegenüber dem Vorgängermodell bei 90 km/h um über zehn Prozent zurück; bei konstant 120 km/h sogar um annähernd 15 Prozent. Aufgrund der exzellenten Aerodynamik wie auch der motorseitigen Maßnahmen ergibt sich bei einer Geschwindigkeit von 180 km/h sogar ein Spareffekt von 26,2 Prozent! Mit dem Audi 200 gelingt Ferdinand Piëch der überzeugende Nachweis – durch die Kombination neuer Turbolader und Aerodynamik –, daß sich Wirtschaftlichkeit, Fahrspaß und exklusiver Komfort keineswegs ausschließen.

Ganz in der Tradition des Großvaters Ferdinand Porsche, des Onkels Ferry Porsche und der Mutter Louise Piëch sind Ehrungen und Ehrentitel der Lohn der Leistungen: So erhält Ferdinand Piëch für seine Technik-Innovationen 1984 das Österreichische Ehrenkreuz für Wissenschaft und Kunst I. Klasse, und die Technische Universität Wien verleiht ihm im selben Jahr das Ehrendoktorat der technischen Wissenschaften, den Titel Dr. techn. h. c. Die Begründung hebt als auszeichnungswürdige Verdienste hervor: „Unter der Leitung von Dipl.-Ing. Piëch entstanden Entwicklungen, die weltweit höchstes Aufsehen und höchste Anerkennung erzielten, zum Beispiel das Audi Quattro-Prinzip, bei dem aufgrund einer ungewöhnlich kompakten und wirkungsgradoptimalen Konstruktion ein permanenter Vierradantrieb verwirklicht wurde. Eine weitere Entwicklung unter seiner Leitung ist unter anderem die Konstruktion des neuen Audi 100, ein Auto mit dem besten Luftwiderstandsbeiwert der Welt. Auch auf dem Gebiete der Verbrennungstechnik kamen von dem Auszuzeichnenden wertvolle Hinweise im Hinblick auf die Brennraumgestaltung und auf die Verbrennungsabläufe mit dem Ziel einer Verminderung des Kraftstoffverbrauches und der Schadstoffemissionen."[30]

Die Begründung unterstreicht die Arbeit und zugleich den Arbeitsstil des Ingenieurs und Managers Ferdinand Piëch: Die Audi-Leistungsbilanz ist das Resultat seiner Kompetenz und Spürnase für erfolgversprechende Ideen. Ferdinand Piëch macht Druck. Er habe jeden Tag einen neuen Motor erfunden, zumindest ein neues Drehmoment oder eine andere Innovation, wird die überbordende Piëch-Ungeduld und -Kreativität von Mitarbeitern beschrieben. Die Fülle an Anregungen unter großem Zeit- und Kontrolldruck umzusetzen schafft ein Klima, an dem nicht nur mancher der fast 3 000 Audi-Entwickler verzweifelt.

Ferdinand Piëchs technisches Gespür ist enorm, aber ebenso sein Drang, sich bis in jedes Detail selbst in eine Sache zu vertiefen und zu kontrollieren, ob wirklich jede Anregung in seinem Sinne umgesetzt wird. Es fällt ihm schwer, die kreative Fülle zu bewältigen, zu sortieren und zu strukturieren. Ferdinand Piëchs Audi-Kurs ist eine Gratwanderung, die die Gefahr in sich birgt, zu viel zu wollen und das eigentliche Ziel sowie die Verhältnismäßigkeit zwischen Aufwand und Ergebnis aus den Augen zu verlieren.

„Von ähnlicher Tragweite wie vor Jahren die Aerodynamik"

„In den 70er Jahren", beschreibt Ferdinand Piëch die Erfolge seiner Markenentwicklung, „bekamen Sie bei Audi sehr viel Blech auf Rädern. Das war die Vorstellung von preiswert. Heute gibt es hochklassige Technik unter stabilem Blech."[31]

Der Weg dahin ist auch mit Fehlern gepflastert, doch sein konsequentes Upgrading der Marke gelingt und vollzieht sich in einem komplexen Geflecht von Zielsetzungen, die einander auszuschließen scheinen: Fahrspaß, Sportlichkeit, Komfort, Wirtschaftlichkeit, Ökologie, Langzeitqualität und ein vernünftiges Preis-Leistungs-Verhältnis. Mit den neuen Audi-Generationen setzt Ferdinand Piëch deutliche Einzelakzente und versucht sich an überzeugenden Gesamtlösungen.

Die Qualitätsausrichtung findet einen nachhaltigen Ausdruck in der Orientierung auf das Thema Langzeithaltbarkeit. Mit der vollverzinkten Karosserie und der darauf von Audi gewährten Zehnjahres-Garantie, erstmals beim Audi 100 realisiert, setzt Ferdinand Piëch einen weiteren Meilenstein. Die Vollverzinkung sichert dem Käufer nicht zuletzt einen ausgezeichneten Wiederverkaufswert des Fahrzeugs. „Wenn die Qualität nicht überzeugend ist", begründet er die Prioritätensetzung, „kann man Optik, Fahrwerte und alles andere vergessen."[32]

Testen, weiter ausfeilen, erneut testen, verändern, verbessern – auch als stellvertretender Audi-Vorstandsvorsitzender bleibt Ferdinand Piëch der Techniker, der kein Pardon gibt, bevor er seine Vorstellungen nicht hundertprozentig verwirklicht sieht. Seinen auf Macht und Kontrolle fixierten Argusaugen entgeht nichts. „In seiner Arbeit zäh und gewissenhaft, am Reißbrett, in der Werkstatt, ja sogar unten in der Montagegrube, wo er sich stets vergewisserte, daß seine Konstruktionen den in sie gesetzten Erwartungen auch tatsächlich entsprachen" – diese auf seinen Großvater Ferdinand Porsche gemünzte Beschreibung kennzeichnet auch den Arbeitsstil des Enkels Ferdinand Piëch.[33]

Weder technisch noch fahrerisch macht dem Auto-Macher aus Passion irgend jemand so leicht etwas vor. Beim Fahren, Ferdinand Piëchs größtem Vergnügen, beweist sich, was das Auto, was eine Veränderung oder Neuerung wert ist. Bei Audi fährt er mit Vorliebe Autos, die nicht aus der Serie stammen, sondern Modelle mit Besonderheiten, die er selber beurteilen will. Und er fährt regelmäßig die Wagen der Konkurrenz, um aus eigenem Erleben zu wissen, „was die machen".

Seine Macht- und Vormachtstellung beweist der Mann aus dem milliardenschweren Porsche-Clan auch bei der Wahl der Test-Reviere. Kein anderer Automobilhersteller kann in Algerien arbeiten – nur Audi und Porsche dürfen ihre Test-Camps in den algerischen Wüstenoasen mitten in der Sahara aufbauen. Dort, bestens vor den Augen der Öffentlichkeit verborgen, kommt die Audi-Kreativität auf den Prüfstand. Und Ferdinand Piëch versteht es meisterhaft, sich die lokalen Verantwortlichen bis hin zu den Stammesfürsten der Wüste geneigt zu machen.

Ferdinand Piëch hat mit seinem Audi-Modellfeuerwerk im Wettbewerb einen hohen Innovationsdruck provoziert. Und der zeigt Wirkung: Die Konkurrenz reagiert, holt auf – und überholt. Mitte der achtziger Jahre ist der Audi-Vorsprung durch Technik weitgehend dahin. Zwar bieten die Ingolstädter beim permanenten Allradantrieb die breiteste Produktpalette – ein Audi-Monopol ist er jedoch nicht mehr. Auch in der Audi-beherrschten Rennsport-Domäne schieben sich andere nach vorne: Der Peugeot 205 Turbo fährt den Rallye-Quattros bei Weltmeisterschaftsläufen davon; im Unterschied zum Quattro ist er allerdings kein seriennahes, sondern ein eigens für den Rallyesport gebautes Fahrzeug. Auch die Rekord-Windschlüpfigkeit, der c_w-Wert von 0,30, ist von anderen unterboten.

Gegen die Unkenrufe, mit dem Vorsprung durch Technik sei es vorbei, verspricht Ferdinand Piëch Ende 1985 sibyllinisch ein Ereignis „von ähnlicher Tragweite wie vor einigen Jahren die Aerodynamik. Wir arbeiten an Motortechnologie, an Getrieben, an Karosserieformen."[34] Die Modellreihe Audi 80, die bestverkaufte des Hauses, ist für Ferdinand Piëch der Prüfstein, an dem sich die Qualität der Audi-Entwicklungsarbeit erweist. „Function follows Form" wird sein neues Credo im Gegensatz zu früheren Äußerungen zum Primat der funktionalen Qualität: „Der hochwertige Inhalt des Autos, also die Technik", beschreibt er als Erfolgsmaxime am Beispiel Audi 80, „wird durch die äußere Form auf ideale Weise signalisiert. Damit sich der Kunde mit Dingen wie Vollverzinkung, Aerodynamik und dem sehr, sehr guten Fahrverhalten überhaupt auseinandersetzt, muß ihn erst einmal das Äußere angesprochen haben."[35]

Für Ferdinand Piëch ist der neue 1986er Audi „ein gewaltiger Schritt. Es war ein doppelt so großer Schritt wie beim Audi 100. (...) Das war unser Prüfstein."[36] Das neue Modell wird ein überragender Erfolg, obwohl die Kunden mit dem kleinen Kofferraum alles andere als zufrieden sind. Er verkauft sich vom Start weg besser als die 3er-BMW und der 190er Mercedes.

Am Konkurrenten Daimler-Benz gefalle ihm, stichelt Ferdinand Piëch, „die Konsequenz der kleinen Schritte. Wie ABS, das lange das Zentrum ihrer ganzen Aktivität war. Oder der Airbag. Da haben sie sich sehr geschickt eine Säule gesetzt. Und gegen die kämpfen wir jetzt mit unserem proconten-System bewußt an."[37] Und in der Tat wird „procon-ten" – ein völlig anderes, mechanisches Sicherheitssystem, bei dem das Lenkrad im Moment des Aufpralls nach vorn weggezogen und die Sicherheitsgurte der Vordersitze vorgespannt werden – zum augenfälligen Sinnbild für Audi-Sicherheit. Allerdings nur für eine kurze Zeit.

„Procon-ten", (procon: *programmed contraction*; ten: *tension*) setzt an, wo der Schutz durch den Sicherheitsgurt endet, denn bei schweren Frontalzusammenstößen besteht trotz des Anschnallschutzes die Gefahr, durch den

Aufprall des Kopfes auf das Lenkrad schwere Verletzungen davonzutragen. Aktiviert wird das System über die durch den Unfall bedingte Verformung des Fahrzeugs: Man nutzt die Relativbewegung zwischen Triebwerk und Karosserie dazu, das Lenkrad über Stahlseile wegzuziehen und zugleich die Gurtroller vorzuspannen. Zur Überprüfung der Wirksamkeit werden seit der Einführung des Systems alle Unfälle in Fahrzeugen mit „procon-ten" an Audi gemeldet und von Experten ausgewertet. Die Idee ist technisch gut, aber wirtschaftlich kein Erfolg: „Procon-ten" kann sich gegen das Sicherheitssystem Airbag und seine Weiterentwicklungen nicht durchsetzen und verschwindet wieder vom Markt.

Die Innovations- und Qualitätsversessenheit Ferdinand Piëchs schlägt auf der Kostenseite mit gewaltigen Summen zu Buche. Er entwickelt bis kurz vor den Serienlauf, und er will Qualität bis ins allerletzte Detail. Daß manche Nobelmarke bei extremen winterlichen Temperaturen schon einmal den Dienst versagt, „macht sich doch gar nicht gut", stellt er zum Beispiel in den Wintersportregionen der Alpen fest. Das darf bei seinen Audis nicht passieren: Sie gehen fortan in den Nord-Finnland-Test, damit sie selbst bei extremen Minusgraden zuverlässig fahrbereit sind. „Auch wenn es nur an einem Tag im Jahr vorkommt", fordert der Perfektionist, „das ist eine Qualität, die wir bringen müssen."[38]

Den neuen Audi-Kurs begleitet zudem ein umfangreiches Investitionsprogramm, unter anderem zur Modernisierung der Produktion, zur Qualitätsverbesserung, Humanisierung der Arbeitswelt und Reduzierung der Umweltbelastungen. So wird 1984 mit einer neuen Lackiererei zugleich ein völlig neues Lackierkonzept verwirklicht, mit dem vor allem die korrosionsgefährdeten Hohlräume vor dem Verrosten geschützt werden können. An die 60 Millionen fließen 1987 in ein Qualitätszentrum zur Entwicklung neuer Konzepte und zur Qualitätsprüfung der Produktion. Dort werden neue Audi-Materialien und Audi-Bauteile exzessiven Belastungstests unterzogen.

Ferdinand Piëchs Ehrgeiz und sein Eigensinn, mit der Volkswagen-Tochter Audi nicht nur neue, sondern auch völlig eigene Wege zu gehen, belebt den hausinternen Wettbewerb mit der Konzern-Mutter, führt unter anderem aber auch zu millionenteuren Doppelentwicklungen. Über 300 Millionen sollen allein durch die Entwicklung zweier Sechszylinder – einer bei VW, einer bei Audi – an vermeidbaren Kosten verursacht worden sein.

Der Ansturm auf die Audis führt 1987 zu Verkaufsrekorden und zwei Prozent mehr Marktanteil. Dennoch: Die Kehrseite des Piëch-Kurses – der ausgesprochen ehrgeizigen Modell- und Qualitätspolitik – sind schlechte Zahlen. Daß einiges auf sein Konto als Technikchef geht, räumt er ein: „Wir haben hier in Europa stark mechanisiert, und diese Mechanisierung ist enorm viel empfindlicher für Änderungskosten, als das früher der Fall war. Das heißt, wenn Sie eine eng verzahnte, große Produktionsanlage haben, können Sie nicht mehr bis relativ knapp vor Modellauf hin verfeinern oder verändern. Den Fehler habe ich als Entwicklungschef in den vergangenen Jahren noch gemacht, weil uns nicht so klar war, daß die Folgekosten dadurch so überproportional in die Höhe gingen. (…) Mit den Zahlen bin ich auch nicht zufrieden. (…) Die Qualität haben wir geschaffen, jetzt müssen wir uns ums Geld kümmern."[39]

So spricht nicht der stellvertretende Audi-Chef, sondern der seit 1. Januar 1988 neue Audi-Vorstandsvorsitzende Dr. Ferdinand Piëch, nunmehr Herr über 42 000 Beschäftigte. Seine wichtigste Aufgabe ist zusammenzuführen, was bislang auseinanderklaffte – Qualitätskurs und Rendite. Bei den Kosten das Steuer herumzureißen und zugleich Kurs zu halten bei der Audi-High-Tech-Orientierung ist die neue Doppelstrategie. Für die Audi-Technikchefs bedeutet die Piëch-Linie strikte Entwicklungsdisziplin: mehr Vorentwicklung, das Produkt bereits in der Frühphase definieren, und zu Beginn der Designphase, verordnet die neue Nummer Eins, muß „eine Käseglocke drüber", um danach mit knapp bemessenem Änderungsumfang die Serie zu erreichen.[40]

„Keiner außer Audi hat sich getraut, einen Diesel mit Direkteinspritzung zu entwickeln"

Millionen Dieselmotoren mit Direkteinspritzung hat der Volkswagen-Konzern inzwischen gebaut, und die gesamte Konkurrenz hat nachgezogen – doch in den siebziger Jahren traut sich selbst nach dem Schock der ersten Ölpreiskrise von 1972 niemand an die Idee heran, einen Dieselmotor mit Direkteinspritzung für Pkw zu entwickeln. Was bereits seit 50 Jahren bei Lkw-Motoren an kraftstoffsparender Umstellung vollzogen ist, scheint bei Pkw wegen des scheinbar unvermeidlichen Motorenlärms und der schlechten Abgaswerte Utopie zu bleiben.

Die Volkswagen-Ausrichtung auf einen Diesel beginnt Anfang der siebziger Jahre mit dem Wolfsburger Chef der Forschung und Entwicklung Professor Dr. Ernst Fiala. Er drängt intensiv darauf, sich mit dem energiesparenden Antrieb Diesel zu befassen. Die Entwicklung erfolgt überraschend schnell: In wenigen Jahren entsteht bei Volkswagen der erste serienreife Wirbelkammerdiesel – ein wichtiger Schritt auf dem Weg zum Diesel-Durchbruch.

„Doch keiner außer Audi hat sich getraut, einen Diesel mit Direkteinspritzung zu entwickeln", sagt Diplomingenieur Richard van Basshuysen, der Entwicklungs-Vater des revolutionär-neuen Antriebs. Das größte Problem, das unüberwindbar scheint, sind Mehrlochdüsen sowie Einspritzpumpen mit ausreichend hohem Druck. Aber Ferdinand Piëch, zu dem Zeitpunkt Entwicklungschef in Ingolstadt, will die Jahrhundertaufgabe ebenso schaffen wie Richard van Basshuysen. 13 Jahre seines Lebens, sagt Richard van Basshuysen, hat ihn die Entwicklung der TDI-Technik gekostet, „aber es waren die erfülltesten Jahre meiner Laufbahn." Für Audi schlagen die Entwicklungskosten mit 70 Millionen Mark zu Buche.

Wenn er gewußt hätte, was auf ihn zukommt, so der damalige Entwicklungschef für Aggregate und die Audi-Komfortklasse in Neckarsulm, hätte er die Aufgabe wohl nicht angepackt. Es ist eine gigantische Herausforderung, denn man hat mit Problemen zu kämpfen, vor denen die gesamte Konkurrenz kapituliert. „Bei den Emissionen", berichtet Richard van Basshuysen, „war zum Beispiel eine technische Hürde zu überwinden, die wir mit der uns zur Verfügung stehenden Verteilereinspritzpumpe VP 37 mit rund 400 bar Druck nicht nehmen konnten. Der Druck wurde zwar auf 700 bar angehoben, aber das reichte nicht." Dieses Druckproblem ist immer noch akut, obwohl man inzwischen bei 2 000 bar angelangt ist, doch bei einer noch feineren Kraftstoffzerstäubung wäre eine noch geringere Schadstoffemission möglich. Eine gute Laufkultur zu erreichen stellt die Entwickler ebenfalls vor schier unlösbare Aufgaben. Vibrationen im Leerlauf, die unkultivierten Kaltstartgeräusche und die nötige Genauigkeit der Drallkanäle, an der die Gießereien scheitern, sind Aufgabenstellungen, die zum Teil nur durch zusätzliche Erfindungen bewältigt werden können.

Daß die Volkswagen-Mutter den Ingolstädtern die – unerlaubte – Vorentwicklung eines Vierzylinder-TDI 1978 wegnimmt, ist für Ferdinand Piëch und Richard van Basshuysen eine Herausforderung, der sich beide mit einem „Jetzt erst recht" stellen. Sie wollen sich der Bevormundung nicht beugen und arbeiten an einem Fünfzylinder-Reihenmotor weiter, den man in Wolfsburg nicht gebrauchen kann, da man auf Quereinbau umgestellt hat, und der Fünfzylinder für den Quereinbau zu lang ist. Bei Audi kann er jedoch für die Modelle 100, 200 und Quattro Verwendung finden.

1989 ist der Audi-Fünfzylinder-Diesel mit Direkteinspritzung nach 13 Jahren Entwicklungsarbeit serienreif. Der Durchbruch kommt für die Konkurrenz völlig überraschend, doch niemand fühlt sich zunächst herausgefordert, den Audi-Vorsprung mit Hochdruck einzuholen. Man hakt die Neuentwicklung, so Richard van Basshuysen, als „Eintagsfliege" und „exotisch" ab. Keiner glaubt daran, daß sie sich durchsetzt. Die Trendwende kommt erst mit dem von Audi vorentwickelten und von Wolfsburg vollendeten Vierzylinder TDI.

Schon aufgrund der Entfernung zwischen Wolfsburg und Ingolstadt kann Ferdinand Piëch bei Audi freier agieren, als manchem in der Konzern-Zentrale lieb ist. Der Macht- und Konkurrenzkampf zwischen der Mutter und der Tochter Audi ist lästig, aber er ist auch Wasser auf Ferdinand Piëchs Mühlen: Daß er der Überlegene ist, daran hat er keinen Zweifel. Als Audi in den achtziger Jahren einen neuen Typ 80 vorstellt, wird Ferdinand Piëch gefragt, wie viele Audi-Varianten in Wolfsburg vorgestellt wurden. „Wir haben drei zur Auswahl präsentiert", ist seine Antwort. „Die (VW in Wolfsburg) stellen zehn zur Wahl, aber ich würde davon keinen nehmen."[42]

„Ich habe gesagt, daß wir weiter nach oben wollen"

Ferdinand Piëchs Modellpolitik zielt auf weitere Höhenflüge, und dazu, kündigt er 1988 an „gehören mehr als fünf Zylinder genauso wie eine neue Automatik."[41] Der weitere Vorstoß in die Oberklasse kommt im Dezember des Jahres – der V8, ein Achtzylinder-Luxusmodell. „Die 200- und die Ur-Quattro-Reihen", erläutert Ferdinand Piëch die Positionierung, „sind auf der Sportseite konzipiert, der V8 deckt nun auch die Komfortseite ab."[43] Das Piëch-Prestigeprojekt, die Entwicklung des 3,6-Liter-V8, ist aus Kostengründen das Ergebnis einer zumindest teilweisen Abstimmung mit VW. Der Antriebs-Ehrgeiz Ferdinand Piëchs reicht aber noch weit darüber hinaus: Im Fahrversuch laufen bereits V8-Motoren mit Fünfventilzylinderköpfen und zwei Turboladern, die 400 PS/294 kW Stärke bringen.

Er erfordert Beharrungsvermögen, die Marke Audi – heute als hochwertige gefestigt und etabliert – gegen Widerstände, Skeptiker und Akzeptanzprobleme auf dem neuen Kurs weiterzusteuern. So ist der fast 100 000 Mark teure Understatement-V8, dem die ausgefeilte Technik von außen nicht anzusehen ist, kein Verkaufserfolg. Die Nachfrage bleibt weit hinter den Erwartungen zurück.

Mit dem im Herbst 1991 vorgestellten neuen Audi 80 macht Ferdinand Piëch auch den Makel dieser Modellreihe wett – den viel zu kleinen Kofferraum. Stauflächen hatten die Kunden vor allem bei den Quattro-Modellen vermißt, deren Gepäckraum sich auch nicht vergrößern ließ, da die Rückenlehnen wegen des senkrecht im Heck plazierten Tanks nicht umgeklappt werden konnten. Auf um die 300 Millionen Mark werden die Kosten für die Ausbügelung der Kofferraummisere durch ein völlig neu konstruiertes Hinterteil des Audi 80 geschätzt.

Der Tank wird unter die Rückbank verlegt, und die bisherige Torsionskurbelachse wird durch eine Verbundlenkerachse ersetzt. Das schafft einen Kofferraum von 423 Litern, eine glatte Fläche mit größerer Tiefe und umklappbare Rückbanklehnen, die das Stauvolumen auf 692 Liter vergrößern. Auch bei dem Quattro-Modell kann das Problem gelöst werden, und zwar durch eine Doppelquerlenker-Hinterachse.

Der neue Audi 80 überzeugt aber nicht allein durch mehr Stauraum. Er hat sich, nunmehr erkennbar zur Audi-100-Familie gehörend, zu einer staatlichen Limousine ausgewachsen. Der Radstand mißt sieben und die Gesamtlänge mit 4,48 Metern 7,5 Zentimeter mehr. Die verbreiterte Spur und größere Räder, die gestreckte Dachpartie, das verlängerte Heck sowie größere Fensterpartien verleihen dem Neuen ein frisches, zeitgemäßes Gesicht. An Motorisierung wartet der Modell-Spitzenreiter mit einem 2,8 Liter Sechszylindermotor und 174 PS auf; das Basismodell ist mit einem Zweiliter-Vierzylinder mit 90 PS/66 kW ausgerüstet, der bei dem stattlichen Gewicht für einen soliden, aber nicht gerade temperamentvollen Fahrspaß sorgt. Die serienmäßige Ausstattung mit einem Fünfganggetriebe unterstreicht die neue Komfort-Klasse.

Wie Fahrspaß pur aussehen kann, zeigt Ferdinand Piëch auf der Frankfurter Automobilausstellung im Herbst 1991 mit einer Provokation. Dort stiehlt sein Aufsehen erregender Modellstreich – der Audi Quattro Spyder – allen die Schau. „So und nicht anders", begrüßt die Fachpresse den gezielten Affront gegen die familieneigene Porsche-Sportwagenschmiede, „sieht ein moderner Sportwagen aus."[44] Der neuen Porsche Typ 968, muß man in Zuffenhausen lesen, „wirkt im Vergleich zum modernen Audi Spyder fast schon wie ein Relikt aus der Steinzeit des Automobils".[45]

Als Ferdinand Piëch zum Jahresende 1992 seinen Schreibtisch in Ingolstadt räumt und auf den Chefsessel der Audi-Mutter Volkswagen-Konzern wechselt, ist Audi nicht wiederzuerkennen. Seiner Modelloffensive bescheinigen selbst die hartnäckigsten Kritiker, „mehr denn je eine Alternative zur etablierten Nobelkonkurrenz zu sein. Tests zeigen, daß die Ingolstädter technisch manchmal schon besser sind."[46]

Trotz zahlreicher Schwierigkeiten zeigt das Vorsprung-durch-Technik-Konzept nachhaltig Wirkung. Das Piëch-geprägte Audi-Gesicht hat Ende 1991 markante Konturen: Die neuen 100er mit dem Avant und dem S4 sind, so der Volkswagen Konzernchef Carl Hahn, „ein ganz großer Wurf".[47] Die große Nachfrage nach den 100ern und den 80ern macht sogar Sonderschichten erforderlich, und wer das Cabrio ordert, muß sich in Geduld fassen: Die Wartezeiten sind so lang wie beim S-Klasse-Mercedes.

Der „unerbittliche Veränderer" Ferdinand Piëch hat das biedere Mittelklasse-Unternehmen selbstbewußt an der Seite so glänzender Namen wie BMW und Daimler-Benz positioniert. Mit seinem satten Umsatzplus und dem Erfolg seines Kostensenkungsprogramms empfiehlt sich Piëch 1992 nachdrücklich für die höchsten Wolfsburger Weihen.

„Spitzenprodukte in jeder Automobilklasse"

Unter einem schlechteren Stern hätte Ferdinand Piëchs Start als Vorstandsvorsitzender der Volkswagen AG kaum stehen können: Bereits wenige Monate nach dem Amtsantritt im Januar 1993 steht er mit Negativ-Schlagzeilen im Rampenlicht, die eine gravierende Image-Talfahrt befürchten lassen: „Das ist eine Schlammschlacht", „Wir schlagen gnadenlos zurück", „Autokrieg brutal", „Er kämpft und kämpft", „Die Schotten sind dicht" sind nur einige der Headlines der auflagenstärksten deutschen Zeitungen und Zeitschriften während der General Motors/López-Affäre, die alle positive Volkswagen-Unternehmenspolitik jahrelang überlagert.

Fünf Jahre später ist der Mann der Krise ein Mann des Triumphs: „Wie kein anderer Auto-Manager hat der Techniker auf dem Wolfsburger Chefsessel in den vergangenen fünf Jahren Marketing-Geschichte geschrieben. Die ehemals eindimensionale Allerweltsmarke VW entwickelte sich unter seiner Obhut zu einem Image-Riesen", erfährt die Leistungsbilanz des Ferdinand Piëch im Jahr 1999 anläßlich der Verleihung des „Deutschen Marketingpreises" höchstes Lob.[48] Aus dem tiefsten Image-Tief innerhalb weniger Jahre zum preiswürdigen Image-Ruhm – dieser erstaunliche Wandel ist nicht zuletzt das Resultat einer Unbeirrbarkeit und einer Unerschütterlichkeit, die ihresgleichen suchen. Allem öffentlichen Trommelfeuer zum Trotz bringt Ferdinand Piëch den Volkswagen-Konzern auf den neuen, auf seinen Kurs.

Die Modellzyklen verkürzen und die Vielfalt weiter erhöhen ist die Marschroute des neuen Vorstandsvorsitzenden gegen Ende der ersten 100 Tage im Amt. Mit seinem Einzug in die Chefetage des größten europäischen Automobilherstellers steht Ferdinand Piëch auf nahezu allen Gebieten vor extremen Herausforderungen: Volkswagen hinkt nicht allein mit seiner Modellpolitik im internationalen Vergleich weit hinterher – die Ertragsschwäche des Unternehmens ist chronisch, die Rendite liegt bei katastrophal-niedrigen 1,1 Prozent.

„Für die Entwicklung", läßt der neue Dirigent Ferdinand Piëch wissen, „leiste ich mir nicht mehr als eine Viertel- oder halbe Stunde pro Tag. Das reicht, damit das Orchester mich versteht."[49] Das technische Orchester hat im Eiltempo gelernt, ihn zu verstehen, und es ist ein ausgesprochen harter Lernprozeß. In der Anfangszeit, erzählt man sich in den Wolfsburger Werkshallen, kam der Boss höchstpersönlich aus der Chefetage im 13. Stock herunter, krempelte die Ärmel hoch und schaute, wo es quietscht und hakt. Als der neue Golf nicht richtig anlaufen will, habe Piëch immer wieder selbst nach dem Rechten gesehen.

In den Werkshallen verschaffen ihm sein Engagement und seine Kompetenz allerhöchsten Respekt. Der Konzernchef macht sich jedes Thema zu eigen, ob es die Schalttafel beim Polo oder die Stärke der B-Säule zwischen der Vorder- und Hintertür des Golf ist. Die Sachkenntnis untermauert seine Glaubwürdigkeit innerhalb und außerhalb des Unternehmens. Qualität, ist die Lektion, die jeder Mitarbeiter zu verinnerlichen hat, kommt vor Quantität. Reklamationen sollen der Vergangenheit angehören; es soll keine Auto die Werkshallen verlassen, das nicht in Ordnung ist – egal um welchen Preis. „Das kostet Zeit und Volumen", rechtfertigt Ferdinand Piëch die kostenintensive Neuorientierung, „aber keine Kunden."[50]

Was bei Audi begann, findet im Volkswagen-Konzern bei allen Marken eine Forstsetzung. Und ausgerechnet Ferdinand Piëch, der Reservierte, bereichert seine technologisch-innovative Ausrichtung um eine neue Dimension – die Emotionalität. Volkswagen, bislang ein Synonym für solide, haltbare, aber eher langweilige deutsche Wertarbeit („er läuft und läuft und läuft ...") will mit neuen Qualitäten überzeugen: „In Zukunft", läßt Ferdinand Piëch wissen, „verbinden wir technologischen Fortschritt mehr und mehr mit Emotionalität und Ästhetik im Design. New Beetle und Lupo zählen zu den Trendsettern der neuen Volkswagen-Vielfalt."[51]

Das bei Audi angeschlagene Grundthema – High Tech in Top-Qualität – bleibt die Meßlatte, doch Ferdinand Piëch hängt sie für alle Volkswagen-Marken einen Quantensprung höher. Auf der Basis seiner schnellen und durchschlagenden Sanierungs- und Konsolidierungserfolge wird die Volkswagenpalette nicht nur um ein neues Luxus-Markensegment erweitert – Ferdinand Piëch verschreibt sämtlichen Marken des Hauses ein Rundum-Upgrading.

Es macht Eindruck, was der Dirigent seinem Orchester innerhalb weniger Jahre entlockt. Die Marke VW präsentiert im Spätsommer 1993 das neue Cabriolet; im Oktober 1993 kommt der Golf Variant; im September 1994 erfolgt die Markteinführung des neuen Polo; im September 1997 erlebt der Golf der vierten Generation seine Premiere; ein Jahr später verfällt die Welt ins New Beetle-Fieber.

Der Polo ist bereits fertig, als der neue Spitzenmann antritt – und eingreift: Unter der Verantwortung Ferdinand Piëchs bekommt der Polo ein neues Gesicht, eine andere Innenausstattung und wird insgesamt in Richtung Golf-Qualität aufgewertet. Befürchtungen, er könne dem Golf Konkurrenz machen, wischt er mit einer neuen Ergebnisphilosophie vom Tisch: Der Polo soll gerade gegen den Golf antreten – und so erfolgreich sein, daß es egal ist, welches Fahrzeug besser läuft. Und der Polo kommt so gut an, daß die ursprüngliche Produktionsplanung von 800 Stück am Tag auf 2 000 korrigiert werden muß.

Mehr Sportlichkeit, mehr Design, mehr High-Tech-Qualität, mehr Klasse sind der Kern der neuen Wolfsburger Modell- und Markenoffensive. Der Golf, der im Jahr 1999 sein 25jähriges Jubiläum feiert, macht sich mit seiner Verkaufsbilanz von 19 Millionen Stück daran, den 20-Millionen-Erfolg des Ferdinand-Porsche-Käfers zu übertrumpfen. Das 1997er-Modell der vierten Generation trägt die innovative Handschrift Ferdinand Piëchs. Es ist vollverzinkt und mit neuen Aluminium-Antrieben ausgestattet. Die Motorisierung beginnt am unteren Ende mit 1,4 und 1,6 Liter; der GTI glänzt sogar mit einem 1,8-Liter-Turbomotor mit 150 PS. Im Sommer 1998 kommt der Golf auch als Allrad.

Ein Geniestreich gelingt mit der Lancierung des New Beetle, der seine Realisierung dem Umstand verdankt, daß die Reminiszenz an den Großvater-

Käfer dem Porsche-Enkel ans Herz wächst. Nostalgie pur, aber technisch ein typisches Kind der Piëch-Neuzeit, bestätigt vor allem der amerikanische Markt die richtige Spürnase des Konzernchefs für das Marktsegment Kult und Nonkonformismus. Mit dem wie ein Pop-Star gefeierten New Beetle kutschiert Ferdinand Piëch werbeträchtig das amerikanische Wirtschaftswunder Bill Gates durch Davos, und er mischt sich in Atlanta unter die Flower-Power-People der „Born again"-Beetle-Party.

Ferdinand Piëchs ungewohnt-lockere Atlanta-Laune ist fast soviel Aufmerksamkeit sicher wie dem New Beetle: „Mit seinem früheren Käfer-Nachfolger, dem Entwicklungsauftrag ‚EA 266', konnte Piëch vor 30 Jahren als junger Porsche-Entwicklungschef nicht reüssieren, der Kunde Volkswagen lehnte den Entwurf brüsk ab. Jetzt wird er, welch späte Genugtuung, als Schöpfer des New Beetle gefeiert."[52] Ferdinand Piëch selbst hat sich nie zum Schöpfer ernannt, aber er verhilft der Studie „Concept 1", eine Idee und das Werk junger Designer, gegen zahlreiche Widerstände im Hause Volkswagen zum Durchbruch. Doch der Absatz ist nur in den USA zufriedenstellend. In Europa muß mit einem neuen Auftritt auf der Frankfurter Automobilausstellung im Herbst 1999 ein zweiter Anlauf mit einer veränderten Modellversion genommen werden. Der europäische New Beetle wird preisgünstiger und bekommt eine neue Ausstattung.

Allein in den Jahren 1997 und 1998 zündet Ferdinand Piëch mit der Einführung von 20 neuen Konzern-Modellen ein wahres Feuerwerk aller Marken. „Er hat profunde Technikkenntnisse, die Liebe zum Auto und Einfallsreichtum bei Neuentwicklungen. Da kann ihm kein anderer das Wasser reichen", preist Ignacio López die Kreativität seines einstigen Chefs.[53] Mit dem Sportmodell Audi TT, innerhalb von drei Jahren von der Studie zur Serienreife entwickelt, hat die Ingolstädter Tochter Audi einen Topseller. Der optischen Sportlichkeit entsprechen die beiden zur Wahl stehenden 1,8-Liter-Reihenvierzylindermotoren mit Fünfventiltechnik und Abgasturbolader. Der stärkste, der Audi TT Coupé Quattro, bringt es in 6,4 Sekunden von 0 auf 100 km/h. Sein mit Ladeluftkühlern und größerem Abgasturbolader versehener Vierzylinder bringt eine Leistung von 165 KW (225 PS).

Die 1999er Modellreihen Golf und Bora V6 4Motion kommen als wahre Kraft- und Komfortpakete zu den Händlern. Sie machen durch die Kombination neuer Sechszylindermotoren mit einem elektronisch geregelten Allradantrieb und durch die serienmäßige Ausstattung mit einem Sechsganggetriebe von sich reden. Ein enorm kompakter Sechszylinder mit

2,8 Liter Hubraum, Allradantrieb und Sechsganggetriebe – das ist eine kreativ-sportliche Sensation in der kompakten Mittelklasse. Bemerkenswert sind die technischen Veränderungen des einstigen 2,8-Liter-VR6-Motors zum neuen V6-Aggregat: Zwar blieb das Grundkonzept erhalten, aber neu sind der Vierventil-Zylinderkopf mit Rollenschlepphebeln zur Ventilsteuerung und eine verstellbare Einlaßnockenwelle und ein Schaltsaugrohr für eine gute Zylinderfüllung auch bei niedrigen Drehzahlen. Das Ergebnis ist eine Steigerung der Leistung auf 150 kW/204 PS. Und zum ersten Mal hat es VW geschafft, das elektronische Stabilitätsprogramm ESP in den 4Motion-Antrieb zu integrieren. Es gehört wie ABS zur serienmäßigen Ausstattung. Verbrauchsarm ist die neue Sportlichkeit mit 15,3 Litern je 100 Kilometer Stadtverkehr und ansonsten 10,8 Litern nicht gerade, doch die Abgasnorm D4 wird beim Golf wie beim Bora V6 4Motion unterboten.

Auch bei Kombi-Varianten hat der Volkswagenkunde die Wahl. Vollverzinkt, sicher, unter anderem durch eine sehr torsionssteife Karosserie, mehr Serienausstattung, sportlich-dynamische Motorisierungen belegen den Volkswagen-Wandel à la Ferdinand Piëch. Der Golf Variant bietet in der Highline-Version den 1,9-Liter TDI-Motor und ein Vierstufen-Automatik-Getriebe; der Highline-Bora Variant ist mit seinem 1,9 TDI 4Motion mit 85 kW/115 PS und Sechsgang-Getriebe auf der sportlich-dynamischen Seite angesiedelt. Als Basismodell startet der Golf-Variant bei 75 PS und der Bora-Variant bei 100 PS. Individualität und Lifestyle sind gemäß der neuen Piëch'schen Modellpolitik Trumpf, und so kann der Kunde nicht nur zwischen verschiedenen Motorstärken, sondern auch zwischen verschiedenen Ausstattungen wählen.

„Wir haben uns ein bißchen auf unsere Tugenden besonnen: erstklassige Ingenieursleistung, Umstrukturierung der Produktion und kostensparende Baukastensysteme, die es in diesem Ausmaß auf der Welt nicht gibt", benennt Ferdinand Piëch die Gründe für den Volkswagen-Erfolg.[54] Sein Kurs „Wandel durch Innovation und Qualität" wird 1997 mit der Wahl zum Automanager des Jahres und mit der Verleihung des „Goldenen Lenkrads" für die Erfolge als Manager und sein erfolgreiches Schaffen als Techniker bestätigt und gewürdigt.

„Um die Autos herum bauen wir eine echte Vielfalt"

Den innovativen Leistungsbogen der bisherigen knapp sieben Ferdinand-Piëch-Jahre bei VW markieren zwei Highlights, wie sie extremer und zugleich piëchtypischer nicht sein könnten: das erste serienmäßige Drei-Liter-Auto der Welt – die absolute Vernunft – und der geplante 18-Zylinder-Bugatti – die absolute Emotion. Fahrzeuge, die Automobilbauern einen technischen Spagat abverlangen.

Der weltbeste Umweltfreundliche, der VW-Lupo 3L TDI mit seinem Niedrigverbrauch von nur 2,99 Litern auf 100 km, ist 3,53 Meter kurz, bietet aber dennoch Platz für vier Personen und schafft es in immer noch spritzigen 14,4 Sekunden von 0 auf 100 km/h. Seine Spitzengeschwindigkeit liegt bei 165 km/h. Anders als Ferdinand Piëch noch 1992 ankündigte, ist der Sparsame jedoch eine Abwandlung der normalen Großserie und kein Aluminium-Audi: „Die Abzweigung ergab sich in der Diskussion mit dem neuen VW-Entwicklungschef, Dr. Winterkorn. Zu jener Zeit hat sich ein Dieselquantensprung ergeben, der es möglich erscheinen ließ, aus einem konventionellen Auto mit gerade soviel Leichtbau wie nötig auf ein kostengünstiges Dreiliterauto zu kommen."[55]

Aufgrund der modernen Dieseltechnologie stand ein Lupo-Gewicht von 800 Kilogramm dem Drei-Liter-Ziel nicht im Wege: „Wir sind bei 45 Prozent thermischen Wirkungsgrad", beschreibt Ferdinand Piëch die Fortschritte, „das haben wir damals noch für Traumwerte gehalten. Daher mußte man in der Gewichtsauslegung nicht so ans Limit gehen und konnte auf Voll-Alu-Bauweise verzichten."[56] Dennoch: Das Drei-Liter-Fahrzeug ist ein konsequenter Leichtbau mit einem c_w-Wert von 0,29, der unter anderem im Vergleich zum herkömmlichen Lupo durch Glättungen – von Kühlergrill, Spoiler und Flanken – und durch rollwiderstandsreduzierte 14-Zoll-Reifen erreicht wurde. Gewichtssparende moderne Materialien wie Aluminium, Magnesium und Kunststoff kamen in signifikantem Maße beim Heck, bei der Haube, Türen und Stoßfängern zum Einsatz. Auch das Aluminium-Kurbelgehäuse und der -Zylinderkopf des Antriebs tragen zur Gewichtsreduzierung bei. Ein entscheidendes Lupo-Element ist die ausgesprochen sparsame Motor-Getriebe-Einheit mit ihrem automatisierten Fünf-Gang-Getriebe mit drei Betriebsarten.

Auf große Stückzahlen im Verkauf setzt Ferdinand Piëch, der seit Jahren entschiedene Verfechter des Drei-Liter-Autos, nicht, aber er unterstreicht dessen Vorreiterfunktion als Symbol für den künftigen Automobilbau.

Dafür entwickelte Technologien werden anderen Fahrzeugklassen zugute kommen, so daß der Flottenverbrauch sich weiter verringert. Die rechtzeitige Produktion des Kleinen ist Ferdinand Piëch so wichtig, daß er 1996 auch noch kurz entschlossen die Verantwortung für den Bereich Entwicklung übernimmt, als es Probleme mit der Kleinwagen-Plattform gibt. Wenn die anderen es nicht schaffen – er will den Zeitplan, das Drei-Liter-Auto im Jahr 1999, unbedingt einhalten. „Das kleine Auto", stellt er mit Nachdruck klar, „ist der Schlüssel für die Wettbewerbsfähigkeit dieses Konzerns. (...) Wenn wir den Termin nicht packen, brechen wir in einem Zukunftssegment ein."[57]

Im Vorgriff auf eine ganz andere Kategorie Volkswagen-Star machen die Ingenieure Ferdinand Piëch 1997 das schönste Geschenk zum 60. Geburtstag: eine aus Holz gefertigte Mini-Ausgabe eines 18-Zylinder-Hochleistungsmotors. Auch er soll eine Weltbestleistung werden: der weltweit erste und einzige 18-Zylinder-Motor für Pkw. Mit seinen drei Reihen Sechs-Zylinder-Bänken, W-förmig angeordnet, leistet der mit einer Benzindirekteinspritzung versehene Spitzenantrieb bei einem Hubraum von 6,3 Litern 408 kW (555 PS) und ein Drehmoment von 650 Newtonmetern.

Der umstrittene 18-Zylinder, für Piëch-Kritiker nur ein weiterer Beweis für seinen Größenwahn und den Drang, den Großvater auf allen Gebieten zu überrunden, unterstreicht die Volkswagen-Uniqueness am anderen, dem Drei-Liter-Lupo entgegengesetzten Ende der Skala. Als „die Spitze des technisch derzeit Machbaren" bezeichnet Ferdinand Piëch die Luxus-Limousine, die sich als erste mit dem neuen Antrieb schmücken und bei der sich der 18-Zylinder mit der übrigen Spitzentechnologie zu einem Gesamtkunstwerk vereinen soll: zum Bugatti EB 218.[58] Die Luxus-Kreation mit permanentem Allrad-Antrieb und einer Aluminium-Space-Frame-Karosserie wird 1999 auf dem Genfer Automobilsalon präsentiert. „Alu-Spaceframe, 18 Zylinder, Benzin-Direkteinspritzung und permanenter Allrad reichen, um das Alleroberste zu besetzen, was derzeit im Automobilbau denkbar ist", stellt Ferdinand Piëch selbstbewußt fest. „Und das ist kein isolierter Gipfel, sondern entspricht technologisch einer denkbaren Variante unseres Konzern-Baukastens im Jahr 2003."[59]

Die Entwicklung des Motoren- und des Motoren-Baukasten-Programms ist ein Schlüsselbereich des Volkswagenerfolgs. Auf dem Gebiet der Dieseltechnologie waren der Dieselmotor mit Direkteinspritzung für Pkw, der Verbräuche von unter fünf Liter ermöglicht, der Turbodiesel mit Direkteinspritzung (TDI) und der Saugdiesel mit Direkteinspritzung (SDI) Meilensteine. Für den Benziner fordert Ferdinand Piëch 1996 für die Zukunft mehr Zuverlässigkeit, Variantenreichtum und Komfort: „Hier gilt es, mit der breiteren Einführung von Mehrventiltechnik, Schaltsaugrohren sowie variablen Ventilsteuerzeiten einen Teil der Verbrauchsnachteile gegenüber dem Dieselantrieb wettzumachen. VW befaßt sich darüber hinaus mit dem Prinzip der Direkteinspritzung für Benziner. Die Kompaktbauweise bei Mehrzylinder-Ottomotoren setzen wir verstärkt fort."[60] Die 1999 mit dem japanischen Unternehmen Toyota intensivierte Kooperation könnte sich auf dem Gebiet der Direkteinspritzung von Benzinmotoren als Segen für Volkswagen erweisen. Bei der Direkteinspritzung bei Dieselmotoren ist der Volkswagen-Konzern Pionier. Bei der Direkteinspritzung bei Benzinmotoren, die zu einem signifikant geringeren Benzinverbrauch führen kann, ist Toyota international Spitze. Nicht zuletzt soll auch ein Paradeprojekt Ferdinand Piëchs – der geplante 18-Zylinder-Bugatti – von einem Benzinmotor mit Direkteinspritzung angetrieben werden.

Seit den großen Volkswagen-Auftritten unter anderem auf dem Pariser Autosalon im Herbst 1998 und dem Genfer Frühjahrs-Automobilsalon 1999 hat das gesamte neue technische Baukasten-Konzept Ferdinand Piëch Modell-Gestalt angenommen. So folgt dem Tokioer Hochleistungs-Coupé W 12 zum Beispiel in Genf eine offene Roadster-Studie. Beide Modelle sind Sportwagen mit einem Zwölf-Zylinder-Motor mit 5,6 Liter Hubraum und etwa 420 PS Leistung, entstanden aus der Kombination von zwei Sechs-Zylindern aus dem Konzern-Baukasten. Und auch die Audi-Modellreihe A6 präsentiert sich nunmehr als Powerpaket mit zwei V8-Fünfventil-Triebwerken und zwar als A6 4.2 Quattro mit 22 kW/300 PS und als A6 3.7 mit 191 kW/260 PS.

Jede Marke kann auf die Volkswagen-Plattformen und auf die technischen Elemente des Baukastens zurückgreifen bzw. ihn um weitere Elemente zum Nutzen aller bereichern. Und jede Plattform soll in noch stärkerem Maße zur kostengünstigen Modell-Diversifizierung beitragen. Auf der A-Plattform laufen zum Beispiel bereits der Golf, der Audi A3, New Beetle, der Skoda Octavia und der Audi TT. Bis Ende des Jahres 2001 sollen es noch sieben Modelle mehr sein. „Aber um die Autos herum", ist Piëchs Ziel, „bauen wir eine echte Vielfalt."[61]

Was der Volkswagen-Baukasten insgesamt technisch hergibt und wie das Baukasten-Angebot zum Vorteil aller Marken genutzt werden kann, führt der Konzernchef Modell um Modell vor: Der Allrad-Skoda Octavia Combi 4x4 hat die in Wolfsburg entwickelte Haldes-Kupplung, die in Sekundenbruchteilen auf Drehzahldifferenzen zwischen der Vorder- und der Hinterachse reagiert. Sie kann bis zu 100 Prozent der Abtriebskraft auf die Hinterräder lenken. Das Elektronik-gesteuerte System ist ohne Probleme auf ABS und Differentialsperre abzustimmen. Als Motorisierung hat der Allrad-Skoda Octavia Combi 4x4 den bekannten 90-PS-Turbodiesel TDI oder einen neu entwickelten Zwei-Liter-Benziner mit 120 PS.

Luxus zu einem ausgesprochen wettbewerbstüchtigen Preis kann Volkswagen mit dem Skoda Octavia Laurin & Klement bieten. Das als Combi oder Limousine erhältliche Sondermodell mit Ledersitzen hat als Motor einen 110-PS-TDI oder einen 150-PS-Fünfzylinder-Benziner. Vital und sportlich kommen nach dem Seat Toledo ebenfalls der 1999er Seat Ibiza und Seat Cordoba daher. Auch das Antriebsprogramm dieser Spanier stammt aus dem Volkswagen-Baukasten, der Motoren mit drei bis achtzehn Zylindern bereithält, die weitgehend aus gleichen Teilen gebaut werden können. Für Ferdinand Piëch eine faszinierende Perspektive: „Mal sehen, welche weiteren Marken wir künftig haben werden. Da tun sich für ambitionierte Techniker hochinteressante Möglichkeiten auf."[62]

Technische Innovationen in Kombination mit einem Marketing, das sich an den individuellen Wünschen der Kunden orientiert, begründen den neuen Gesamterfolg des Unternehmens. Technik, Komfort, Qualität – sie sind eine geradezu persönliche Passion des Volkswagen-Chefs Piëch. Auch nach Jahren auf dem Chefsessel ist niemand davor sicher, daß er höchstpersönlich zum Check erscheint: „Ich gehe einfach ohne Ankündigung in ein Werk und hole mir da ein Auto raus, ohne daß das jemand für mich aussucht. Und dann schaue ich immer ohne Vorankündigung, wie es am Zählpunkt Acht aussieht."[63] Dieser Zählpunkt Acht ist die Qualitätskontrolle.

Doch das Auto, für Ferdinand Piëch eine Oase der Entspannung, ist weitaus mehr als die Summe seiner technischen Finessen. Auch für eine erlesene Innenausstattung ist man im Konzern inzwischen gut gerüstet. Ferdinand Piëchs Edelkombi Passat Variant ist mit cremefarbenem Conolly-Leder ausgestattet. Dessen Qualität bringt den sonst so Zurückhaltenden ins Schwärmen. Kein Stacheldraht hat das Leben der glücklichen Kühe begrenzt und ihre Lederhaut verletzt; sie ist makellos. „In der Qualität ist das noch deutlich besser", freut sich Ferdinand Piëch, „als bei Rolly Royce, wo sich zu schnell Falten bilden."[64] Auch bei den Sicherheitsstandards will Ferdinand Piëch erneut die Spitzenposition besetzen. Die neue elektronische Stabilitätskontrolle ESP könnte nach seiner Einschätzung die Zahl der Verkehrstoten um ein Viertel reduzieren. Sollte sich EPS auf breiter Basis durchsetzen, wäre der Volkswagen-Vorsprung durch Technik auch auf diesem Gebiet gesichert.

In welche Richtung der Konzernchef zielt und was er Volkswagen zutraut, demonstriert Ferdinand Piëch mit den Modellen, die er fährt – der Zwölfzylinder Parade-Passat ist der erste Schritt in die Richtung, VW als „bürgerlichen Mercedes" zu etablieren. Doch der Ehrgeiz reicht darüber hinaus: Ferdinand Piëch schiebt die Marken auf völlig neue Gleise, und das Label VW mit einem spektakulären Coup in Richtung Mercedes. Der Quantensprung in die Elite- und Preisklasse um 150 000 Mark ist das Projekt D1, das auf der bisherigen Audi-A8-Plattform im neuen Werk Dresden gebaut werden soll. Und schon das Werk selbst, dessen Grundstein 1999 gelegt wird – die gläserne Manufaktur – erregt ein Höchstmaß an Aufsehen und Aufmerksamkeit.

Zu der sich in Konturen deutlich abzeichnenden neuen VW-, Seat-, und Skoda-Markenpolitik gesellen sich die Newcomer des Konzerns mit den so traditionsreichen wie großen Namen. Bugatti, Lamborghini und Bentley hat sich Ferdinand Piëch definitiv als Autoadel einverleibt. Der Sportwagen-Star aus dem Hause Volkswagen mit einer 338-Kilometer-Spitzengeschwindigkeit ist der neue Lamborghini Diabolo GT. Mit diesem Renner der Volkswagen-Tochter Audi demonstriert Ferdinand Piëch Fahrspaß mit einem Sechs-Liter V12-Motor, einer Maximalleistung von 423 kW (575 PS), Rennsitzen und einer Karosserie, die bis auf das Dach und die Türen aus High-Tech-Karbonfaser besteht.

Und was der Käufer von der Marke Bentley erwarten kann, zeigt das „Bentley Projekt Hunaudières": eine sportive Luxus-Limousine mit einem 16-Zylindermotor – zwei Bänke von je acht Zylindern – mit einer Leistung von 463 kW (630 PS) bei 6 000 U/min., einer Karosserie aus Carbonfiber und Leichtmetall und einem eleganten, weichen Design. Schon die Wahl des Names ist Programm: „Hunaudières" heißt die berühmte Hochgeschwindigkeitsstrecke in Le Mans, wo sich Bentley in den zwanziger Jahren mit fünf Siegen einen Legenden-Status erfuhr – und ein Ferdinand-Piëch-Kraftprotz vom Typ 917 im Jahr 1970 den ersten Gesamtsieg für die Marke Porsche erringen kann.

Das technische Orchester, das Ferdinand Piëch im Volkswagen-Konzern dirigiert, spielt variantenreich, aber nur einer gibt den Ton an: Ferdinand Piëch. Er bleibt auch als Dirigent, was er zeitlebens war – einer, dem kein

Mißklang entgehen soll: „Jede Sperrmitteilung landet auf meinem Tisch. Werke, die mir zu viele liefern, besuche ich. Unangemeldet."[65] Und er hängt die Meßlatte mit jedem Erfolg noch ein Stückchen höher. Mit einem 20-Zylinder, mutmaßt die Branche, will er sich auf dem Gebiet der Antriebstechnologie einen Platz in der Autogeschichte sichern, den ihm so schnell niemand streitig machen kann. „Wer gerade am meisten Gas gibt, ist vorn. Wir stehen immer auf Vollgas", gibt der Konzernchef das Volkswagen-Tempo vor.[66]

Der Manager

Mit sichtlicher Genugtuung zeigt sich Konzernchef Ferdinand Piëch bei der Hamburger Autoschau unter den weißen Zeltdächern: Vom Drei-Liter-Lupo bis zum Bentley Cabrio präsentiert sich Volkswagen seinen Aktionären mit einer innovativ-neuen, dynamisch-sportlichen und luxuriösen Linie. Darüber hinaus hat Ferdinand Piëch auf der 1999er Hauptversammlung in Hamburg Zahlen zu bieten, wie sie überzeugender nicht sein könnten: eine Umsatzsteigerung im Vergleich zum Vorjahr von 18,5 Prozent auf 134 Milliarden Mark und eine Steigerung des Gewinns nach Steuern um 64,8 Prozent auf 2,2 Milliarden Mark.

„Dort, wo ich bin", hat der oberste Volkswagen-Lenker seinen Lebensehrgeiz beschrieben, „versuche ich immer, der Beste zu sein."[1] Und zwar der mit Abstand beste auf jedem Terrain. Volkswagen, noch wenige Jahre zuvor ein Unternehmen, um dessen Zukunft Arbeitnehmer wie Aktionäre zittern mußten, verdankt diesem Ehrgeiz eine neue Blüte. Mit der Bilanz des Geschäftsjahres 1998 nimmt Ferdinand Piëch erneut allen Kritikern seiner „Großspurigkeit" den Wind aus den Segeln.

„Damit haben Umsatz und Gewinn im abgelaufenen Jahr historische Bestmarken erreicht", kann er ohne zu übertreiben und mit Befriedigung feststellen.[2] 4,7 Prozent beträgt die 1998er Umsatzrendite vor Steuern, und damit sind gut zwei Drittel der Jahrtausend-Zielsetzung von 6,5 Prozent erreicht; 4,7 Millionen Fahrzeuge wurden abgesetzt und 18 000 neue Arbeitsplätze geschaffen. „Ist das nichts?" fragt der Vorsitzende kokett.[3] Doch er weiß, daß er zwar Fortschritte bei der Rendite vorzuweisen hat, aber noch um einige Punkte hinter den Spitzenreitern der Branche zurückliegt. „Und wir werden", unterstreicht er die für viele noch immer ungewohnte Volkswagen-Dynamik, „dieses Jahr noch sechs neue Modelle herausbringen, von denen Sie noch kein einziges kennen."[4]

Es sind nicht nur das Bilanzergebnis und das vom Erfolg beflügelte neue Volkswagen-Selbstvertrauen, die aufhorchen lassen. Das Lob für den Spitzenmann ist selten einhellig: Die Aktionäre – in den Piëch-Jahren 1993 bis 1998 hat sich der Unternehmenswert an der Börse mehr als vervierfacht –

sind ebenso zufrieden wie die Arbeitnehmer. „Er ist der richtige Vorstandsvorsitzende für Volkswagen zur richtigen Zeit und hat sich nicht nur als brillanter Techniker, sondern auch als vorausschauender Kaufmann bewiesen", lobt ihn der Gesamt- und Konzernbetriebsratsvorsitzende Klaus Volkert. „Und er war bereit, mit uns einen sozialen Weg zur Bewältigung der Probleme zu gehen. Das zeugt von Weitblick!"[5]

„Überhaupt kein Verständnis habe ich ..."

Als Ferdinand Piëch am 1. Januar 1993 an Bord des Dampfers Volkswagen geht, ist das Flaggschiff der deutschen Automobilindustrie in Gefahr, auf Grund zu laufen. Die Zeugnisse, die man dem Unternehmen seit Ende 1991 ausstellt, könnten schlechter nicht sein: „So schnell kann man Hundertmarkscheine gar nicht verbrennen, wie Wolfsburg das Geld durch die Finger rinnt. Im ersten Halbjahr mußte zum Beispiel die Volkswagen AG 32 Milliarden Mark Umsatz bewegen, um schlappe 330 Millionen Mark Gewinn nach Steuern einzufahren, das sind nur gut ein Prozent. Im Konzern sieht es genauso schlecht aus. Da bleiben von annähernd 40 Milliarden Mark Umsatz gerade 433 Millionen Mark nach Steuern hängen (1,09 Prozent) – ein vergleichsweise lächerliches Ergebnis."[6]

Einen Milliarden-Konzernverlust aus dem Geschäftsjahr 1992 findet Ferdinand Piëch bei seinem Amtsantritt als Erbe vor und eine Rentabilität, die kaum zu unterbieten ist; Pläne für Massenentlassungen – die Rede ist von 30 000 Mitarbeitern – liegen bereits in den Schubladen. Und bei der spanischen Tochter Seat klafft 1993 ein plötzliches Loch von 1,8 Milliarden Mark in der Kasse – kein Ruhmesblatt für Piëchs Controlling.

Erwartungsfroh begegnen dem neuen Mann nur wenige, vor allem auf der obersten Führungsebene. Dem Nachfolger des als großer Diplomat gerühmten Carl Hahn eilt ein Ruf voraus, wie er schlechter kaum sein könnte. Nicht wenige fürchten um Macht, Position und Einfluß, „denn der Technikguru der Automobilnation duldet keine fremden Götter neben sich", ist noch eines der freundlicheren Urteile über Ferdinand Piëch.[7] Er sei ein Meister der Intrige, wird ihm nachgesagt; Dinge wie Fairness, Menschlichkeit, Rücksicht, Toleranz seien für ihn Fremdworte. Langjährige Mitarbeiter würden in fünf Minuten abgekanzelt und rausgeschmissen, wird berichtet, und wer einen Konflikt riskiere, stelle die Vertrauensfrage. „Piëch", so das Fazit, „opfert seiner Eitelkeit viel – und viele."[8]

Ferdinand Piëch bestätigt mit undiplomatisch-offenen Worten und entsprechenden Taten seinen neuen Führungskurs: Es wird ein gründliches Revirement geben; er wird hart durchgreifen; niemand kann auf Nachsicht hoffen, denn auch ihm, Ferdinand Piëch, hat man nichts geschenkt: „Überhaupt kein Verständnis habe ich, wenn Herren mit den Bombenverträgen, die es früher bei VW gab, eine andere Position im Konzern ablehnen, statt dessen lieber in den Ruhestand gehen und dies dann unerhört finden. Ich für meinen Teil würde lieber eine Herausforderung annehmen. In meinem Lebenslauf ging es auch nicht immer nur nach oben."[9]

Es ging vor allem nicht reibungslos nach oben, doch Ferdinand Piëch kann seine Ansprüche auf Positionen, die er als ihm gemäße betrachtet, nicht zuletzt mit der Macht einer Milliarden-Familie im Rücken Nachdruck verleihen. Es sind nicht seine Leistungen, die seinen Aufstieg zu einem Kampf gegen heftige Widerstände machen, sondern seine eigenwillige Persönlichkeit und sein rigider Führungsanspruch. Wo er hingehört, daran hat Ferdinand Piëch nie den geringsten Zweifel gelassen – nach ganz oben. Er will alles, er will es auf seine Weise, und er will es möglichst sofort. Im Ringen um den Platz an der Spitze sammelt der Kompromißlose Gegner wie andere Jagdtrophäen.

Die Gefahr, am eigenen dampfwalzenartigen Ungestüm zu scheitern, begleitet Ferdinand Piëchs Karriere bis zur Berufung an die Volkswagen-Spitze. Er muß auch bei Audi trotz einer beeindruckenden Leistungsbilanz als Ingenieur wie als Manager eine Runde warten, bis er zum Vorstandsvorsitzenden ernannt wird. Lieber als der österreichische Eigensinnige wäre manchem Entscheidungsträger eine weniger kontroverse und zähmbarere Persönlichkeit gewesen. „Es gibt immer mehrere Möglichkeiten", droht Ferdinand Piëch Ende des Jahres 1987 in einem Interview. „Mit dem Ende dieses Jahres läuft einfach eine für mich wesentliche Frist ab."[10] Er stellt deutlich in den Raum, daß er sich auch vorstellen kann, bei der Automobil-Konkurrenz in Japan anzuheuern. Die Drohung wirkt: Zum 1. Januar 1988 räumt Wolfgang R. Habbel den Chefsessel für seinen bisherigen Stellvertreter. Allerdings wird Ferdinand Piëch nicht, wie noch sein Vorgänger, gleichzeitig Mitglied im Volkswagen-Vorstand; dort ist er in den ersten Jahren nur als Gast und nicht als Stimmberechtigter vertreten.

„Meine Herkunft brachte mir nicht nur Vorteile", betont Ferdinand Piëch. „Viele meinten, der macht nur Karriere, weil er die Rückendeckung seiner Familie hat. Dabei mußte ich immer, wenn ich eine Stelle antrat, zunächst mit weniger Geld und in einer geringeren Position starten."[11] Die Vorbehalte gegen ihn basieren jedoch nicht auf seiner Familienherkunft, sondern auf Herrschaftsausübung, wie sie für Piëch typisch ist: Die Intensität des Widerstandes gegen seine Person entspricht der Intensität und dem Machtbewußtsein, mit dem Ferdinand Piëch sich für den Besten hält. Seinen Gegnern wird es schließlich ebensosehr zur Mission, ihn aufhalten zu wollen, wie er die Rettung der deutschen Automobilindustrie als seine Mission betrachtet.

Mit dem Segen der Familie sei er nicht zu Audi gekommen, unterstreicht Ferdinand Piëch die Eigenständigkeit seiner Entscheidung. Doch selbst wenn der Weg zu Audi ein nicht von den Familieninteressen bestimmter Karriereschritt war – im Machtgefüge des Clan-Imperiums ist Ferdinand Piëch nicht zuletzt aufgrund des positiven Verhältnisses zur starken Mutter und Familien-Regentin Louise Piëch ein gewichtiger Faktor. Sich Widersachern zu beugen, die der Karriere eines Familienmitglieds im Wege stehen, entspricht weder dem Naturell der Mutter noch dem des Sohnes. Im Netzwerk der Automobilindustrie ist der österreichisch-deutsche Familienverband ein willensstarker Macht- und Einflußfaktor. Daß er Wege freimachen kann, steht außer Zweifel.

Warum aber gerät Ferdinand Piëchs Karriere trotz ausgezeichneter Leistungen zu einem Kampf, der die Gerüchte nährt, es sei zumindest am Anfang nicht ohne den unterstützenden Nachdruck der Familie gegangen? Warum tut sich jemand so schwer, der hochkompetent, zielstrebig und bis zur Askese auf Erfolg fixiert ist? Warum hat sich scheinbar alles gegen ihn verschworen? Nach seinem eigenen Selbstverständnis macht Ferdinand Piëch nicht nur gute Autos, er macht die besten. In puncto Leistung und Leistungsbereitschaft kann ihm niemand das Wasser reichen. Wenn er scheitert, ist seine Hypothese, dann nur aus einem Grund: Es hat jemand gegen ihn gekämpft; Feinde haben gegen ihn mobil gemacht. An ihm kann ein Scheitern nicht liegen, denn er hat die beste Leistung erbracht.

Doch was ist die geforderte Leistung? Offenbar eine andere, als Ferdinand Piëch anzunehmen bereit ist. Ein Unternehmen braucht nicht nur die Ausrichtung auf das Unternehmensziel Erfolg. Es bedarf auch eines guten kommunikativen Klimas und zumindest eines Minimums an Vertrauen in andere. Ferdinand Piëchs rigides Regiment, belastet von einem hohen Maß an Mißtrauen gegenüber jedermann, bringt ihm zahlreiche Kritiker und Gegner ein, doch er stempelt auch Menschen zu Widersachern, die bei weniger Mißtrauen und mehr Bereitschaft zur Einsicht durchaus Wegbegleiter hätten werden können.

Eine „demokratische Diktatur" nennt Ferdinand Piëch seinen Führungsstil. Und erklärt mit dieser Charakterisierung bereits, warum sein Kampf um eine herausragende Führungsposition nur unter Ausnahmebedingungen erfolgreich ist: Die Stunde von Diktatoren schlägt nicht in guten, sondern in Not- und Krisenzeiten. Es liegt auch eine gewisse Tragik darin, daß sich der herausragende Ingenieur über einen langen Zeitraum selber um den erstrebten – und verdienten – Lohn der Leistung bringt: um eine Anerkennung, die nicht durch starke Vorbehalte getrübt ist.

Als der VW-Aufsichtsrat im April 1992 die Weichen für die Neubesetzung des Vorstandvorsitzes stellt, ist der Weltkonzern reif für einen Retter in der Not – für den Hardliner Ferdinand Piëch. Angesichts der dramatischen Situation wird eher ihm als seinem Gegenspieler Daniel Gœudevert zugetraut, den Dinosaurier zukunftstüchtig und rentabel zu machen. Daniel Gœudevert – nicht nur als Kandidat, sondern auch aus Überzeugung ein Widerpart der neuen Nummer Eins –, wird trotz der Unvereinbarkeit der beiden Charaktere zum Stellvertreter Ferdinand Piëchs ernannt und bleibt der Vorsitzende des Volkswagen-Markenvorstandes.

„Ich habe den Tanker Volkswagen um 180 Grad wenden müssen"

Wenn Ferdinand Piëch in der Öffentlichkeit auftritt und sich äußert, was ausgesprochen selten geschieht, ist ihm höchste Aufmerksamkeit sicher; die der Medien und der Konkurrenz, denn er läßt es sich selten nehmen, neue Bestleistungen anzukündigen und eine weitere Wettkampfrunde einzuläuten. „Wenn jemand auf der Welt es gut macht, dann versuchen wir, es doppelt so gut zu machen", überschreibt er seine Volkswagenarbeit im ersten Dienstjahr 1993.[12] Noch vor der Jahrtausendwende will er die Produktivität der Japaner übertreffen. Zwölf Stunden braucht die Konkurrenz aus Fernost im Jahr 1993 für den Bau eines Autos, während Volkswagen mit 38 Stunden noch mehr als dreimal soviel Zeit für einen Golf benötigt.

„Wir wollen mit weniger auskommen", ist des Österreichers Kampfansage an die japanische Automobilindustrie und zugleich an die Mitarbeiter des Volkswagen-Konzerns, die solch markige Worte mit Erstaunen registrieren.[13] Ferdinand Piëch will nicht den Sprung – er will den Quantensprung. Und das in einem Unternehmen, wie es ein- und festgefahrener kaum sein könnte. „Leugnen, tarnen, verpissen" ist die Mentalität, die die Volkswagen-Unternehmenskultur in lähmender Weise prägt. Volkswagen, darin sind sich die Arbeitnehmervertreter mit der Kapitalseite einig, scheint nicht mehr lernfähig. Eine Roßkur ist unvermeidlich.

„Ich habe den Tanker Volkswagen, mit Volldampf voraus auf das Packeis zulaufend, um 180 Grad wenden müssen", beschreibt Ferdinand Piëch die Herkulesaufgabe, der er sich 1993 stellt.[14] Stützen kann er sich auf eine ungewöhnliche, aber starke Koalition: auf den Vorsitzenden des Volkswagen-Aufsichtsrates Dr. Klaus Liesen, den damaligen niedersächsischen Ministerpräsidenten und späteren Bundeskanzler Gerhard Schröder und auf den mächtigen Boss der IG-Metall, Klaus Zwickel. „,Das ist zwar ein eiskalter Hund', beschreibt ein Audi-Betriebsrat aus Piëchs Ingolstädter Vorstandszeit die Zusammenarbeit mit ihm, ‚aber auf sein Wort war Verlaß.'"[15]

Mit Gerhard Schröder hat Ferdinand Piëch den wichtigsten Volkswagen-Aktionär, das Land Niedersachsen, das noch immer ein 18,8-Prozent-Aktienpaket hält, auf seiner Seite. Nicht nur die Autokrise 1992/1993 hat deutlich gemacht, warum Gerhard Schröder, der „Automann", sich als energischer Verfechter der Interessen der Automobilindustrie erweist. Als Arbeitgeber wie auch in bezug auf die Wertschöpfung ist Volkswagen Niedersachsens größtes und wichtigstes Unternehmen. Allein die über 80 000 Beschäftigten in den niedersächsischen VW-Werken Wolfsburg, Hannover, Braunschweig, Salzgitter und Emden machen etwa 15 Prozent aller Industriebeschäftigten des Landes aus. Dazu kommen noch etwa 50 000 Beschäftigte in der Zulieferindustrie. Wenn VW einen Schnupfen hat, hat nicht nur die Stadt Wolfsburg, sondern das gesamte Land Niedersachsen eine schwere Grippe.

Gerhard Schröder und Ferdinand Piëch verbindet aber nicht nur die Sorge um Arbeitsplätze und die Zukunft der Standorte Niedersachsen und Deutschland: Sie sind Verwandte im Geiste – machtbewußt, machtversessen, entschlossen und bereit, den Anspruch auf Führung durchzusetzen. Gerhard Schröder rüttelt in seinen wilden jungen Jahren nicht nur an den Gitterstäben des Kanzleramtes („ich will da rein"), sondern läßt nicht locker, bis er tatsächlich drin ist. Er ist, nicht anders als Ferdinand Piëch, hart im Austeilen, er lernt einzustecken – und auf die Chance für den nächsten Zug und zur Revanche zu warten.

Das von Ferdinand Piëch mit harter Hand vorangetriebene Restrukturierungs- und Sanierungsprogramm – von den Zulieferern über die Beschäftigungspolitik, die Arbeitsorganisation, die Mentalität bis hin zur Produktion sowie zur Modell- und Markenpolitik – hat in Gerhard Schröder Rückendeckung durch alle Krisen und gegen alle Kritiker. Der Niedersachse mit Drang zu Höherem ist ein wichtiger Piëch-Verbündeter beim Kampf um die Nachfolge von Carl Hahn. Er weiß, daß es eines Kämpfers wie Ferdinand Piëch bedarf, um die verkrusteten Strukturen aufzubrechen. Und das Männer-Machtgespann bleibt sich treu: Als Bundeskanzler wird Gerhard Schröder zum ersten Volkswagen-Aushängeschild der Republik, denn anders als seine Vorgänger fährt er anfangs als Dienstwagen nicht Mercedes, sondern die Marke Audi. Inzwischen ist auch Daimler-Chrysler im Kanzler-Fuhrpark vertreten.

Gerhard Schröder ergreift auch während der López-Affäre öffentlich für Piëch und López Partei. „Wir erleben den Versuch von General Motors", folgt er der Konzern-Linie, „dem VW-Konzern schweren Schaden zuzufügen. Dabei geht es ums internationale Geschäft und um die Verdrängung aus angestammten Märkten. Es besteht überhaupt kein Anlaß, vom Vertrauen gegenüber dem VW-Vorstand und Dr. López abzurücken oder daran etwas zu ändern."[16]

Mit der Akquisition des Basken Ignacio López de Arriortua für Volkswagen trifft Ferdinand Piëch General Motors an der Archillesferse, denn López ist nicht nur ein guter Mann, er ist ein persönlicher Freund des General-Motors-Bosses. López, so der amerikanische Top-Journalist Paul A. Eisenstein, „war nicht irgendein GMler. Er war Vertrauter und enger Freund des GM-Präsidenten John F. ‚Jack' Smith. López sprach nicht selten von Smith als ‚meinem Helden'."[17]

GM kämpft um López' Verbleiben in Detroit und glaubt sich siegreich – bis die Bombe kurz vor der Verkündung des Sieges platzt: „Nur wenige Minuten vor dem eigentlichen Beginn der Pressekonferenz", auf der GM stolz den Sieg über Volkswagen verkünden will, „hatte jemand Smith eine Notiz von López in die Hand gedrückt. Der war in dem Moment schon weit weg auf dem Flug nach Deutschland – in einem von Volkswagen gecharterten Privatjet."[18]

Es ist ein Abgang, der tiefe Wunden der Enttäuschung, Wut und Bitterkeit hinterläßt. López' Wechsel wird zur López-Affäre und eskaliert zur erbitterten Schlacht zwischen General Motors/Opel und Volkswagen. Der Vorwurf der Werksspionage, begleitet von staatsanwaltlichen Ermittlungen, Hausdurchsuchungen und schließlich der Eröffnung eines Gerichtsverfahrens in den USA stürzt Ferdinand Piëch wenige Monate nach der Amtsübernahme in eine Krise, die ihn und das Volkswagenwerk in einen bedrohlichen Negativsog zieht.

In den USA schlagen die Wellen hoch, und Volkswagen beendet das Geschäftsjahr 1993 mit nicht einmal mehr 50 000 verkauften Fahrzeugen in den USA. „Wenn das Schicksal", so Paul A. Eisenstein, „sich nicht zum besseren wenden sollte, wären sie gezwungen gewesen, sich vom US-Markt zurückzuziehen."[19] Folgt man der Einschätzung Ferdinand Piëchs, hätte das Unternehmen mit dem US-Markt zugleich alles verloren, denn „wer den US-Markt verliert, verliert die Welt".

Der Kostenkiller López ist eine Schlüsselfigur im Kampf um Ferdinand Piëchs Volkswagen-Ziele. Er will nicht hinnehmen, „daß uns die Asiaten überrundet haben, und wir fahren jetzt hinterher, und jeder ist stolz, wenn er bis auf zehn Prozent herankommt. Mein Anspruch ist – und darin besteht auch die Sinnesverwandtschaft zu Herrn López: Die Japaner kann man schlagen."[20]

Die López-Affäre trifft den neuen Vorstandsvorsitzenden zu Beginn des gewaltigen Umwälzungsprozesses und in einer noch weitgehend ungefestigten Machtposition. Seine Reaktionen auf die Vorwürfe sind instinktiv-typisch und heftig: Er fühlt sich, extern wie unternehmensintern, von Feinden umzingelt. López und er „haben beide selbstverständlich in unserem Unternehmen, wo wir einen wesentlichen Teil unseres Vorstandes gewechselt haben, mindestens sowenig Freunde wie bei der Konkurrenz. (...) Ich sage mal, unsere Konkurrenten sind nur die Spitze des Eisbergs."[21] Ferdinand Piëch greift zu dem einzigen ihm probat erscheinenden Mittel: Er lenkt das Augenmerk auf die volkswageninterne Opposition und geht in der Auseinandersetzung mit General Motors wie auch mit seinen heimischen Gegnern auf Crash-Kurs.

Vor allem sein martialisches Vokabular schockiert und macht weltweit die Runde. Von einem Krieg gegen General Motors und Opel will er zwar nicht gesprochen haben – „Ich habe Daniel T. Jones, einen wichtigen Mitarbeiter der MIT-Studie über die Automobilproduktion, zitiert", verwahrt er sich gegen den Vorwurf, „die Bildmedien haben leider die Anführungszeichen weggelassen."[22] – aber Ferdinand Piëch gebärdet sich wie einer, dem der Krieg erklärt wurde und der die Kriegserklärung annimmt.

Für die Piëch-Gegner bietet die López-Affäre ideale Rahmenbedingungen für Abschußmanöver und Schüsse aus dem Hinterhalt. Der Angeschlagene und öffentlich Diffamierte scheint zur Beute werden zu können. „Gerade mal ein halbes Jahr im Amt", ist als vernichtende Bilanz zu lesen, „hat es der neue Mann geschafft, die deutsche Autoindustrie, immer noch der bedeutendste Wirtschaftszweig der Bundesrepublik, international ins Gerede zu bringen."[23] Und im allgemeinen Klima der Verdächtigungen, des Mißtrauens und der Unterstellungen scheint die Gelegenheit günstig, mit Mutmaßungen gegen Piëch Stimmung zu machen: „Für Mercedes entwickelte der glänzende Ingenieur einen revolutionären Fünf-Zylinder, eine Idee, von der später Audi profitierte. Aus seiner Zeit bei Porsche brachte Piëch Allradantrieb und feuerverzinkte Karosserie zu Audi. Hat Bruder López etwa in Piëch einen Vorläufer?"[24]

Angesichts des Rufes, der ihm vorauseilt, sowie der zumeist anonymen, medienwirksamen Indiskretionen von Piëch-„Opfern", muten die szenischen Erläuterungen Ferdinand Piëchs zur López-Affäre wie die Bestätigung eines Verfolgungswahns an: „Der Höhepunkt war", berichtet er über Obstruktionen aus dem eigenen Lager, „als man zu einem verabredeten Telefongespräch zwischen mir und dem Chef von General Motors in meinem Privathaus ein Tonband in meine Anlage installiert hat. Wohlgemerkt, in meinem Privathaus, an mein privates Telefon."[25] Eine externe Firma habe das Band installiert, und zwar im Auftrag von Volkswagen, wie man seiner Frau versichert habe. Der Schwindel fliegt auf, als Ursula Piëch ihren Mann anruft und anfragt, was das soll. Ferdinand Piëch läßt die Anlage wieder ausbauen, denn zwischen ihm und dem GM-Boss war Vertraulichkeit vereinbart worden.

Bei soviel Kabale und Verschwörungstheater paßt auch der anonyme Brief von Volkswagen-Mitarbeitern an den Aufsichtsrat ins Bild. Darin beklagen die Absender, daß man im Konzern von einem Psychopathen regiert werde.[26] Drei Oppositionslinien habe er noch gegen sich, stellt er knapp zwei Jahre nach der Amtsübernahme fest, aber sie seien zersplittert und darum auch nicht gefährlich.

„... die menschlichen Verletzungen auf der anderen Seite unterschätzt"

Gefährlich allerdings ist die Phalanx der Feinde während der GM-López-Krise. Ferdinand Piëch erzeugt bei nicht wenigen Menschen Angst, Machtlosigkeit, Ohnmacht – und man sägt nur zu gerne an seinem Stuhl, als die Situation günstig erscheint. Den Allmächtigen stolpern zu sehen, ist vielen eine späte Genugtuung. Es ist immer wieder die selbstverständliche Arroganz, mit der sich Ferdinand Piëch über alle erhebt, die provoziert: „VW hat Opel abgehängt, wir sind die Nr. 1 in Europa", läßt er die Weltpresse wissen, „Opel war nur die Nr. 4. Warum sollten wir Papiere entwenden? Ich gucke nach oben, auf die Japaner. Sie sind unsere Konkurrenz. Ich gucke nicht nach Dingen, die immer kleiner werden."[27] Die Ohrfeigen sitzen. Und wecken Revanchegelüste.

Ferdinand Piëchs nicht zu mildernde Unbedingtheit und Selbstüberzeugtheit verstellen den Zugang zu einem adäquaten Umgang mit der Krisensituation. Im Rückblick bestätigt er einige schwerwiegende Fehler. So habe er vor allem „die menschlichen Verletzungen auf der anderen Seite unterschätzt."[28] Und auch der Schritt, juristisch gegen das Magazin *Der Spiegel* wegen der López-Berichterstattung vorzugehen, hat ihm nach eigener Einschätzung eine Gegnerschaft eingebracht, die vermeidbar gewesen wäre.

Der rigorosen Erfolgsorientierung des Ehrgeizigen entspricht ein Führungsstil, der von Härte, Entschlossenheit und Mißtrauen geprägt ist. Die Grenze zwischen dem sachlich Notwendigen und dem in seiner Persönlichkeit begründeten harschen Handeln ist fließend. „Wenn Piëch scheitert, sagt Aufsichtsratschef Liesen, dann nicht wegen López, sondern wegen seines Führungsstils."[29] Mit seinem energischem Durchgreifen will sich Ferdinand Piëch eine Leistungs- und Machtbasis verschaffen, die seinen Ansprüchen und seinem ausgeprägten Argwohn gerecht wird. Er gewinnt Befürworter, Bewunderer – und neue Gegner. „Er denkt so weit ab der üblichen Wege, und man lebt mit der ständigen Irritation, daß er damit recht hat", beschreibt Richard Ide, der Chairman von VW-Britain, die ambivalente Faszination des Konzernchefs.[30]

Es sind vor allem Ferdinand Piëchs persönliche Eigenarten – seine Wortkargheit, seine nicht selten verletzende Direktheit, sein Umgangsstil –, die ihm den Ruf einbringen, kontaktarm und unfähig zu sein, mit Menschen umzugehen. Ist das so? Ferdinand Piëch geht mit Menschen um; er gruppiert Menschen um sich herum; es gibt Menschen, mit denen er gut zusammenarbeitet und die voll des Lobes sind. Die Frage ist somit nicht, ob er mit Menschen umgehen kann, sondern wie er mit ihnen umgeht. Und es ist die Art, wie er es tut, die als befremdlich, gnadenlos, brutal oder unmenschlich erfahren wird. Vor allem unsichere, leicht zu irritierende Menschen fühlen sich in seiner Gegenwart ausgesprochen unwohl und unter Druck gesetzt.

Sein Führungsstil ist von einer sehr eindimensionalen Einstellung gegenüber Menschen geprägt. Ferdinand Piëch ist stolz darauf, so unabhängig zu sein, daß er andere nicht braucht. Er bedient sich ihrer, um seine Ziele zu erreichen, und er klassifiziert: in eine sehr kleine Gruppe loyaler Menschen, die er gut gebrauchen kann, und in die anderen, von denen er wenig bis gar nichts hält. Daß man letztendlich niemandem vertrauen und sich nur auf sich selbst verlassen kann, betont er immer wieder – und die Umstände des ersten Volkswagen-Jahres bestärken ihn nur noch in dieser Überzeugung.

Aus Ferdinand Piëchs Sicht gibt es nur eine Möglichkeit, mit Menschen umzugehen: stets der Überlegene zu sein. Um diese Überlegenheit sicherzustellen, setzt er auf ausschließlich manipulative Strategien: Sie zielen darauf ab, sich Menschen zu verpflichten; sie dazu zu bringen, sich ihm mit Haut und Haaren zu verschreiben; Angst zu erzeugen, indem er sie aggressiv unter Druck setzt oder sie provoziert, Schwäche zu zeigen.

Zu der Strategie, sich andere zu verpflichten, gehört auch die angenehme Seite der Medaille, Mitarbeiter zu fördern und sich als großzügig zu erweisen. „Wenn ich jemand Kreativen brauche", beschreibt Ferdinand Piëch seine Bereitschaft zu Wohlgefallen, „dann muß ich ihn sehr, sehr gut behandeln und ihn auch bei Laune halten, damit er kreativ ist. In seiner Kreativität sehe ich die Stärke eines Menschen. Wenn ich ihm nur mit Gewalt sage, was er zu kreieren hat, wird er es nicht tun."[31] Alle Mitarbeiter, die ihm wichtig sind, seien auch geblieben, behauptet er. „Ich kann mich nicht erinnern, in den letzten 25 Jahren einen Mitarbeiter verloren zu haben, von dem ich wollte, daß er weiter für mich arbeitet."[32] Einige von ihm sehr geschätzte Mitarbeiter sind allerdings gleichwohl gegangen.

Der sehr Kreative also kann mit positiver Zuwendung rechnen. Den weniger Privilegierten begegnet er mit dem Druckmittel Angst; mit einer Aggressivität, die deutlich macht: An mir kommt ihr nicht vorbei. Auch die Strategie, Mitarbeiter dazu zu bringen, Schwäche zu zeigen, ist ein von Ferdinand Piëch geschätztes Mittel, sie sich zu verpflichten: „Wenn Sie einen Ingenieur in ein Gebiet versetzen, in dem er noch nicht war, verliert er sein Netzwerk", beschreibt er die Folgen der Entwurzelung und Verunsicherung, „da zeigt sich dann, was er alleine kann."[33]

Wer die Pressionen und Irritationen aushält, imponiert ihm, wer an dem Druck zerbricht, entlarvt sich als schwach und damit verachtenswert. Der gleichberechtigte, das Gegenüber mit seinen Stärken und Schwächen respektierende Umgang ist Ferdinand Piëch fremd. Es zählt, was er als Stärke empfindet. Und das sind im wesentlichen nur zwei Tugenden: Leistung und Loyalität. Es ist nicht der Mensch, an dem Ferdinand Piëch interessiert ist, es ist seine Leistung und seine Bereitschaft, diese Leistungen voll und ganz in den Dienst seiner Sache zu stellen.

„Die anderen sollen sich den Kopf darüber zerbrechen, was er meint"

Rücksichten muß der Porsche-Enkel und Milliarden-Erbe Ferdinand Piëch keine mehr nehmen. Weder auf Konventionen noch auf Seilschaften noch auf Führungskräfte-Kumpaneien. Er kann sich eine extreme Konsequenz und das Gegenüber verwirrende Eigenarten leisten. Ferdinand Piëch baut keine kommunikativen Brücken – im Gegenteil. Seine langsame Art zu sprechen, die langen Pausen, die nicht selten auf Null reduzierte Mimik und Gestik sowie seine häufig als lauernd empfundene Abschätzung des Gegenübers werden ihm geradezu zum Markenzeichen. Es ist der Umgangsstil eines Menschen, der aus Mangel an Vertrauen nur über ausgesprochen beschränkte Mittel verfügt, um mit anderen zu kommunizieren. Statt Neugier und Offenheit dominieren Abschätzen und Abwarten. Alle Sensoren sind darauf ausgerichtet, aufzunehmen und zu wittern.

Sowohl die Sprache wie auch ihre Vorläufer Mimik und Gestik dienen der Kommunikation. Wer eine wenig entwickelte Mimik und Gestik hat, könnte das Defizit kompensieren, damit andere ihn besser verstehen. Ferdinand Piëch arbeitet daran, seine Rhetorik und sein Auftreten zu verbessern, doch das Ziel der Anstrengungen ist ein in allen Details kontrollierter Auftritt, um sich und die Situation im Griff zu haben. In manchen Situationen setzt er auf das genaue Gegenteil – er verstärkt die Schwäche eher noch, um bei anderen Unsicherheit zu erzeugen. Sprache, Mimik und Gestik sind der Ausdruck des Interesses an Menschen. Und warum sollte jemand eine differenzierte Mimik, Gestik und auch Sprache einsetzen, wenn ihn andere gar nicht interessieren? Wer nicht kommunizieren will, reduziert die Ausdrucksmittel auf ein Minimum.

Ferdinand Piëch sendet Signale: Am Türkis seiner Krawatte erkennen Mitarbeiter, daß der Chef einen harten Tag erwartet; Gelb-Rot soll signalisieren, daß er sich wohl fühlt, und ein blau-weißer Binder signalisiert Kooperationsbereitschaft. „Seine Eigenarten bei der Kommunikation, bei der er offenbar kein wirkliches Interesse an seinem Gegenüber entwickelt, zeigen sich meines Erachtens auch bei der Krawattenmarotte", so Professor Dr. Theo Klauß. „Er gibt sich keine Mühe, eindeutige Mitteilungen zu senden. Die anderen sollen sich den Kopf darüber zerbrechen, was er meint und wie es um seine Stimmung steht. Er fordert dieses ein. Die anderen sollen sich um die Eindeutigkeit der Kommunikation bemühen, ihn interpretieren – und auch das Risiko der Fehleinschätzung tragen. Sie sollen sich für ihn interessieren, nicht er sich für sie."

Die vielfältigen Deutungen, die Ferdinand Piëchs kommunikative Eigenarten erfahren, lassen die einfachste Erklärung zumeist außer acht: Er kommuniziert, wenn er es will. Er schweigt, irritiert oder provoziert durch Mimik und Habitus, wenn er kein Interesse an Austausch und Verständigung hat. Was als Unfähigkeit zur Kommunikation interpretiert wird, ist nicht selten Ausdruck seiner Weigerung zu kommunizieren oder die Kommunikation fortzusetzen.

Es sind vor allem Fragen zur Person Ferdinand Piëchs, zu seinen Handlungsmotiven, zur eigenen Befindlichkeit, die eine Mauer des Schweigens und der nur tastenden Annährung an Antworten zur Folge haben. Aber auch im sachlich-fachlichen Kontext führt das reduzierte kommunikative Verhalten zu Irritationen. Den Vorwurf, er könne nicht zuhören, pariert Ferdinand Piëch mit der Feststellung: „Ich habe immer zuhören können. Nur manche Menschen verwechseln ständig, daß Zuhören und deren Meinung übernehmen zwei völlig verschiedene Dinge sind."[34] Interessiert ist er allerdings nur an der Meinung weniger. Dummheit ist ihm ein Greuel; seinen Ansprüchen wird nur eine kleine Schar hochkompetenter und hochintellektueller Menschen gerecht.

„Der Mehrverdiener verdient mehr, um mehr zu leisten"

Der Kurswechsel, den Ferdinand Piëch Volkswagen verordnet, zeichnet sich durch eine Reihe wegweisender Wagnisse und Besonderheiten aus. Es geht um viel: 8,7 Milliarden Mark müssen eingespart werden, um den Dampfer wieder flott zu bekommen und neuen Handlungsspielraum zu gewinnen. Ein knappes Jahr nach Amtsantritt kann der Konzernchef bereits zum Stand des Sparkurses feststellen: „Angestoßen sind etwas über 95 Prozent, um die 60 Prozent sind bereits erfüllt."[35]

Das Restrukturierungs- und Rationalisierungskonzept, das Ferdinand Piëch Schlag auf Schlag realisiert, ist so erfolgreich wie innovativ, denn er erteilt dem Repertoire konventioneller Sanierungsmethoden eine Abfuhr: Die Massenentlassungspläne für etwa 30 000 Mitarbeiter bleiben in der Schublade; sie werden ebensowenig verwirklicht, wie Ferdinand Piëch bei Audi dem Rat von McKinsey folgt, jeden vierten Mitarbeiter nach Hause zu schicken. Bei Audi geht die Belegschaft in einem Zeitraum von fünf Jahren zwar von 42 000 auf 38 000 im Jahr 1997 zurück, doch der – moderate – Arbeitsplatzabbau wird über die Jahre sozial verträglich gestaltet.

Volkswagen kehrt zudem weder dem Standort Deutschland den Rücken noch propagiert Ferdinand Piëch – wie zahlreiche seiner Kollegen – den Primat des Shareholder Value. Er setzt deutlich andere unternehmens- und gesellschaftspolitische Akzente.

„Wir werden jedenfalls nicht Mitarbeiter entlassen und sagen, um die sollen sich die Politiker kümmern. Das ist auch wirtschaftlich unverantwortlich", legt er ein klares Bekenntnis zum Erhalt von Arbeitsplätzen ab. „Ginge VW ins Ausland, dann würde das Unternehmen seine Kunden hier in die Arbeitslosigkeit schicken. Wenn man sich dessen bewußt ist, handelt man anders."[36] Gegen den Trend, den Standort Deutschland herunterzureden, zeigt der VW-Chef Flagge: „Wer mit seinen Schlüsselprodukten ins Ausland geht, der nimmt die wahre Herausforderung nicht an."[37] Seine Lösungen zielen auf eine Sicherung der Beschäftigung bei gleichzeitiger Erhöhung der Rentabilität des Unternehmens. Sämtliche Volkswagen-Standorte – eine Entscheidung von großer Bedeutung für die Arbeitnehmer wie für die Prosperität der Regionen – sollen erhalten werden.

Es ist ein ungemein ehrgeiziges Programm, mit dem Ferdinand Piëch bei Volkswagen antritt, und nicht nur seine Kritiker begegnen den großen Worten mit Skepsis. Den behördenähnlich trägen Apparat nicht nur zu modernisieren, sondern in die Weltspitzengruppe der drei erfolgreichsten Automobilhersteller führen zu wollen, scheint an Größenwahn zu grenzen. „Das Unternehmen", muß auch Ferdinand Piëch zunächst einmal feststellen, „tickt so ganz anders, als ich das je erlebt habe. Es ist einfach alles mit Faktor zehn gewaltiger. Wenn man dieses Schwungrad in Bewegung setzt, entwickelt sich auch die zehnfache Energie. Das war für mich eine Überraschung."[38]

Ferdinand Piëch will an die Wurzeln des Übels. Die Japaner, so sein Credo, produzieren bis zu einem Drittel billiger. Vier Fünftel dieser Differenz gehen seiner Meinung nach auf das Konto des Managements, nur ein Fünftel auf das der Arbeiter. Ferdinand Piëchs Sätze an die Adresse der Manager-Riege, die bei Volkswagen im Schutz von Kumpaneien und Seilschaften zu einem Gutteil an ein kommodes Dasein gewöhnt ist, gleichen Peitschenhieben:

- Die Arbeiter, stellt er fest, „wissen genau, worum es geht, und haben das oft besser begriffen als das Management".[39]
- „Kein Vorstand ist unschuldig, wenn man ein Unternehmen so tief in die roten Zahlen fährt."[40]
- „Ein Manager darf Probleme nicht aussitzen."[41]
- „Ich sage mal schlicht, die müssen wissen, woher die Bezahlung kommt, und die müssen auch wissen, wozu sie gehören. Das Top-Management hat eine andere Rolle als die Arbeitnehmerschaft. Und das Mittelmanagement ist überall schwierig."[42]
- „Der Mehrverdiener verdient mehr, um mehr zu leisten. Und wenn das nicht kommt, ziehe ich relativ schnell die Konsequenzen. Ich schicke doch lieber einen weniger befähigten Mitarbeiter in den Vorruhestand, als den Job von tausend Arbeitern zu riskieren", stellt er unmißverständlich klar.[43]

Wenn ein großer Fehler passiert, „dann erscheinen die ganzen Feiglinge nicht", kanzelt Ferdinand Piëch in Bausch und Bogen ab.[44] Er läßt sich auf nichts ein: Er schreibt keine Memos, er liest keine Memos, E-Mails braucht man ihm gar nicht erst zu schicken. Nichts als Zeitverschwendung, stellt er apodiktisch fest; nichts als Rechtfertigungsmanöver für eigene Versäumnisse. Es sind Pauschalurteile, die empören und den Wahrheitskern, der darin steckt, überlagern.

Der allumfassende Führungs-Kurswechsel, im wesentlichen gepusht vom Trio Ferdinand Piëch und den kongenialen Vorstandspartnern Ignacio López, dem „weltbesten Sanierer", sowie dem Personalvorstand Dr. Peter Hartz, wird für niemanden zum Zuckerschlecken. Auch die Arbeitnehmer müssen sich auf Gegenwind gefaßt machen: „Die Industrie ist kein Pflegeheim, und zum Überleben einer Firma sind nicht nur angenehme Entscheidungen notwendig", bereitet Ferdinand Piëch schon in den achtziger Jahren den Boden für eine grundlegend andere Unternehmenskultur, wie er sie bei Audi und Volkswagen auf den Weg bringt.[45] Er braucht Erfolge, und er will sie in Wolfsburg mit besonderem Hochdruck. Daß er Massenentlassungen ablehnt und das Management entschieden in die Pflicht nimmt, ist eine Politik, die ihm die wichtige Unterstützung der Arbeitnehmerseite einbringt: „Wenn man in einem so großen Unternehmen 40 Jahre alte Strukturen aufbrechen will", verteidigt ihn der Gesamtbetriebsratsvorsitzende Klaus Volkert gegen Kritik an der harten Gangart, „dann gibt es eben einfach Ärger."[46]

„Wenn jetzt ein Fehler auftritt, machen wir einen so enormen Druck ..."

Gleichteile- und Plattformstrategien sind in der Automobilindustrie zum Hauptkriterium für Effizienz geworden. Die Gleichteile erhöhen, bei den Plattformen – das sind weitgehend identische Fahrwerks- und Motoreneinheiten für eine große Zahl von Karosserievarianten –, reduzieren, reduzieren, reduzieren lautet darum das Sparcredo Nummer eins: Statt 20 oder 16 Plattformen nur noch vier, das ist ein Quantensprung, der eine jährliche Drei-Milliarden-Einsparung erbringen kann, „um künftig 30 statt bisher 20 Karosserievarianten und damit jeweils die richtige für Europa, Asien oder Nordamerika anbieten zu können" und mit einer „aggressiven Modellpolitik" zu reüssieren.[47] Im Jahr 1999 werden etwa 50 Prozent aller Volkswagen-Fahrzeuge auf nur noch vier Plattformen gebaut; zum Jahresende 2000 sollen es bereits 90 Prozent sein.

Welche Modellvielfalt trotz der gemeinsamen Plattform zu erreichen ist, zeigt Ferdinand Piëch am Beispiel der A-Plattform, auf der so unterschiedliche Fahrzeuge wie der Audi A3, der Octaria von Skoda, der VW-New Beetle und der neue Toledo von Seat aufgebaut sind. Über eine Million Fahrzeuge entstanden im Jahr 1998 allein auf dieser Plattform. Und es sollen entschieden mehr werden.

Ein weiterer entscheidender Sparschritt ist die Reduzierung der Teilevielfalt. Allein 72 verschiedene Sonnenblenden, 42 Typen Hupen und zwölf Sorten Zigarettenanzünder, die sich alle nur unwesentlich voneinander unterschieden, umfaßte das Volkswagen-Kleinteile-Repertoire. Und im Werk Braunschweig wurden allein für die Golf-Klasse 30 verschiedene Achsen – viel zu teuer – produziert. „Zwei Millionen Golf-Achsen pro Jahr, vollautomatisch – das kann weltweit kein anderer", beschreibt Ferdinand Piëch den Erfolg der kostengünstigen Reduzierung auf nur noch zehn verschiedene Achsen. Und in der Verknüpfung mit den unterschiedlichen Plattformen, „da bekommen wir noch bessere *scale*-Effekte".[48] Die Skaleneffekte, die das Plattformkonzept erbringt, zahlt sich bei Volkswagen schon sehr bald in Form von Milliarden-Einsparungen aus.

Das große Umdenken, das der Konzernchef dem Unternehmen verordnet, erfordert eine Massenmobilisierung. In mehr als 2 000 Volkswagen-Arbeitsgruppen läuft die gigantische Aktion „KVP²" zur Überprüfung und Verbesserung der Produktion an. Im Vergleich zum früheren Kostenverbesserungsprogramm werden die Zirkel in der Ära López zu dezentralen und von den Arbeitern selbst moderierten Workshops, in denen „schnell und unbürokratisch unproduktive Schwachstellen ausgemerzt werden sollen".[49] Und das Tandem Piëch/López macht massiv Druck über das Tempo: „Die Veränderungen, die Herr López jetzt in einer Woche verlangt", beschreibt Ferdinand Piëch den Unterschied, „wurden früher nur schriftlich festgehalten und die Zettel sind meist verlorengegangen. Wenn jetzt ein Fehler auftritt, machen wir einen so enormen Druck, daß er mit einer Geschwindigkeit behoben werden kann, die wir uns früher nicht erträumt haben."[50]

Rigoros sind auch die Einsparungen, die Ignacio López bei den Volkswagen-Zulieferern erreichen soll. Um 25 Prozent, diktiert Ferdinand Piëch, müssen die Kosten heruntergefahren werden. Als primäres Ziel propagiert er nicht eine massive Reduzierung der Zulieferer, sondern den Aufbau einer neuen Liefer- und Logistikstruktur, wie er sie bereits in Ingolstadt initiierte: „Wenn etwa bei Audi für Heizung, Lüftung, Schalttafel, Klimaanlage und Instrumente 22 Lieferanten stehen, dann können die sich leichter untereinander koordinieren, als das der Autohersteller kann. Mein Ziel ist, daß einer dann die fertige Schalttafel am Werkszaun abgibt."[51]

Der Erfolg der eingeleiteten Maßnahmen ist bereits nach kurzer Zeit gewaltig und hätte wegen der Rationalisierungseffekte ein personalpolitisches Erdbeben ausgelöst: „Ein López mit den Quantensprüngen, die er bewirkt, brächte allein ein solches Beschäftigungsproblem, daß wir an die Wand fahren würden", benennt Ferdinand Piëch die Konsequenzen der eingeleiteten Maßnahmen.[52] So werden zum Bau des neuen Polo zum Beispiel nur noch halb so viele Arbeitskräfte benötigt wie vorher. Doch bereits im Dezember 1993 ist die wegweisende Volkswagen-Vereinbarung über eine Neuverteilung der Arbeit unter Dach und Fach.

Als „einen wahren Champion auf dem Beschäftigungssektor" charakterisiert Ferdinand Piëch den zuständigen Vorstandskollegen Peter Hartz.[53] Mit der Einigung auf eine Vier-Tage-Woche, einer Wochenarbeitszeit von nur noch 28,8-Stunden und 20 Prozent weniger Gehalt als „Preis" für eine

Arbeitsplatzgarantie geht Volkswagen völlig neue Wege der Beschäftigungssicherung. Elf bis 16 Prozent weniger Einkommen haben die Arbeitnehmer – da Sonderschichten aufgrund der Unternehmenserfolge positiv zu Buche schlagen – im Durchschnitt des ersten Jahres unter dem Strich zu verkraften. Aber auch der Vorstand unter Ferdinand Piëch zeigt guten Willen und kürzt seine Gehälter um 20 Prozent.

Der vereinbarte Abschluß markiert eine völlig neue Flexibilität: Es wird grundsätzlich nach Stunden bezahlt; im Extremfall ist sogar eine neunmonatige Vollbeschäftigung und eine dreimonatige Freizeitphase an einem Stück möglich. Bezüglich der Lebensarbeitszeit können die Mitarbeiter eigene Entscheidungen treffen: Sie müssen nicht zwangsweise ab einem bestimmten Alter in den Vorruhestand ausscheiden, sondern können den Übergang flexibel gestalten. „Von den rund elf Milliarden Mark Personalkosten in Deutschland haben wir mit einem Schlag 15 Prozent eingespart, das sind gut 1,6 Milliarden Mark", kann Ferdinand Piëch befriedigt feststellen.[54]

Was als Konfliktbewältigung begann, hat inzwischen eine Reihe von Fortschreibungen erfahren: Die Vereinbarung zur Beschäftigung, ursprünglich auf ein Jahr begrenzt, wird unbefristet verlängert und um weitere innovative Elemente wie ein Modell zur Altersteilzeit sowie Aktien-Optionen erweitert, die ein Teil der erfolgsbezogenen Vergütung der Mitarbeiter werden sollen. Dieser Aktienoptionsplan ist an den Erwerb eines Zeit-Wertpapieres geknüpft, das ein zusätzliches Element der Lebensarbeitszeitverkürzung und der Altersvorsorge darstellen soll.

Ferdinand Piëch hat es mit der Flexibilisierung der Arbeitszeit geschafft, eine Politik nach dem Motto „die Produktion bestimmt den Arbeitseinsatz" durchzusetzen. Das alte starre System, daß im Herbst aufgrund der geringen Nachfrage auf Halde produziert wurde und im Frühjahr unter Umständen Fahrzeuge bereitstanden, die beim Kunden weder farblich noch ausstattungsmäßig auf Gegenliebe stießen, ist einer möglichen Produktion in Zyklen gewichen. Die Kundenansprüche sind der neue Maßstab der Dinge. Denn König Kunde will ein maßgeschneidertes Fahrzeug, das in der Farbe wie in der Ausstattung exakt seinen Vorstellungen entspricht. Schon aufgrund der schnell wechselnden Farbtrends ist es ein aussichtsloses Unterfangen, in nachfrageschwachen Zeiten zu prognostizieren, was der Kunde in der nachfragestarken Phase – dem Frühjahr – ordern wird.

Für Ferdinand Piëch sind die bisherigen weitreichenden Veränderungen jedoch nur ein guter Anfang. Seine Vision, die keine bleiben soll, zielt auf noch mehr Flexibilität, möglichst die Woche lang: „Meine persönliche Vorstellung sieht noch anderes vor: je vier Stunden Arbeit an sieben Tagen in der Woche für Prozesse, die bei kontinuierlichem Ablauf höchste Effizienz und Qualität ermöglichen."[55]

„Und ich weiß, wen ich in absehbarer Zeit nicht mehr brauche"

Mit dem Kostenkiller Ignacio López und dem Beschäftigungsexperten Peter Hartz ist Ferdinand Piëch auf einem Weg, den der Großvater Ferdinand Porsche vorgezeichnet hat. An ihm wie an Napoleon Bonaparte bewundert er das Talent, hervorragende Mitarbeiter auszuheben. „Er hatte ein tolles Talent, gute Mitarbeiter zu finden", bescheinigt er dem Großvater ein Ausnahme-Gespür für die Besten. „An keinem anderen habe ich diese Begabung je wiedergefunden."[56] Piëch versucht, sich eine moderne Ausgabe des großväterlichen Dream-Teams zu schaffen, das sich nicht allein durch Kompetenz, sondern durch Loyalität und Zurücktreten hinter den Chef auszeichnete: Des Großvaters Mitarbeiter bündelten ihre Kreativität zum Ruhm des einen – Ferdinand Porsches.

Der Enkel Ferdinand Piëch betont den Teamgeist: „Wesentlich ist, daß das Orchester gut spielt".[57] Doch im Piëch-Orchester mangelt es, anders als beim Team des Großvaters, häufig an Harmonie, denn der Enkel engagiert eine Reihe von Mitarbeitern, die schon bald nach der Einstellung in Ungnade fallen und gehen müssen. López und Hartz sind zunächst der harte Kern – „die beiden als Kombination und ich sind derzeit die Lokomotiven", bilanziert er zum Ende des ersten Volkswagen-Jahres.[58] Doch so sehr er die Bedeutung des Teams betont, tatsächlich entscheidend ist allein der Dirigent und Chef des Orchesters – Ferdinand Piëch.

Drei Jahre lang ist der Konzernchef nach eigenem Bekunden der „Buhmann der Nation".[59] Er ist ein Mann, an dem sich aus gutem Grund die Geister scheiden, doch er ist auch ein Opfer der deutschen Eigenart, Ausnahmetalente mit Lust und Verve zu demontieren. Vor dem Hintergrund von mehr als vier Millionen Arbeitslosen in Deutschland ist das von Ferdinand Piëch energisch forcierte Volkswagen-Beschäftigungs-Konzept eine Großtat, die gar nicht hoch genug bewertet werden kann. Doch mehr als diese Leistung und die Rettung Zehntausender von Arbeitsplätzen findet der Abgang von etwa 20 Managern eine ungemein breite und anprangernde Medienresonanz.

An Ferdinand Piëch scheiden sich die Geister nicht nur aus gutem Grund – an ihm scheiden sie sich auch nur zu gerne: Er gibt einen idealen Buhmann ab. Vermeintliche oder tatsächliche Piëch-Opfer finden bereitwilligst Gehör; die Sache – das Ringen um die Zukunft des Volkswagen-Konzerns – gerät angesichts der Kontroversen um die Person Piëch nahezu in den Hintergrund.

Daß der Konzernchef seinen Stellvertreter Daniel Gœudevert „weggemobbt" habe, ist eine der vielwiederholten Anschuldigungen, die verwundert. Es ist schon lange vor der Ernennung Ferdinand Piëchs zum VW-Vorstandsvorsitzenden kein Geheimnis, daß der eloquente Franzose Gœudevert und der schweigsame Österreicher Piëch nicht kompatibel sind. Daniel Gœudevert, bereits unter dem Piëch-Vorgänger Carl Hahn im Volkswagen-Vorstand, ist nicht nur einer der Kronprinzen im Kampf um die Volkswagen-Krone, sondern auch inhaltlich auf kontroversem Kurs. Seine Ernennung zum Stellvertreter Ferdinand Piëchs wie auch sein Verbleiben als Markenvorstand ist Ausdruck einer Unentschiedenheit oder Absicht des Aufsichtsrates, die keinerlei Aussicht auf Bestand haben konnte.

„Nach meiner Auffassung, heute eine Firma zu führen, gehört auch dazu, daß zwei sagen: Wir beide können nicht miteinander", bringt Ferdinand Piëch schon Jahre zuvor seine Überzeugung zum Ausdruck. „Es ist viel besser, sie trennen sich, und jeder hat seine Chance auf den eigenen Weg, als sie gehen gemeinsam weiter. In Japan etwa wäre es undenkbar, zwei, die miteinander nicht können, gemeinsam auf den Weg zu schicken."[60] Daß zwei so ausgeprägte und unterschiedliche Persönlichkeiten wie Ferdinand Piëch und Daniel Gœudevert – schon vom Naturell her dazu angelegt, an entgegengesetzten Enden des Strangs zu ziehen – kein erfolgversprechendes Tandem bilden, war vorhersehbar. Freiwillig geht Gœudevert nicht, doch daß Ferdinand Piëch eindeutige Führungsverhältnisse schafft, ist angesichts der großen Volkswagen-Probleme konsequent und wenig verwunderlich.

Die Problematik des Führungssystems Piëch resultiert weniger aus der Summe der Personalentscheidungen im Management als aus den Grundprinzipien, auf denen es basiert. Demokratisch ist an Ferdinand Piëchs „demokratischer Diktatur" das Bestreben, Strukturen aufbrechen und Hierarchien abzubauen. Er entmachtet Führungskräfte, verteilt die Machtfülle neu – und sichert damit zugleich seine eigene Position, denn die Maßnahmen sind nicht zuletzt ein effektives Kontrollinstrument.

Schon bei dem Piëch-Vorgänger Habbel wird die Vorstandsverantwortlichkeit bei Audi auf eine breitere Basis gestellt: Jeder Vorstand hat aus der Gruppe der Bereichsleiter einen Stellvertreter zu ernennen, der bei Abwesenheit des Vorstandsmitglieds vertretend teilnimmt und auch sonst als Vertreter des Vorstands handelt. „Ich bin der Meinung, daß bei uns das Mittelmanagement eine ebenso starke Bürde für das Unternehmen trägt wie der Vorstand selbst", unterstreicht Ferdinand Piëch den Sinn der Maßnahme.[61] Doch sie kann auch genutzt werden, um die eigene Position zu stärken, denn parallel zur partiellen Entmachtung der Vorstände erfolgt eine beachtliche Machtkonzentration beim Vorsitzenden des Vorstands. Die Vorstandskollegen bei Audi müssen ihr Wissen und ihre Macht nicht nur mit den Bereichsleiter-Stellvertretern teilen, sondern auch direkt und unmittelbar an die komplette nächstuntere Führungsebene weitergeben und sind so – ein machtsichernder Nebeneffekt – der Gelegenheit beraubt, eigenes Herschaftswissen möglicherweise zu instrumentalisieren.

Ferdinand Piëch dagegen baut sich – bei Audi wie bei Volkswagen – ein Netzwerk auf, das bis tief in alle Verästelungen des Unternehmens reicht. Er hat seine Ohren allüberall: auf allen Ebenen und in allen Gremien. Niemand weiß mehr als er; niemand soll ihm etwas vormachen können. Seine Allwissenheit ist gefürchtet. Informationen erreichen ihn nicht über den Instanzenweg, sondern er läßt zum Beispiel in seiner und der Vorgesetzten Gegenwart direkt berichten: Der Sachbearbeiter trägt vor, die unmittelbaren Vorgesetzten wie der Vorstandsvorsitzende hören, was er zu sagen hat. Daß Vorgesetzte gute Leute und innovative Ideen abblocken, will er mit diesem Führungsstil verhindern, aber dieser Kampf gegen das Mittelmaß sichert dem Vorsitzenden zugleich ein Höchstmaß an Kontrolle und Dominanz. Die elitäre Orientierung auf die Person des Vorstandsvorsitzenden und einige wenige Handverlesene im Piëch-Führungszirkel bedeutet die Reduzierung aller anderen auf Teilchen im Räderwerk. Der einzelne ist nichts, das Gesamtorchester alles – Führung nach dieser Maxime sichert nur einem eine herausgehobene Position: dem Vorstandsvorsitzenden.

„Ich bin für klares und schnelles Durchsetzen von Beschlüssen", postuliert Ferdinand Piëch.[62] Vorstandssitzungen sind zeitlich begrenzt und klar strukturiert. Entscheidungen werden nicht vertagt, sondern in der jeweiligen Sitzung getroffen. Wer zu einem Thema vortragen will, hat vorher anzukündigen, wie lange er sprechen möchte. Die Volkswagen-Hierarchien werden von acht auf drei reduziert. „Die Herren ziehen jetzt statt Gala den normalen Overall an", freut sich Ferdinand Piëch über den Verlust an Status.[63]

Das Adjektiv „politisch" ist ein Schlüsselwort in seinem Führungsvokabular. Es steht für Zeitverschwendung, für das Totreden von Dingen, dafür, sich vor der Verantwortung zu drücken, und nicht zuletzt für das Schmieden von Intrigen. Dieser Politik schiebt er unter anderem durch einen enormen Zeitdruck einen Riegel vor. Das Zeitmanagement ist ein zentrales Element des Führungssystems Piëch: zum einen, um zügig in der Sache voranzukommen, aber auch, um jedem jede Gelegenheit zu nehmen sich abzusprechen – worüber auch immer. Es ist ein diffuses, aber generelles und aus Erfahrung erlerntes Mißtrauen, das sich hinter Ferdinand Piëchs Verständnis des Begriffs „politisch" verbirgt.

„Dann haben die Politiker keine Zeit mehr zum Abstimmen, dann kommt man zur Sache", erklärt er den Sinn und Zweck des Zeitdrucks. „Ich tue nichts anderes, als die Lösung von Problemen in einem Viertel der Zeit zu verlangen. Dann treten 20 an, um mir zu erklären, daß es nicht geht, weil sie das noch nie so gemacht haben. Und ein, zwei sagen, machen wir, wir übernehmen das, und die kriegen die Verantwortung. Und ich weiß, wen ich in absehbarer Zeit nicht mehr brauche. In diesen Lernprozeß sind meine Schlüssel-Leute mit einbezogen."[64]

Die Abstimmungen, die verhindert werden sollen, finden in Netzwerken und Seilschaften statt. Und Zeitdruck ist nur eines der Mittel, Netzwerkern das Leben schwerzumachen. Vorrangiger noch ist die Zerschlagung der Seilschaften. „Die können Sie aufmischen durch Zuordnung völlig anderer Zuständigkeiten", gibt Ferdinand Piëch sein Erfolgsrezept preis.[65] Seilschaften sind ihm vertraut und darum extrem suspekt. Er hat im „Trainingscenter" Familie – im Netzwerk der Porsches und Piëchs – gelernt, Kampf- und Zweckbündnisse zu schließen, auf Loyalität gehofft und Enttäuschung erlebt. Es ist eine harte Schule, durch die er gegangen ist, aber sie hat ihn gelehrt, ein ausgeprägtes Gespür dafür zu entwickeln, wie und wo andere im eigenen Interesse Bündnisse schließen. Seilschaften nennt er sie, und meint damit diejenigen, die im innerbetrieblichen Konkurrenzkampf ihre Position gegen andere absichern, natürlich auch nach oben, gegen den Chef. Das kennt er gut – und er bekämpft es.

Es ist ein nur noch teilweise zweckgerichtetes Fighting, denn der Kampf wird dem Dauerkämpfenden schließlich zum Selbstzweck. Es macht Ferdinand Piëch regelrecht Spaß, Lunten zu legen und zu zünden. So werden

– wie bereits bei Audi – auch bei Volkswagen Patenschaftssysteme eingeführt: „Wenn einer sich für ein anderes Feld bewirbt oder befördert werden soll, muß er Empfehlungen von einem Mitarbeiter aus der Ebene unter ihm, von einem Kollegen aus seiner Hierarchie-Ebene und von einem Vorgesetzten haben. Und wenn eine Beförderung aus einem bekannten Netzwerk kommt, dann läuft da nichts."[66] Denn dem Netzwerk ist per se nicht zu trauen.

Ferdinand Piëch sichert sein Bestreben, jede Art personeller „Machenschaften" zu verhindern, doppelt ab: Wer einen Mitarbeiter abgegeben hat, muß ihn innerhalb eines Jahres zurücknehmen, wenn man im neuen Umfeld nicht mit ihm zufrieden ist. „Das hat ein Erdbeben ausgelöst", freut er sich. „Aber seitdem empfehlen die richtigen Leute die richtigen Kräfte und nicht die, die sie loshaben wollen."[67] Schließlich weiß Ferdinand Piëch, wovon er redet. Er praktiziert mit Vorliebe, was er seinen Leuten auszutreiben gedenkt: Will er selbst einen Mitarbeiter loswerden, „dann versuche ich so jemanden mit gutem Zeugnis der Konkurrenz zu empfehlen".[68] Nicht zuletzt können sich nach dem neuen Beförderungs- und Umsetzungssystem kaum mehr Zirkel bilden, von denen möglicherweise Opposition oder Obstruktion zu erwarten wäre.

Wenn überhaupt, wird nur mit Zustimmung und unter Kontrolle des Konzernchefs opponiert und genörgelt: „Ich habe in meinem Nahfeld ganz bewußt nicht nur brave, sondern auch nörgelnde Mitarbeiter gehalten. Denn manchmal hat auch der Nörgler recht", läßt er gnädig verlauten.[69] Doch Kritiker sind ihm nicht möglicherweise einen Schritt voraus, sondern fungieren allenfalls als Bremse: „Wer weit nach vorn geht, der braucht auch Opposition, um gelegentlich wieder auf die richtige Distanz gebracht zu werden."[70] Als Sparringspartner – zum „Üben" – hält sich Ferdinand Piëch nach eigenem Bekunden bei Audi einen Oppositionellen, „von dem ich wußte, der kriegt dich, wenn du einen politischen Fehler machst".[71]

„Ich liebe es, zwei Marken gegeneinander laufen zu lassen"

Es sind ausgesprochen effektive Mechanismen, mit denen Ferdinand Piëch das Leistungsniveau hebt, die Kostensituation verbessert und eine Eigenkontrolle der Mitarbeiter sicherstellt. So sind die Volkswagen-Arbeitskreise ein entscheidendes Instrument, an die Effizienz und Profitabilität der japanischen Konkurrenz heranzukommen. „Fünf Mitarbeiter bilden einen internen Arbeitskreis", erklärt Ferdinand Piëch sein bevorzugtes System. „Fehlt einer, kümmern sich die anderen sofort um ihn, weil sie ja dessen Arbeit mit übernehmen müssen."[72] Die Arbeit in Gruppen schafft eine größere Identifikation mit dem herzustellenden Produkt, die Beteiligten motivieren, aber sie kontrollieren sich auch wechselseitig. Der Druck bei mangelhafter Leistung oder bei Abwesenheit – zum Beispiel durch Krankheit – kommt aber nicht länger vom Chef: Es sind die Kollegen selbst, die für ein hohes Maß an Effektivität und Produktivität sorgen.

Permanente Kontrolle und der permanente Wettbewerb bedingen einander im Führungssystem Piëch. „Ich liebe es", bestätigt der Konzernchef, „zwei Marken gegeneinander laufen zu lassen. Sie werden dann erheblich schneller."[73] Er liebt es ebenso sehr, zwei Teams gegeneinander laufen zu lassen. Ferdinand Piëch läßt mit Vorliebe jeden gegen jeden antreten.

Und für einen Kern von Leistungsträgern schafft er persönlich den Rahmen für Test- und Balzrituale: So zieht zweimal jährlich ein Troß von etwa 50 Personen zu Testfahrten nach Südafrika, Feuerland oder zum Polarkreis. Etwa 20 Auserwählte, die zusammen mit dem Chef in der Volkswagen-Maschine einfliegen, spielen eine Sonderrolle: Es sind Leute aus Piëchs engstem Stab, Abteilungs- und Bereichsleiter. Wer sich nur um Finanzen kümmern will, soll zu einer Bank gehen, stellt Ferdinand Piëch zum besonderen Charakter einer Tätigkeit im Volkswagen-Management klar. „Für einen Vorstand ist es das Wichtigste, die Produkte zu testen."[74] Es ist eine Auszeichnung dazuzugehören, doch wem Ferdinand Piëch Gutes tun will, den fordert er bis jenseits der Schmerzgrenze.

Wer fährt wo im Pulk der Fahrzeuge mit? Wer ist an der Spitze, wer bildet das Schlußlicht? Jede Kleinigkeit scheint im Wettrennen um Piëchs Gunst von Bedeutung zu sein. „Am glücklichsten ist zweifelsohne, wer von Piëch als Beifahrer gewählt wird, wobei auch hier das Risiko, in Ungnade zu fallen, stets mitfährt."[75] Es ist ein schönes Bild, das zudem gut ins Piëch-Bild paßt: Der Beifahrersitz – zu Ferdinand Piëchs Rechten – als Lohn für den Tüchtigsten, wie es für den Jugendlichen Ferdinand Piëch die höchste Auszeichnung bedeutete, nach einem gewonnenen Wettkampf beim Mittagessen zur Rechten der Mutter zu sitzen. Richtig ist dieses Bild jedoch nicht: Neben Ferdinand sitzt zumeist der Leiter der Expedition. Doch auf dem Prüfstand stehen in der Tat nicht nur die Testfahrzeuge, sondern auch die Teilnehmer der Tour, die manchem zur Tortur gerät.

Die Leistungsselektion à la Ferdinand Piëch ist rigide. Er stützt sich auf nicht mehr als eine Handvoll Vertrauter, die ihn nach innen absichern, Ideen umsetzen und Druck machen. Er will nur wenige – die besten – um sich haben: „In Ingolstadt war es zum Schluß so, daß mich nur noch die Macher besucht haben, das waren zwei, drei. Hier erscheinen zur Zeit noch Heerscharen, die von Besprechung zu Besprechung eilen und Papier produzieren."[76] Die Heerscharen, die bei Volkswagen anfangs noch antreten, hatten allen Grund, um ihre Zukunft zu fürchten. „Mit 15 Prozent von Ihnen bin ich zufrieden, mit 45 Prozent will ich gern zusammenarbeiten, wenn die Leistungen besser werden, und vom Rest werde ich mich wohl trennen müssen."[77] Diese Ansage Ferdinand Piëchs an das Audi-Management im Jahr 1988 hat nachhaltig Wirkung gezeigt, und sie hat inzwischen den Charakter eines geflügelten Piëch-Wortes.

„Wenn jemand sein Ego über das Wohl der Firma stellt, dann bin ich hart und grausam"

Selbst wer sich der Sympathie und Unterstützung des Konzernchefs sicher ist, bewegt sich auf dünnem Eis und in einem emotionalen Vakuum. Lob ist Ferdinand Piëchs Sache nicht. Leistung zu bringen ist eine Selbstverständlichkeit. Außerdem wartet bereits die nächste Herausforderung. Die Ziele sind noch längst nicht erreicht. Kaum hat Ferdinand Piëch etwas Gutes über das Audi TT Coupé gesagt, folgt die nächste Forderung im selben Atemzug: „Die zukünftigen Automobil-Generationen von VW werden noch eleganter als die von Audi sein."[78]

Zudem drückt Lob ein Gefühl aus und verringert die sichere Distanz. Den Ausdruck von Vertrautheit gestattet sich Ferdinand Piëch allenfalls von Angesicht zu Angesicht. Er duzt einige Mitarbeiter, aber in der Regel nur, wenn niemand in der Nähe ist. Der Verhaltenskodex, den Ferdinand Piëch seinen Mitarbeitern verordnet, ist subtil und nicht explizit erklärt. Das schafft ein durchaus erwünschtes hohes Maß an Verunsicherung. Was ist erlaubt, was nicht? Jeder Verstoß gegen eines der ungeschriebenen Gesetze kann verhängnisvolle Konsequenzen haben. Daß man Ferdinand Piëch tunlichst nur im allerkleinsten Kreis, möglichst unter vier Augen, mit Widerspruch oder einer anderen Meinung konfrontiert, hat sich herumgesprochen, aber der Unwägbarkeiten sind viele – und entsprechend angepaßt ist das Verhalten.

Ferdinand Piëchs Methoden, Fehlverhalten zu ahnden, sind gefürchtet. „Wenn jemand sein Ego über das Wohl der Firma stellt, dann bin ich hart und grausam", bestätigt er Abstrafungen, die dem Gegenüber kaum eine Chance auf Würde lassen.[79] Es ist ein Verhalten, das seine Wurzeln in einem Selbstbild hat, das bei Gefahr im Verzug nur die Zuspitzung auf die Frage „Schuldig oder unschuldig?" zuläßt.

Ich kann alles, wenn ich es nur will – wer wie Ferdinand Piëch mit dem Anspruch antritt, daß einem alles gelingen muß, unabhängig von äußeren Bedingungen oder eigenen Begrenzungen, muß nach Schuldigen suchen, wenn etwas mißlingt. Nur mit diesem „Trick", schuldig zu sprechen, gelingt es, das unrealistische Selbstbildnis aufrechtzuerhalten, denn wenn alles nur an mir liegt, darf es keinen Grund geben, ein angestrebtes Ziel nicht zu erreichen. Alles, so Ferdinand Piëch, liegt an ihm und in seiner Macht – selbst das Scheitern der anderen. Er mache sich Vorwürfe, bestätigt er die Selbstüberforderung, omnipotent zu sein, wenn ein von ihm eingesetzter Mitarbeiter nicht die Erwartungen erfüllt.[80]

Vor dem Hintergrund eines solchen Selbstbildes kann das Erreichen der Ziele allenfalls durch Sabotage – aus Dummheit oder aus bösem Willen – gefährdet sein. Es muß also bei Problemen und Schwierigkeiten einen Schuldigen geben. Und der gehört bestraft. Ferdinand Piëchs Strafaktionen, die er an einigen Mitarbeitern geradezu exemplarisch zelebriert, sind wohlkalkuliert. Er demonstriert geradezu, daß er einen Schuldigen zur Strecke bringt.

Das eigene Wohl über das des Unternehmens zu stellen kommt im „Führungs-Gesetzbuch" Ferdinand Piëchs einem Kapitalverbrechen gleich. Aber sind tatsächlich die anderen das Problem, oder ist es nicht vielmehr die eigene Angst, die ureigenen Interessen und Bedürfnisse könnten in den Vordergrund rücken und dadurch vielleicht den einen entscheidenden Fehler verursachen, der den angestrebten Gesamterfolg in Frage stellt? Das Selbstbild „Man kann alles, wenn man nur will" sowie die daraus resultierende Angst vor möglichen Fehlern, vor Versagen oder Illoyalität, nach der gefahndet werden muß, um sie auszumerzen, erzwingt es geradezu, die Schuld vorwiegend bei anderen zu suchen.

Nach den in den ersten Volkswagen-Jahren heftigen öffentlichen Reaktionen auf die Person Ferdinand Piëch und seinen Führungsstil überläßt er nichts mehr dem Zufall und dem direkten, freien Spiel der Kräfte. Der Volkswagen-Chef etabliert ein effektives System der Kommunikationsgestaltung und -kontrolle. Die Verantwortung dafür ist auf höchster Ebene – im Rang eines Vorstandsmitglieds für Kommunikation – angesiedelt. Ferdinand Piëch läßt kommunizieren. Und inszeniert sich selbst im Kontext des weltweit völlig neuen Volkswagen-Auftritts.

Inzwischen überstrahlt der neue Volkswagen-Glanz die Image-Kratzer der ersten Jahre. Und gemessen am Ausgangspunkt, den Krisenjahren 1992/1993, ist die Erfolgsbilanz tatsächlich beeindruckend: „Seit 1997 ist das gesamte Wolfsburger Produktprogramm vom Golf über den Bora sowie die Variant-Fahrzeuge und den Lupo einschließlich dem Drei-Liter-Auto rundum erneuert worden. Kein anderer Automobilstandort der Welt fertigt in diesem Umfang und in dieser Vielfalt eine derart neue Fahrzeugpalette", unterstreicht auch der Vorsitzende des Gesamt- und Konzernbetriebsrates Klaus Volkert das Erreichte.[81] Betrachtet man die Zahl der Beschäftigten, wuchs allein Wolfsburg vom Tiefststand 44 000 im Jahr 1994 wieder auf über 50 000 Mitarbeiter. Das entspricht einem Spitzenzuwachs an Beschäftigung nach einer Krise. Zum Ende des Geschäftsjahres 1998 gehören 298 000 Menschen an 38 Standorten der Welt zum Volkswagen-Konzern.

Mit Ferdinand Piëch hat sich die Volkswagen-Unternehmenskultur nachhaltig verändert. Die weitgehende Entsolidarisierung, bedingt durch den auf allen Ebenen institutionalisierten Zwang zur unternehmensinternen Konkurrenz, zeigt erst nach und nach Wirkung. Welches Konfliktpotential das Piëchsche Führungssystem und die Unternehmensreform in sich bergen, zeichnet sich in einigen Bereichen jedoch bereits ab. Konkurrenz ist zwar ein wirksamer Hebel, Druck zu erzeugen und Forderungen durchzusetzen, aber dieser Druck erzeugt auch Widerstand und Unwillen. Aus Angst davor, ein Auslandsstandort könne zu Lasten Wolfsburgs ausgebaut werden, bekommt Ferdinand Piëch zum Beispiel in Niedersachsen den Drei-Schichtbetrieb. Er ist jedoch für die mehr als 21 000 Betroffenen eine Kröte, an der sie schwer zu schlucken haben. Die Konkurrenz, mit der Ferdinand Piëch drohen kann, kommt aus dem eigenen Haus. Den Betriebsrat hat der Konzernchef auf seiner Seite. Er sekundiert: „Dabei können wir nicht bestreiten, daß in Polen 350 Mark verdient werden. Da wir aber nicht möchten, daß hier jemand 350 Mark verdient, müssen wir uns über andere Maßnahmen unterhalten. Zum Beispiel über Arbeitszeiten. 4 400 Mark Monatseinkommen fallen nun einmal nicht vom Himmel."[82]

Den Arbeitnehmern wird noch einiges an ungewohntem und sie hart treffenden Unternehmergeist und an Unternehmerlogik abverlangt werden, denn die hausinterne internationale Konkurrenz liegt einkommensmäßig weit zurück und holt technologisch kräftig auf. In Neckarsulm zum Beispiel hat man mit dem Laserstrahlschweißen an Passat-Limousinen begonnen. „Diese Technik brauchen die auch in China und Brasilien für die neuen Autos", fordert Ferdinand Piëch. Und seit 1998 werden Deutschland-Erneuerungen intensiv auf die übrige VW-Welt ausgedehnt. Wo bislang noch 20 Jahre alte Modelle gebaut wurden, wollen und werden wir, so Ferdinand Piëch, „mit einem Schlag auf den Ist-Stand Deutschland umstellen".[83]

Die Philosophie, jeden gegen jeden laufen zu lassen, kann auch einen wenig erstrebenswerten Kannibalismus zur Folge haben. Ferdinand Piëch macht keinen Hehl aus der Herausforderung, der sich die Mitarbeiter am Standort Deutschland zu stellen haben: „Ein Beispiel aus dem Motorenbereich. Von neun Werken in Shanghai, Changchun, Port Elisabeth, Cordoba, Puebla, Györ, Salzgitter, Ingolstadt und künftig Polen fertigen immer drei bis vier das gleiche Produkt im Wettbewerb. In Deutschland kostet die Stunde 80 Mark, in China deutlich unter zwei Mark – bei gleicher Qualität."[84] Der Konkurrenzdruck bei den insgesamt 15 Volkswagen-Motorenwerken wächst immer mehr. Angesichts der als kritisch empfundenen neuen Lage fordert der Betriebsrat Salzgitter bereits eine „klare Weichenstellung zur Absicherung des Standortes".[85] Vor allem das polnische Werk wird als Bedrohung der eigenen Existenz empfunden. Als Business Unit steht und fällt Salzgitter mit seiner Profitabilität. Der Kampf um die Herstellung weiterer Produkte, um den Standort zu sichern, erzeugt ein spannungsgeladenes Gegeneinander. Bei enger werdenden Märkten stellt sich die Frage, ob die Volkswagen-Revolution Ferdinand Piëchs nicht einen Gutteil der eigenen Kinder verschlingt.

Noch kann der Konzernchef sich mit einer glänzenden Zahlen-Bilanz als Zukunftsmodell Deutschland empfehlen: „Wenn sich alle so sehr ins Zeug legen wie wir bei VW, dann brauchen wir um den Wirtschaftsstandort Deutschland für das Jahr 2000 keine Angst zu haben."[86]

Exkurs: Volkswagen und Piëch im Spannungsfeld zwischen VW-Nazi-Vergangenheit und Zukunft

Auf dem mit Ferdinand Piëch so energisch und erfolgreich beschrittenen Weg in die Zukunft ereilt Volkswagen über 50 Jahre nach dem Ende der Naziherrschaft und des Zweiten Weltkrieges ein dunkles Kapitel Vergangenheit aus den ersten Jahren seines Bestehens.

Unter der Überschrift „Hilfsfonds für Zwangsarbeiter" startet die Volkswagen AG im September 1998 – zu Beginn der zweiten Amtszeit des Vorstandsvorsitzenden Ferdinand Piëch – die ungewöhnlichste Kampagne ihrer Geschichte. In 22 Ländern fordern Textanzeigen Betroffene auf, sich an einen humanitären Hilfsfonds zu wenden: „Es besteht Einvernehmen", stellt der Volkswagen-Konzern in Aussicht, „daß noch in diesem Jahr durch den Fonds die ersten Zahlungen an Betroffene geleistet werden sollen. Der Fonds wird gemäß unserem Kenntnisstand hinreichend dotiert und mit einem Budget von 20 Millionen DM ausgestattet."[87] Mit ihrer Entscheidung für einen humanitären Fonds zieht die Volkswagen AG als erstes Unternehmen Konsequenzen aus der Aufarbeitung des Schicksals von Zwangsarbeitern und KZ-Häftlingen in deutschen Unternehmen.

Bereits zum 45. Todestag Ferdinand Porsches haben Mitglieder kirchlicher und gewerkschaftlicher Gruppen an der Wolfsburger Porsche-Büste ein Gebinde mit der Aufschrift „Wir gedenken der Opfer" niedergelegt. Sie fordern, das Denkmal zu entfernen und die Schule wie auch die Porsche gewidmete Straße umzubenennen. Nach dem Willen der Stadtverwaltung soll Porsche jedoch weiterhin „in Ehren gehalten werden. Wie viele andere Personen jener Zeit", kommentiert man die Persönlickeit des Gründungsvaters der Stadt, „habe er Licht- und Schattenseiten."[88]

Die Porsche-Kritik ernüchtert und schockiert: Ausgerechnet in einer Zeit, als der Porsche-Enkel Ferdinand Piëch dabei ist, die VW-Weichen für eine neue große Zukunft zu stellen, holt die Geschichte auch Volkswagen ein. Ausführlich beleuchtet wird sie in der fast 1 000-Seiten-Studie „Das Volkswagenwerk und seine Arbeiter im Dritten Reich", die ein Wissenschaftlerteam unter Leitung des renommierten Historikers Professor Hans Mommsen im Auftrag des VW-Konzerns 1996 nach neunjähriger Forschungsarbeit vorlegt.[89] Sie rückt mit dem Schicksal der Zwangsarbeiter und der zur Arbeit abkommandierten KZ-Häftlinge ein erschütterndes Kapitel des alten Volkswagenwerkes ins Bewußtsein der Öffentlichkeit.

Die in den letzten Jahren heftig und kontrovers diskutierte Rolle des Käfer-Schöpfers, Professor Dr. Ferdinand Porsche, beim Aufbau des Volkswagen-Werks steht in ernüchterndem Kontrast zu wohlklingenden Porsche-Buchtiteln wie „Magier des Automobils" und „Herr seiner Welt", die lange das Bild des großen Konstrukteurs prägten. Volkswagen und Ferdinand Porsche – sie vereinen sich zu einem Ausnahme-Kapitel deutscher Automobilgeschichte. Und das sowohl vor dem Krieg, als sich das neue Werk und die Idee „Volkswagen" nach Maßgabe der nationalsozialistischen Herrscher zu einem einzigartigen Schöpfungsakt der Moderne vereinen sollen, wie auch nach dem Krieg, als das Volkswagenwerk und der Käfer – geradezu die Inkarnation des deutschen Wirtschaftswunders-Träume von einem besseren Leben, von Freiheit, Reiselust und Abenteuer wahr werden lassen.

Die Enthüllungen zur Volkswagen-Vergangenheit finden eine große Resonanz, denn sie lenken den Blick nicht nur auf die Vergangenheit eines Unternehmens, der man sich, ohne persönlich involviert zu sein, aus sicherer Zeit-Distanz stellen kann. Mit Ferdinand Piëch hat der Volkswagen-Konzern einen Vorstandsvorsitzenden, für den die Geschichte des Werkes auch ein Kapitel Familiengeschichte darstellt. Sie ist eine doppelte und doppelt kritische Herausforderung: Die vom Volkswagen-Konzern gegenüber der Öffentlichkeit immer wieder unterstrichene Bereitschaft, sich der moralischen Verantwortung zu stellen, fordert den Vorstandsvorsitzenden Ferdinand Piëch in besonderem Maße: als Konzernchef, als Porsche-Enkel und als Sohn.

„Ich habe die ersten 600 Seiten des Buches schon vor zwei, drei Jahren gesehen", sagt Ferdinand Piëch im Jahr 1996. „Die seien logisch geschrieben und ohne Andeutungen gewesen. ‚Der Name meines Vaters kam überhaupt nicht vor.' Erst als der VW-Vorstandsvorsitzende Ferdinand Piëch hieß, habe Mommsen den Vater in seinem Werk zu einem der Hauptverantwortlichen gemacht."[90] Daß der Name des Vaters in einer Betrachtung der Nazijahre des Volkswagenwerkes eigentlich nicht vorkommen sollte, ist eine Erwartung, die verwundert, denn Dr. Anton Piëch ist aufgrund seiner Führungsposition von 1941 bis Kriegsende ein verantwortlich handelnder Top-Manager des Werkes.

Im Spannungsfeld zwischen einem verantwortlichen Umgang mit der Geschichte, der Angst Ferdinand Piëchs vor einer Instrumentalisierung der Diskussion zum Nachteil von VW und aufgrund seiner persönlichen Betroffenheit als Enkel und Sohn zeichnen sich eine Reihe von Äußerungen durch den Versuch aus, sich möglichst nicht einzulassen und die Konsequenzen der Tätigkeit des Managements von den handelnden Personen zu trennen. Diese über die Generationen in der Porsche- und Piëch-Familie praktizierte Maxime – „laß dich nicht ein, sei auf der Hut vor Intrigen und Mißbrauch, kämpfe, wehre ab" – führt zu Äußerungen, die das grausame Schicksal der Zwangsarbeiter und Häftlinge teils völlig ausblenden.

Gefragt, ob er mit den Ausführungen zur Familie Piëch leben könne, antwortet Ferdinand Piëch: „Dies ist ein freies Land. Ich führe einen Automobilkonzern, eines der größten und hoffentlich irgendwann einmal eines der besten Häuser. Hier sind die Herausforderungen, denen wir uns verpflichtet fühlen. Was ein Wissenschaftler in ein historisches Werk schreibt oder schreiben läßt, sollte ich deshalb nicht kommentieren. Aber natürlich kann sich jeder Leser des Buches an vielen Stellen die Frage stellen: Cui bono – wem nützt das?"[91]

Ein aus Opfersicht erschütternder Satz. Er hat seine Entsprechung in einer Video-Äußerung seines Onkels Ferry Posche zur Politik der Familie, wonach man sich nie für politische Systeme interessiert habe, solange man den Porsches die Möglichkeit gab, ihren Hobbys nachzugehen.[92] Wer zahlte den Preis für die Ausübung der Hobbys?

„War ihre Energie erschöpft, konnte man sie ins Stammlager zurückschicken, um sie dort zu vergasen"

Insgesamt verschleppt das Nazi-Regime 7,6 Millionen Zwangsarbeiter, darunter 1,8 Millionen Sowjetbürger und 1,7 Millionen Polen ins „Großdeutsche Reich". Das Volkswagenwerk, von Ferdinand Porsche und Dr. Anton Piëch engagiert am Leben erhalten, mutiert seit 1941, massiv seit Herbst 1943, zum Rüstungsbetrieb, der sich vorwiegend auf Zwangsarbeiter und KZ-Häftlinge stützt. Der kriegsbedingte Mangel an deutschen Arbeitskräften führt zum Einsatz tausender polnischer Zwangsarbeiter, russischer Kriegsgefangener, deportierter französischer, belgischer und holländischer Arbeiter. Ihre Zahl steigt bis 1944 auf 11 000 oder 66 Prozent der Gesamtbelegschaft. Im Jahr 1944 wird auch ein Arbeitskommando jüdischer Häftlinge aus Auschwitz eingesetzt.

Die rumänische Französischlehrerin Julia Kertesz ist eine der Frauen dieses Kommandos. Sie kehrt 1974 wieder nach Deutschland zurück und widmet ihre Erinnerungen an KZ-Haft und Volkswagen-Zwangsarbeit ihren Enkeln. „Juli und ich wurden nicht lange in Bergen-Belsen festgehalten", schildert sie ihr Schicksal. „Sie kam wieder zu Kräften, und bei der nächsten Gelegenheit wurden wir abtransportiert, wieder in plombierten Viehwaggons. Ziel unseres Leidenswegs war diesmal die ‚Stadt des Kraft-durch-Freude-Wagens' bei Fallersleben (die heutige Stadt Wolfsburg). Hier wurden wir in das Volkswagenwerk gebracht, das alle möglichen Kriegsgeräte produzierte. Man hatte uns in einem zerbombten Teil der Fabrik untergebracht, in einem riesigen Saal. (...) Uns schienen diese Verhältnisse – nach den Zuständen in Auschwitz und Bergen-Belsen – wie ein wahres Paradies, besonders am Anfang. In diesem Lager waren schon seit einiger Zeit 500 Frauen, aber es gab Ende 1944 keine ‚Muselmänner', keine bis zum Skelett abgemagerte Häftlinge. Das war eine Fabrik, wo man Arbeitskräfte brauchte. War ihre Energie erschöpft, konnte man sie ins Stammlager zurückschicken, um sie dort zu vergasen. Wir mußten 12 Stunden pro Tag arbeiten, wechselweise in Tag- und Nachtschicht. (...) Es gelangte keinerlei Nachricht zu uns in die geschlossenen Räume, wo wir arbeiteten und leben mußten. Wir waren völlig isoliert.

Anfang 1945 begann nun die Zeit des quälenden Hungers. Man hatte unsere Rationen stark eingeschränkt. Bei der Arbeit mußte ich zwanghaft ans Essen denken. (...) Ich versuchte, meine ganze Kraft zusammenzunehmen, um gegen den Hunger anzukämpfen. (...) Ungefähr zu dieser Zeit begann bei mir eine schwere Avitaminose, da wir fast seit einem Jahr weder Obst noch Gemüse zu essen bekamen, auch sonst nichts, was Vitamine enthalten könnte. Ich konnte von Glück sagen, daß diese Krankheit nicht in Auschwitz ausgebrochen war. Bei dem physischen Zustand, in dem ich mich bald befand, hätte man mich dort bestimmt vergast.

Hier habe ich meine mit Eiter verschmierte Unterwäsche täglich gewaschen und auf dem Heizkörper getrocknet, da wir keine Wäsche zum Wechseln hatten. Außer meinem Gesicht war mein ganzer Körper voll mit eiternden Furunkeln. Der Eiter meiner Fußwunde klebte am Strumpf fest, und täglich beim Ausziehen der Strümpfe riß die Wunde wieder auf. Es war eine qualvolle, schmerzhafte, langwierige Plage, die erst im Frühjahr verging. Dann wurden wir nämlich am Sonntag – statt uns auszuruhen – zur Feldarbeit hinausgetrieben. Dort, am Waldrand, fanden wir eine Pflanze, die nach Zwiebel roch und schmeckte und glücklicherweise nicht giftig war. Die aßen wir gierig, da sie eine zusätzliche Nahrung bedeutete und Vitamine enthielt. (...)

Die Posten führten uns vom Werk durch ein Städtchen auf die Felder. Es gab uns einen Stich ins Herz, als wir die Privathäuser mit Gardinen sahen und die Zivilbevölkerung, schmuck und sonntäglich gekleidet. Wir waren betroffen darüber, daß – während wir als Maulwürfe vegetierten – draußen das Zivilleben weiterging. Das tat unheimlich weh."[93]

Er verstehe manche der damaligen Entscheidungen, sagt der VW-Chef Ferdinand Piëch. Aber er empfinde auch Schuld. „Ich weiß nur nicht, wie ich damals gehandelt hätte."[94] Anders als mit anderen Äußerungen, die das sensible Thema vorwiegend auf der Ebene einer möglichen „Zweckentfremdung" abhandeln, eröffnet Ferdinand Piëch mit diesen Sätzen einen Zugang zu Gefühlen, zu einer Betroffenheit und Verstrickung, die keine persönliche, aber eine ihn persönlich berührende ist. Ferdinand Piëch, 1937 geboren, erlebt sich mit der Aufdeckung der Volkswagen-Vergangenheit in der gleichen Rolle wie Millionen andere, die mit Fragen nach dem Verhalten von Familienmitgliedern während der Herrschaft der Nationalsozialisten konfrontiert werden oder selber Antworten suchen.

„Es ist schon zuerst meine ethische Grundüberzeugung, daß ich keinem etwas schuldig bleiben will und deshalb lieber etwas mehr gebe, als ich empfange", formuliert Ferdinand Piëch als Ethik. „Daß das Ganze dann auch noch einen wirtschaftlichen Nutzen hat, ist eine angenehme Nebenerscheinung."[95] Das Verhältnis zwischen Ethik und Ökonomie, von jeher ein problematisches, zeigt sich beim Aufbau des Volkswagenwerkes wie auch am Beispiel anderer Unternehmen während der Nazizeit in seiner ganzen bipolaren Schärfe. Was ist ethisch vertretbar, was nicht?

Im Volkswagenwerk sterben allein über 300 Kleinkinder aufgrund einer Epidemie im Kinderheim von Rühen. Der Tod der Kinder, die ihren Müttern als Neugeborene weggenommen wurden, da es den Ostarbeiterinnen nicht erlaubt war, sie bei sich zu behalten, hätte verhindert werden können, wenn sie „ihren (...) Müttern zurückgegeben worden wären. (...) Die Schuld für diese Katastrophe lag zum wenigsten bei dem unzureichend ausgebildeten Werksarzt, der nach 1945 als Kriegsverbrecher hingerichtet wurde, sondern bei der Werksleitung, die dieses inhumane Verfahren hinnahm."[96]

Der kriegsbedingte Mangel an Arbeitskräften sowie die Aussicht auf Gewinnmaximierung durch den Einsatz der billigen, rechtlosen, beliebig zu schindenden Menschen führt zu einer „Personalpolitik", die bar jeden Ansatzes einer ethischen Grundorientierung ist. Der rechtfertigende Rückzug auf die Position, nicht die Wirtschaft habe das faschistische Zwangssystem der Konzentrationslager und der Deportation von Arbeitskräften aus den besetzten Ländern zu verantworten, sondern das faschistische Herrschaftssystem, endet dort, wo sich die Unternehmensleitungen dieses Systems bedienen.

Wie Dokumente des Münchner Instituts für Zeitgeschichte belegen, ging die Initiative zur Einstellung von Zwangsarbeitern und von KZ-Häftlingen auch von der Volkswagen-Geschäftsleitung aus. Formell zuständig waren die Arbeitsämter und das SS-Wirtschafts-Verwaltungshauptamt (WVHA) bzw. das Rüstungsministerium. Ferdinand Porsche setzt sich vor allem bezüglich der Untertageverlagerung mit Nachdruck bei Heinrich Himmler für weitere Häftlingskontingente ein. Er nimmt 1942 Kontakt zu Himmler und Oswald Pohl, dem Chef des WVHA auf, um die Leichtmetallgießerei von KZ-Häftlingsarbeitern errichten zu lassen.

Noch im März 1944 fordert Ferdinand Porsche KZ-Häftlinge aus dem Konzentrationslager Natzweiler an, um die Grubenstollen von Longwy an der belgisch-luxemburgischen Grenze so zu vergrößern, daß dort technisches Gerät für die Produktion der Geheimwaffe V.1, Tarnbezeichnung „Kirschkern", untergebracht werden kann. „Wir wollen", so Ferdinand Porsche, „die ganze Höhle mit KZ-Häftlingen belegen lassen."[97]

„Der Professor war ein völlig unpolitischer Mensch"

Ferdinand Piëch verwahrt sich energisch gegen Aussagen, die den Eindruck erwecken, der Großvater und der Vater seien Nazis und antijüdisch eingestellt gewesen. „Allein die Insinuation", argumentiert er erneut zweckorientiert, „könne VW in seiner Auseinandersetzung mit General Motors im Fall López schaden."[98] Doch es sind nicht Insinuationen – Einschmeichelungen, Einflüsterungen, Unterstellungen –, um die es angesichts der zahlreichen Fakten zur Volkswagen-Geschichte und den handelnden Personen geht. Die Betrachtung der Vergangenheit wirft Fragen nach dem Warum und nach den Konsequenzen des Handelns auf.

Tatsächlich wird die Polarisierung „Nazi – Nicht-Nazi" der Persönlichkeit Ferdinand Porsches nicht gerecht. So erhält der Konstrukteur im Jahr 1932 eine Einladung in die Sowjetunion. Am Ende der Informationsreise wird ihm in Moskau der Posten eines Reichskonstrukteurs, des Generaldirektors für die Entwicklung und Konstruktion der gesamten sowjetischen Fahrzeugindustrie, angeboten. „Dies war zweifellos ein faszinierendes Angebot, ausgestattet mit allen jenen Vorteilen einer priviligierten Person", beschreibt der Sohn Ferry die Offerte. Ferdinand Porsche lehnt das Angebot ab – doch nicht aus ideologischen oder politischen Gründen: „Es war vor allem die Sprachbarriere, die ihm bei einem so schwierigen Amt, mit der großen Verantwortung, die damit verbunden war, im Alter von 57 Jahren unüberwindlich schien."[99] Hätte er die Position angenommen – Ferdinand Porsche wäre in der Sowjetunion so wenig Kommunist gewesen, wie er in Deutschland Nazi war.

Eine Sprachbarriere gibt es zwischen Adolf Hitler und Porsche nicht. „Ich vermute", sagt Ghislaine Kaes, der lebenslang treue Porsche-Diener, „daß sie sich vor allem wegen des österreichischen Akzents so schnell näher kamen."[100] Gemeinsam ist Ferdinand Porsche und Adolf Hitler aber vor allem das Ziel Volksmotorisierung, eine Vision, die dem Konstrukteur einzigartige Perspektiven eröffnet. Für Geld, das man bislang für ein Motorrad sparen mußte, verspricht der Führer, solle man sich nunmehr ein Auto leisten können. Und seit den Volkswagen-Anfängen ist der Wagen ein Objekt der Begierde.

Schon in einer Ausstellung im Jahr 1931 erregt Porsches Konstruktion Aufsehen: „Vor den billigen Volkswagen staut sich die Menschenmenge besonders dicht. Sie erwecken die Begehrlichkeit und werden mit einem Wohlgefallen angestaunt, das keineswegs interesselos ist. Man erklärt sich gegenseitig ihre Bestandteile, zwängt sich in sie hinein und findet sie so komfortabel, als hätte man sie bereits erworben."[101] Am 11. Juli 1936 hat ein Prototyp bei Hitler auf dem Obersalzberg Premiere: Der Führer begutachtet und lobt.

Überall, wo die VW-Versuchswagen in der Folgezeit unterwegs sind, staunen die Massen. Hochglanzgeputzt macht eine Kolonne, die 1938 vor dem Brandenburger Tor paradiert, an der Spitze eine Käfer-Limousine mit Faltdach, die Menschen träumen. Es ist eine gigantische Vision und Verlockung angesichts einer Automobillandschaft, die noch immer weitgehend auf Luxuskarossen für wenige setzt. Mehr als 300 000 Deutsche reagieren auf die Werbung für den KdF-Wagen und zahlen Fünf-Mark-Raten ein. Sie werden jedoch weder ein Auto erhalten noch ihr eingezahltes Geld zurückbekommen.

Aber auch zwischen dem nationalsozialistischen Regime und Ferdinand Porsche steht jene Wand, die den Familienkosmos Piëch/Porsche vom Rest der Welt trennt: Man dient nicht – man bedient sich. Über das Wesen Ferdinand Porsches sagt sein Sekretär: „Der Professor war ein völlig unpolitischer Mensch. Man hat ihm später angedichtet, er hätte Adolf Hitler brüs-

VW zwischen Nazi-Vergangenheit und Zukunft 145

kiert, indem er ihm den deutschen Gruß Heil mein Führer verweigert und statt dessen guten Tag gesagt hätte. Das stimmt nicht. Er hätte den Hitler sogar mit Nasenreiben begrüßt, wenn es für seine Arbeit nützlich gewesen wäre. Und der Hitler war ihm schon ein Jahr nach der sogenannten Machtergreifung außerordentlich nützlich."[102]

Die Recherche Professor Mommsens und seines Teams zur Volkswagen-Geschichte und insbesondere zur Rolle Ferdinand Porsches und Anton Piëchs erweist sich nicht nur aufgrund objektiver Faktoren – zerstörter oder verschwundener Dokumente – als schwierig. So überstand das Archiv der Volkswagenwerk GmbH zwar den Krieg, ging dann aber verloren. Die Suche, geradezu eine Detektivarbeit, ist so mühevoll und zeitraubend wie abenteuerlich. So können zum Beispiel Restakten mit Hilfe des Werksschutzes aus Luftschutzbunkern und aus Kellern des Verwaltungshochhauses geborgen werden.

Die Rechercheure stoßen aber nicht nur auf Bereitschaft zu kooperieren, sondern auch auf Widerstände: „Die Überlieferung, die sich noch in Zell am See befinden muß, wurde von Frau Kommerzialrätin Louise Piëch leider auch für diese Studie nicht zugänglich gemacht."[103] Das französische Innenministerium lehnt es ebenfalls ab, die Akten des gegen Porsche angestrengten Kriegsverbrecherverfahrens zur Einsicht freizugeben, und auch die Firma Peugeot ist nicht bereit, ihre Archive zu öffnen.

Doch soviel ist gewiß: Bedingt durch die nationalsozialistische Zwangs- und Kriegsherrschaft ist der Weg der genialen Idee Volkswagen mit Tausenden von Opfern gepflastert. Ferdinand Porsche nutzt die Gunst des Führers, wie er jede Möglichkeit nutzt, das Projekt Volkswagenwerk voranzubringen. Dennoch paßt er in kein Klischee, weder in das des Opportunisten noch in das des typischen Karrieristen. Ferdinand Porsche ist seine eigene Elite, nur sich selbst und den eigenen Interessen verpflichtet; ignorant gegenüber dem Rest der Welt und den Auswirkungen der politischen Verhältnisse auf das Schicksal von Millionen Menschen.

Partei ergreift Ferdinand Porsche allein für seine Sache. Er will gewinnen und überzeugen; Rücksichten nimmt er keine, weder menschliche noch gesellschaftliche. Er ist, wie er ist. Als ihm Hitler eines Tages mit der Bemerkung entgegentritt: „Ah, wir kennen uns ja", weil er Porsche bereits bei einem Autorennen in der Box der Auto-Union begrüßt hatte, antwortet Porsche kurz, knapp und offen: „Ich kann mich nicht erinnern."[104] Ferdinand Porsche geht vor dem Krieg in London einkaufen. Und auf der

Hutablage der Reichskanzlei liegt seine Kopfbedeckung mit dem Stempel „Made in England" zwischen den Mützen der Parteibosse. Er wird zwar 1937 Parteigenosse, den zivilen Habitus ändert er jedoch nie. Sein typischer Look ist ein „salopper Tweedanzug mit riesigen aufgenähten Taschen und eine bis zu den Ohren heruntergezogene Tuchmütze".[105]

Die Reaktionen der Führungsetage des Volkswagen-Konzerns auf die Recherchen zur Vergangenheit des Unternehmens sind ambivalent. Führungskräfte machen aus ihren Bedenken, die Arbeit könne Volkswagen als „Nazi-Erfindung" an den Pranger bringen und dem Unternehmen wie den Mitarbeitern schaden, keinen Hehl. Ferdinand Piëch läßt das von Volkswagen mit Millionen finanzierte Wissenschaftler-Team jedoch weiterarbeiten.

Das Volkswagenprojekt Ferdinand Porsches kann von Anfang an nur gegen größte Widerstände auf den Weg gebracht werden. Nicht zuletzt, weil es unter ökonomischen Gesichtspunkten alles andere als ausgereift ist: Es stellt „nicht viel mehr dar als ein Luxusspielzeug des nationalsozialistischen Diktators, der entscheidenden Anteil daran hatte, daß die von ihm für genial gehaltene, aber nicht übermäßig kostengünstige Konstruktion Ferdinand Porsches nicht in den Aktenschränken des Reichsverbandes der Automobilindustrie vergilbte oder von den Planungsstäben der Daimler-Benz AG für andere Zwecke ausgeschlachtet wurde".[106] Die Reihen der Gegner sind lang. So stellt zum Beispiel Heinrich Nordhoff, Leiter des Opel-Werkes in Brandenburg, in Aussicht, daß Opel eine eigene Volkswagen-Version auf den Mark bringen wird. Doch Ferdinand Porsche läßt sich nicht beirren, und Geld spielte zunächst einmal keine Rolle, denn die Deutsche Arbeitsfront ist auf seiner Seite.

Das Volkswagenwerk, als nationalsozialistischer Musterbetrieb zum Zweck der deutschen Massenmobilisierung gedacht, scheitert seit seinen Anfängen an der Aufrüstung, dem Krieg und dem dadurch bedingten Mangel an Ressourcen. Weder das Werk noch die „Stadt des KdF-Wagens" – die erst auf Drängen der britischen Besatzungsmacht nach 1945 vom Stadtrat den Namen Wolfsburg erhält – kommen aus dem Stadium des Improvisierens heraus.

Die Stadt besteht in der Hauptsache aus Barackenlagern für die in unterschiedliche Kategorien eingeteilten Arbeiter. Es ist eine Kategorisierung, die über Leben und Tod der Menschen entscheidet. Der Wolfsburger Russenfriedhof legt ein erschütterndes Zeugnis davon ab. Wagen für das Volk werden im Werk erst gar nicht gebaut. Die einzigen etwa 200 zivilen Volkswagen entstehen woanders und gelangen auch nicht in die Hände des Volkes, sondern gehen an Parteifunktionäre und Nazidienststellen.

Die Porsche KG in Stuttgart-Zuffenhausen, an der außer Ferdinand Porsche auch Ferdinand Piëchs Eltern Louise und Anton sowie der Onkel Ferry Porsche beteiligt sind, fungiert zunächst als Planungsbüro für das Volkswagenwerk und nach Aufnahme der Produktion als Entwicklungsabteilung. Ferdinand Porsche hat bis 1943 eine Doppelstellung als Hauptgeschäftsführer und Aufsichtsratsmitglied inne. Ferdinand Piëchs Vater Anton Piëch tritt 1941 in die Geschäftsleitung von Volkswagen ein.

Vor dem Hintergrund der Kriegswirtschaft hat das auf die zivile Autoproduktion zugeschnittene Werk außerordentliche Schwierigkeiten zu überleben. So kämpft Ferdinand Porsche gemeinsam mit Bodo Lafferentz von der Deutschen Arbeitsfront um Reparatur- und Rüstungsaufträge, doch mehr als eine „Lumpensammler"-Existenz erlauben die Notlösungen bis 1941 nicht. Von verläßlichen Aufträgen und einer Stammbelegschaft ist man weit entfernt. Erst als Anton Piëch die Hauptgeschäftsführung übernimmt und die Rüstungsproduktion systematisch ausbaut, kommt Volkswagen aus den roten Zahlen heraus.

„Anton Piëch hat sich als Rechtsanwalt in Wien durch die Verteidigung von österreichischen Nationalsozialisten hohes Ansehen erworben." Er ist bereits seit Mai 1933 „eingeschriebenes Mitglied der illegalen NSDAP in Österreich", und er wird „1938 in die reichsdeutsche NSDAP (…) aufgenommen. Ende 1942 beantragt Piëch die Aufnahme in die SS, die sich wegen seiner Abwesenheit von Wien bis 1944 hinschleppte."[107]

Ferdinand Piëchs Vater Anton saniert Volkswagen konsequent und stellt erstmalig die Weichen in Richtung Rentabilität der Produktion. Ein wichtiger Faktor des Aufschwung ist die Entscheidung Hitlers, die Truppe ausschließlich mit Kübelwagen als Pkw auszurüsten. Sie sichert dem Volkswagenwerk ein überlebenswichtiges Monopol. Der seit 1940 gebaute Kübelwagen entsteht als Auftrag an Porsche, den Volkswagen für militärische Zwecke umzurüsten.

Ferdinand Porsche lebt und arbeitet, wie er es stets getan hat: Er konstruiert. Er konstruiert Autos und Rüstungsgüter, wie auch schon für Austro-Daimler während des ersten Weltkriegs, wo Tausende Kriegsgefangene in der Produktion arbeiteten, auch der spätere jugoslawische Staatspräsident Tito. Für Ferdinand Porsche, den Mann der Technik, zählt nur die Technik als lebensbestimmende, identitätsstiftende Leidenschaft. Ob sie als ziviles oder militärisches Gerät Gestalt annimmt, ist sekundär. Ferdinand Porsche und Anton Piëch – sie bedienen sich der Welt, wie sie ist, inklusive der Zwangsarbeiter und KZ-Häftlinge, deren Schicksal in zahlreichen Zeugnissen erschütternd dokumentiert ist. Von der moralischen Verantwortung für ihr Tun können sie weder die Umstände noch der Rückzug darauf, der Nazi-Ideologie nicht verhaftet gewesen zu sein, freisprechen.

60 Jahre nach der Hitler-Grundsteinlegung für das Volkswagenwerk erklärt die Volkswagen AG ihre Bereitschaft, „humanitäre Hilfe an Personen zu leisten, die während des Zweiten Weltkriegs zwangsweise für die damalige Volkswagen Gesellschaft gearbeitet haben".[108] Der Wolfsburger Entschluß, einen Hilfsfond einzurichten, kam überraschend, „zumal Vorstandsvorsitzender Ferdinand Piëch nicht als Freund der Entschädigungsidee gilt". Aufgrund der Rolle seiner nächsten Verwandten fühle sich „Piëch von allem, was nach Schuldeingeständnis aussieht, persönlich betroffen".[109]

Die Reaktionen Ferdinand Piëchs auf die Volkswagenvergangenheit sind so ambivalent wie die öffentliche Resonanz, die sie erfahren. Zwischen der Schuld, die der Enkel und Sohn, wie er sagt, sehr wohl empfindet, und anderen Äußerungen von seiner Seite steht nicht zuletzt der López-Streit zwischen General Motors/Opel und Volkswagen. Vor dem Hintergrund der heftigen Diskussion in den USA, wo vor allem Banken und Versicherungen wegen ihrer Nazigeschäfte in die Schußlinie geraten waren, fürchtet der Konzernchef um die Volkswagen-Zukunft in den USA.

Der Volkswagen-Konzern, durch die López-Affäre ohnehin lange in den Negativ-Schlagzeilen, läuft Gefahr, die im Jahr 1998 mit dem „New Beetle" gestartete Rückeroberung des amerikanischen Marktes über die Diskussion der Vergangenheit von VW zu riskieren. Anders als in Deutschland, wo viele nur zu bereitwillig auf eine Verdrängung der NS-Zeit setzen, zeigt die Diskussion in den USA Wirkung: Sie beschädigt das Image betroffener Unternehmen und beeinflußt die Kaufentscheidungen der Verbraucher.

Wie schnell und leichtfertig das Thema und die Reaktion des Konzernchefs instrumentalisiert werden, zeigen auch Seitenhiebe in Deutschland. „Dort hat nämlich der Jude das Sagen", kommentiert man unterschwellig, aber eindeutig unterstellend, die Bemerkung Ferdinand Piëchs, die Bezichtigung, Großvater und Vater seien Nazis gewesen, könne Volkswagen in den USA schaden.[110] Die Debatte, in deren Zentrum der Konzernchef steht, gleicht einem Sichvortasten im Minenfeld.

So ist es wohl die Nützlichkeitserwägung, dem Thema die Spitze zu nehmen, die Ferdinand Piëch von der Notwendigkeit eines schnellen VW-Engagements überzeugt, den Zwangsarbeitern humanitäre Hilfe zukommen zu lassen. Das Kuratorium, das über Zahlungen an die Opfer entscheidet, ist mit international renommierten Persönlichkeiten besetzt. Ihm gehören unter anderem Israels Ex-Ministerpräsident Simon Peres, der ehemalige österreichische Bundeskanzler Franz Vranitzky und der ehemalige deutsche Bundespräsident Richard von Weizsäcker an.

„Aus der Geschichte lernen"

Nicht zuletzt unter dem Eindruck der öffentlichen Diskussion hat die Volkswagen AG in den neunziger Jahren eine Unternehmenskultur entwickelt, die verstärkt Zeichen gegen die Verdrängung setzt. „Aus der Geschichte lernen" ist der Titel einer Broschüre des Unternehmensarchivs, und bereits seit 1986 intensiviert Volkswagen seine internationale Jugend- und Kulturarbeit, vor allem mit den Ländern Mitteleuropas, aus denen die meisten Zwangsarbeiter kamen. Hans-Jürgen Uhl, Geschäftsführer des Gesamtbetriebsrates und Konzernbetriebsrat der Volkswagen AG, ist Mitglied des Stiftungsrates der zwei Kilometer vom einstigen Konzentrationslager Auschwitz beheimateten „Jugendbegegnungsstätte Oświęcim/Auschwitz", wo VW seit 1987 regelmäßig Seminare zur deutschen Geschichte und ihren Folgen durchführt.

1996 verankert Volkswagen als erstes Großunternehmen eine Betriebsvereinbarung, nach der „jeder Diskriminierung nach rassischen, ausländerfeindlichen oder religiösen Motiven in Aus- und Weiterbildung vorbeugend erzieherisch entgegenzutreten ist".[111] Und seit 1999 sind die Bunker der Halle 1 des Wolfsburger Werkes – in die sich Zwangsarbeiter vor den Luftangriffen flüchteten – eine Erinnerungs- und Dokumentationsstätte an die Geschichte und das Schicksal der Zwangsverpflichteten im Volkswagenwerk.

Vergangenheit, Gegenwart und Zukunft bilden ab dem Jahr 2000 in Wolfsburg einen kontrovers-kommunikativen Spannungsbogen, der die gesamte Unternehmensentwicklung umfaßt. Die Schattenseiten reflektiert die Bunker-Gedächtnisstätte, und den Aufbruch zu neuen Jahrtausend-Ufern markiert das Erlebnis- und Entertainment-Areal „Autostadt 2000". Ab Juni 2000, dem Tag der Eröffnung der Expo 2000 in Hannover, soll die gigantische Volkswagen-Attraktion jährlich an die 1,2 Millionen Menschen anlocken.

Der 25-Hektar-Park, ein Mekka für Automobilisten, glänzt unter anderem mit den jüngsten Marken-Highlights, die eine Exklusivität repräsentieren, gegen die Ferdinand Porsche einst seinen Volkswagen setzte. Ferdinand Piëch, der Enkel, vereint die Antipoden „Beetle", den Anfang aller Volkswagen-Geschichte, und „Bugatti", den Star des neuen Luxussegments, zu einer Synthese und einem neuen Konzern-Profil, das auf das Fundament Spitzentechnologie gründet – vom 3-Liter-VW-Lupo bis zur geplanten 18-Zylinder-Limousine Bugatti.

Die Autostadt ist ein Spiegelbild der neuen Volkswagen-Stärke und des neuen Volkswagen-Spirits: „Wir möchten eine einzigartige Metropole schaffen", präsentiert der Konzern das 300-Millionen-Projekt, „in der die Geisteshaltung des Volkswagenkonzerns und die unterschiedlichen Identitäten seiner Marken in einer faszinierenden Atmosphäre von Kreativität, Individualität und Dynamik spürbar werden."[112] Dimension, Servicestandard und Architektur signalisieren eine neue Kategorie Erfolg. Das Kunden-Center der Autostadt wird aus zwei 42 Meter hohen gläsernen Auto-Zylindern gespeist, die an überdimensionale transparente Hochregale erinnern. Bis zu 400 Fahrzeuge können in jedem der Zylinder abholbereit zwischengelagert werden. Die acht Pavillons für die Marken Audi, Bentley, Lamborghini, Seat, Skoda und Volkswagen liegen in einer wasserdurchzogenen Parklandschaft – jeder ein Tempel der jeweiligen Marken-Philosophie.

Ein Museum, designt wie ein großer gläserner Setzkasten für rund 80 Automobil-Legenden, ein Ritz-Carlton-Luxus-Hotel mit 160 Zimmern und der Yachthafen am Mittelkanal runden die Schau zu einem Mix aus Faszination und Information, Aktivität und Entspannung ab. Um die 150 Millionen Mark läßt sich auch die Stadt Wolfsburg das neue internationale Flair kosten. Sie floriert, wenn Volkswagen floriert.

Rolf Schnellecke, Oberstadtdirektor der Volkswagen-Stadt, hält mit den Plänen Ferdinand Piëchs, dem Unternehmen und Wolfsburg unübersehbar seinen Stempel aufzudrücken, gerne mit. „Dr. Piëch tut dies in einem Maße, das wir nur mit Dankbarkeit und Freude entgegennehmen können, wenn ich an das Thema ‚Neue Autostadt' denke", lobt er das Engagement des Konzernlenkers für die Entwicklung der Stadt. „Ich meine, die Konzernführung weiß, wenn VW in der Welt einen hohen Stellenwert haben muß, dann muß auch die Stadt Wolfsburg diesem Anspruch gerecht werden können."[113] Ferdinand Piëchs Vision Autostadt 2000, in der Planungsphase als Ausdruck eines größenwahnvernebelten Geistes gegeißelt, hat mit den neuen Volkswagen-Marken eine reale und die Realität beinahe schon wieder sprengende Gestalt angenommen, wie sie beim Amtsantritt Ferdinand Piëchs im Jahr 1993 undenkbar schien. Der Konzernchef ist trotz der blendenden Entwicklung weiterhin nur auf dem Weg zu neuen Ufern – am Ziel seiner Visionen ist der unermüdliche Auto-Macher noch lange nicht.

Der Visionär

„Ich habe mein Leben lang immer etwas anderes geglaubt als die anderen", grenzt sich Ferdinand Piëch ab.¹ Seine Taten bestätigen die Worte: Seit den beruflichen Anfängen im familieneigenen Porsche-Unternehmen im Jahr 1963 hat der Quer- und Vordenker der Automobilindustrie immer wieder Neuland betreten, mit Pionierleistungen geglänzt und ihnen zum Durchbruch verholfen. Doch anders als der Großvater Ferdinand Porsche, der den Traum vom automobilen Quantensprung – der Massenmotorisierung – noch ungebrochen träumen kann, erlebt sich der Konzernchef und Enkel Ferdinand Piëch im Kreuzfeuer von Forderungen nach Grenzen des Wachstums und einer Eindämmung des Inidividualverkehrs. Die Automobilindustrie steht wenige Jahrzehnte nach dem Siegeszug der modernen Serienproduktion vor gewaltigen Herausforderungen.

„Ferdinand Piëch ist ein visionärer Techniker, der seine Ideen mit enormer Konsequenz verfolgt", betont Gerhard Schröder den Weitblick seines Freundes und lobt ihn als „einen, der sich auch mal querlegt – völlig zu recht."² Quer legt sich Ferdinand Piëch auch beim Thema Auto und Umwelt: „Die Vorrangstellung des Autos wird sich in einem heute überschaubaren Zeitraum nicht wesentlich verändern, weil es die mobile Freiheit des einzelnen und ganzer Gesellschaften garantiert", verteidigt er eine Auto-Ideologie, die vielen aus der Seele spricht, aber zugleich dabei ist, sich aus sich selbst heraus ad absurdum zu führen.³

In einer Studie zu den Folgen der globalen Massenmotorisierung rechnet das Heidelberger Umwelt- und Prognose-Institut 1995 damit, daß der weltweite Pkw-Bestand bis zum Jahr 2030 um das 4,5fache von 500 Millionen auf 2,3 Milliarden steigen wird. Im Jahr 1999 sind allein in Westeuropa bereits 162 Millionen Fahrzeuge zugelassen. Während in China im statistischen Durchschnitt ein Auto auf 3 000 Personen kommt, hat in den Industrieländern bereits jeder Zweite einen Wagen. In dem Heidelberger Forschungsprojekt wurde die Entwicklung des privaten Autoverkehrs in 122 Ländern der Erde untersucht. Bleibt es bei dem Wachstumskurs, wird der Beitrag des Autoverkehrs zum globalen Treibhauseffekt, der heute bei ca. 4,4 Milliarden Tonnen CO_2-Äquivalent liegt, auf über 10 Milliarden Tonnen ansteigen. Wenn das eintritt, ist nach Meinung der UPI-Forscher eine weltweite Klimakatastrophe nicht mehr zu verhindern.

Die Zahlen steigen auch in Deutschland stetig: In den nächsten 20 Jahren wird die Zahl der Autos nach der UPI-Prognose noch einmal um 20 Prozent auf über 50 Millionen Fahrzeuge ansteigen. Die Folgen – Staus, Lärmbelästigung und eine enorme Luftverschmutzung – lassen die globalen Auswirkungen wie Erdölverknappung, Ozonloch, Klimaveränderung und Landschaftsverbrauch nur in Ansätzen ahnen. Bis zum Jahr 2005, forderte die schwarz-gelbe Bundesregierung im Jahr 1995, soll der CO_2-Ausstoß um 25 Prozent reduziert werden, und auch Kanzler Helmut Kohl mahnte schon einen Verbrauch von nur noch fünf Litern an.

„Weniger zu hören, weniger zu sehen, weniger zu riechen"

Seit dem Schock der Ölkrise im Jahr 1972/1973, dem Alarmsignal Waldsterben und der sich entwickelnden Diskussion zum Thema Klimakatastrophe gerät die Automobilindustrie mehr und mehr unter Beschuß – und in Zugzwang. Im Spannungsfeld zwischen der Forderung nach einem rigorosen Umdenken und dem Beharren weiter Teile der Automobilindustrie und -verbände auf altbekannten Positionen, profiliert sich der Techniker Ferdinand Piëch mit innovativen Ideen und Lösungen. Früher und konsequenter als andere verschreibt er sich dem umweltverträglicheren Automobil und setzt der Kritik seine Vision des verbrauchsarmen, saubereren und darum zukunftsverträglichen Autos entgegen: „Ich glaube, daß das Auto in der Umwelt unauffälliger werden muß: weniger zu hören, weniger zu sehen, weniger zu riechen", formuliert er seine Vorstellungen und die Zielrichtung Ende der achtziger Jahre. „Das Auto muß umweltfreundlicher im weitesten Sinne werden. Es soll den anderen nicht abstoßen, sondern durch seine Schönheit, durch sein Angenehmsein positiv auf ihn wirken."[4]

Piëch will den gordischen Knoten durchschlagen: Unter seiner Ägide entwickelt Audi Vorreiter-Ehrgeiz und überzeugt mit Fahrzeugen, die sich trotz Leistungsstärke, Sportlichkeit und Komfort durch einen signifikant geringeren Kraftstoffverbrauch auszeichnen. Die Piëch-Strategie, sich mit technischen Spitzenleistungen auf den Gebieten Aerodynamik, des Leichtbaus und der Dieselmotoren-Entwicklung an die Spitze der Modernisierer der Automobilindustrie zu setzen, soll der Kritik am „Umweltkiller" Auto die Schärfe nehmen. Ein Auto zu fahren, das zwar alle Wünsche nach Sportlichkeit und Komfort erfüllt, aber dennoch weniger Kraftstoff verbraucht, bewirkt eine Beruhigung des Autofahrer-Umwelt-Gewissens.

Vor dem Hintergrund dieser Modernität hat ein Umdenken, wie es der Ex-Volkswagen-Vorstand Daniel Gœudevert – Ferdinand Piëchs Gegenspieler im Kampf um die Position des Volkswagen-Konzernchefs – mit der These vertrat, man müsse nicht unbedingt ein Auto besitzen, um mobil zu sein, kaum noch Chancen. Auch die Forderung, Automobilkonzerne mögen sich zu Mobilitätskonzernen wandeln, ist eine Perspektive, der Ferdinand Piëch wenig abgewinnen kann. Die Absatzzahlen bestätigen ihn: Die Lust am eigenen Auto ist ungebrochen, und Ferdinand Piëch treibt sie mit einer furiosen Volkswagen-Modellpolitik einem neuen Höhepunkt entgegen.

Diese Modellpolitik trägt die Handschrift eines Autobauers und Autofahrers aus Leidenschaft. Ohne eigenes Fahrzeug mobil zu sein ist eine Vision, der Ferdinand Piëch ebenso wenig abgewinnen kann wie Millionen andere. Der Mittelpunkt seiner Zukunftsentwürfe ist das individuelle Fortbewegungsmittel auf vier Rädern: Ferdinand Piëch will nicht das System, wohl aber das Automobil modernisieren. Das Spannungsverhältnis zwischen dem Auto als Objekt der Faszination und dem Vernunftgebot, es umweltfreundlicher zu gestalten, ist der kreative Nährboden für technische Spitzenleistungen, die zur Verringerung des Kraftstoffverbrauchs beitragen. Doch wie die Entwicklung zeigen wird, werden mögliche größere Erfolge auch immer wieder der Faszination Auto geopfert: So wird beim Aluminium-Audi A8 ein Teil der möglichen Kraftstoffeinsparung vom Quattro-Antrieb des Leichtbau-Fahrzeugs aufgezehrt.

Ferdinand Piëch resümiert die Entwicklung in der Automobilindustrie Anfang der neunziger Jahre: „Der Anstieg der Kilometer-Leistung in den letzten Jahren ist dafür verantwortlich, daß die erhebliche Verbesserung des Kraftstoffverbrauchs an den Neufahrzeugen von fast 25 Prozent in den letzten zehn Jahren nicht zu einer entsprechenden Verringerung des verkehrsbedingten Verbrauchs führte."[5] Seine Konsequenz aus dieser Erkenntnis: Da die sparsameren Wagen nicht die in sie gesetzten Erwartungen erfüllen, muß ein Quantensprung gelingen – und zwar mit der Entwicklung eines Drei-Liter-Autos. Um einen signifikant niedrigeren Verbrauch zu erreichen, postuliert er schon Ende der achtziger Jahre, daß es „auch unser Ziel sein muß, irgendwann bei einem c_w-Wert von 0,1 zu landen".[6] Nicht zuletzt der Audi 100, mit dem er 1982 einen c_w-Weltrekord von 0,30 aufstellt, bringt ihm den Ruf ein, ein regelrechter c_w-Fetischist zu sein. Der von Piëch für möglich gehaltene c_w-Wert von 0,1 ist allerdings noch immer reine Utopie. Der allerbeste bislang erreichte c_w-Wert liegt bei 0,26.

Auf den Punkt bringt Ferdinand Piëch sein Öko-Zukunftskonzept mit dem 1999 serienreifen VW-Drei-Liter-Lupo. Die Drei-Liter-Bewegung hat bereits Anfang der neunziger Jahre in dem damaligen österreichischen Bundeskanzler Bruno Kreisky einen prominenten politischen Befürworter gefunden. Und auch Richard van Basshuysen, Diplomingenieur und Herausgeber der ATZ (Automobiltechnische Zeitschrift) und der MTZ (Motortechnische Zeischrift), schreibt im Januar 1991: „Da das Automobil nicht umweltfreundlich sein kann, gilt es, es umweltverträglich zu machen. Form und Gewicht, Verbrauch, Abgas- und Akustikemissionen sind mit dem Ziel zu optimieren, daß um die Jahrhundertwende Mittelklassewagen nicht mehr als drei Liter Kraftstoff pro 100 km verbrauchen."[7]

Im Herbst 1991 plädiert Ferdinand Piëch unter anderem bei einem Vortrag in Wien für den Drei-Liter-Wagen als einzige wirkliche Zukunftsperspektive. Wie das Ziel technisch zu erreichen wäre, skzizziert er erstmalig 1992: „Eine physikalische Grenzwertbetrachtung zeigt, daß mit Motormaßnahmen allein dieses Ziel nicht realisierbar ist. Mit einer Aluminiumkarosserie und konsequenten Sekundärmaßnahmen läßt sich das Fahrzeuggewicht bis zu 35 Prozent reduzieren. Mit extrem optimierter Aerodynamik sind weitere 35 Prozent Verbesserung im Fahrwiderstand zu finden. Mit diesem Technikkonzept und einem weiterentwickelten direkteinspritzenden Turbodieselmotor (TDI) scheint das ehrgeizige Verbrauchsziel erreichbar."[8]

Entscheidende Entwicklungen auf dem Weg zum Prestigeprojekt „Drei-Liter-Lupo" sind die Fortschritte beim Leichtbau und bei der Entwicklung von Dieselmotoren. Der Kundenwunsch nach immer mehr Komfort und die Zielvorgabe, ein verbrauchsärmeres Auto zu entwickeln, zwingen den Entwicklern ein Rennen auf, das sie scheinbar nur verlieren können: Was an Fahrzeuggewicht bei der Karosserie, am Motor usw. eingespart wird, frißt der Ausstattungskomfort wieder auf. 100 Kilogramm weniger Fahrzeuggewicht führen zu einer Kraftstoffersparnis von 0,3 bis 0,6 Liter auf 100 Kilometer. Die Karosserie hat allerdings nur einen Anteil von 26 Prozent am Gesamtgewicht. Dennoch: Da um jedes Gramm gerungen wird, um den Verbrauch zu minimieren, käme eine bedeutend leichtere Karosserie einem Durchbruch gleich.

Stahl ist schon aus Sicherheitsgründen das klassische Karosserie-Material. Den Fortschritt, auf den die Konkurrenz setzt – leichteren Stahl zu verwenden –, kontert Ferdinand Piëch 1993 mit dem Audi-Paukenschlag „ASF" – Aluminium Space Frame, dem ersten deutschen Auto mit einer Aluminium-Karosserie. Daß er dem Leichtmetall eine tragende Rolle zukommen lassen will, hat er schon Jahre zuvor angekündigt, doch die Japaner kommen dem damaligen Audi-Chef zuvor: Honda präsentiert bereits 1989 auf dem Genfer Automobilsalon mit dem Sportwagen NSX das erste Fahrzeug mit einer Aluminium-Karosserie. Vier Jahre später stellt Audi auf der Internationalen Automobilausstellung (IAA) in Frankfurt die Studie *ASF Concept Car* vor.

ASF geht 1994 mit dem Audi 300 in Serie. „Audi wäre sich – unter der Führung des technikverliebten Ferdinand Piëch – nicht treu geblieben, wenn man nicht einen anderen Weg gegangen wäre", findet sich Ferdinand Piëch in seinem Hang zum Besonderen bestätigt.[9] Das Space-Frame-Grundkonzept ist eine Errungenschaft der Formel 1. Hinter dem Audi-Kürzel ASF verbirgt sich eine Rahmen-Konstruktion, die komplett – von der tragenden Struktur bis zu den mittragenden Karosserieteilen – aus Aluminium besteht. Das Korsett bildet ein Leichtmetall-Gitterrohrrahmen, an dem die Außenhaut und die Innenverkleidung befestigt sind. Dieser Rahmen ist ein Gerüst aus geschlossenen, geraden und gebogenen Strangprofilen, die an den Eck- und Verbindungspunkten mit Vacuraldruckgußteilen verbunden sind. Dadurch entsteht eine stabile Zelle, die bei einem Unfall für ein Höchstmaß an Sicherheit sorgt, weil sie sogar mehr Energie schluckt als Stahl oder Kunststoff.

Da sich Aluminium nur schwer schweißen läßt, bereitet die Verarbeitung des Leichtmetalls größte Probleme. Über zehn Jahre hat Audi zusammen mit dem amerikanischen Partner Alcoa daran gearbeitet, die Basisprobleme wie die Entwicklung von Aluminium-Legierungen und von Produktionsverfahren zu lösen, um die Ziele – maximale Gewichtsreduzierung plus maximale Sicherheit – zu erreichen. Die Audi-Pilotfabrik für die Verarbeitung von Aluminium zu Karosserieblech entsteht im Werk Neckarsulm.

„Aluminium, Magnesium und recycelbare Kunststoffe sind im Vorteil"

Der neue Audi, mit dem Ferdinand Piëch das Aluminium-Zeitalter einläutet, hat eine um 40 Prozent leichtere Karosserie. Das Ex-Vorstandsmitglied des Stahlriesen Thyssen, Karl August Zimmermann, kontert den Piëchgeprägten Audi-Kurs 1993 mit Zweckpessimissmus, denn die Stahlindustrie befürchtet schwere Einbußen, sollte das neue Material dem Stahl den Rang ablaufen. „Audi sei schon immer sehr experimentierfreudig gewesen", so Karl August Zimmermann, „zum Beispiel mit dem Allradantrieb, der sich auch nicht so durchsetzte, wie sich die Ingolstädter das gedacht hätten."[10] Die Kritik am Aluminium zielt in erster Linie auf das Argument, es sei umweltfreundlicher als Stahl. Wie die Öko-Bilanz des Werkstoffs Aluminium tatsächlich aussieht, ist unter Experten umstritten. Problematisch ist die energieintensive Herstellung, dagegen steht jedoch der Vorteil der nahezu unbegrenzten Recycelbarkeit. Kein anderes Material hat eine dem Aluminium vergleichbare Wiederverwertungsquote. Noch besser würde Aluminium im Vergleich zu Stahl abschneiden, wenn bedeutend mehr Aluminium eingesetzt würde, denn beim Recyceln des Materials wird nur ein Zehntel der Energie verbraucht, die zum Einschmelzen von Stahl benötigt wird. In der Mischkalkulation käme Aluminium dann auf einen guten Wert.

Im Ringen um die Umweltakzeptanz des Automobils verweist Ferdinand Piëch immer wieder auf die Bemühungen, problematische Materialien zu substituieren und Ressourcen zu schonen. Auch die Einführung der Audi-Karosserie aus verzinktem – wiederverwertbarem – Blech in den achtziger Jahren ist ein Schritt in diese Richtung. „Aluminium, Magnesium und recycelbare Kunststoffe", nennt Ferdinand Piëch als Präferenzen, „sind im Vorteil gegenüber glasfaserverstärkten Kunststoffen oder Kohlefaser. Die letzteren sind nicht zur gleichen Hochwertigkeit recycelbar. Ich halte es für ganz wichtig, daß wir aus hochwertigem Aluminium auch wieder hochwertiges Aluminium bekommen. Daß wir nicht mit jeder Produktreihe wieder absteigen müssen, und am Ende haben wir dann ein Auto zu einem Straßenpflaster recycelt."[11] Das seit Jahren in Europa meistverkaufte Auto, der Golf, hat 1997 einen Wiederverwertungsanteil von 87 Prozent. „Wir betreiben eine Erhöhung dieses Prozentsatzes", so der Volkswagen-Konzernchef, „mit jedem neuen Modell."[12]

Im Konzert der Maßnahmen, den Konflikt Auto und Umwelt durch den Einsatz umweltfreundlicherer Materialien zu entschärfen, gewinnt Magnesium immer mehr an Bedeutung. Magnesium ist der leichteste metallische Konstruktionswerkstoff und noch gut ein Drittel leichter als Aluminium. Im Mai 1996 gründen Volkswagen und Dead Sea Works in Israel das Gemeinschaftsprojekt Dead Sea Magnesium Ltd. zur Herstellung, Verwertung und zum Vertrieb von Magnesium. An den Baukosten von 350 Millionen

Dollar beteiligt sich Wolfsburg mit 35 Prozent. Gestartet wird mit einer Förderkapazität von 30 000 Tonnen jährlich. Das Projekt ist eine der größten europäischen Investitionen in Israel und wird um ein Forschungszentrum für Magnesium ergänzt.

Die Vorteile von Magnesium reichen weit über das geringe Gewicht hinaus. So sind beispielsweise Kolben aus einer kohlefaserverstärkten Magnesiumlegierung nicht nur um ein Viertel leichter als Motorkolben aus einer Aluminium-Silizium-Legierung: „Weniger Gewicht muß bewegt werden, die dabei auftretenden Kräfte sind geringer, Motorgehäuse und Lager werden leichter. Die Gewichtseinsparung mag gering erscheinen, dennoch kommt über die Lebensdauer des Motors ein Minderverbrauch zusammen, der sich sehen lassen kann."[13] Zudem ermöglicht eine spezielle Fertigungstechnik völlig neue Kolbenkonstruktionen, die dazu beitragen, den Schadstoffausstoß zu verringern.

„Fiala haben wir nichts gesagt, aber Piëch wußte Bescheid"

Die herausragende Audi-Meisterleistung, den Kraftstoffverbrauch zu verringern, ist der von Richard van Basshuysen mit der Rückendeckung des Audi-Entwicklungschefs Ferdinand Piëch entwickelte Fünf-Zylinder-Pkw-Dieselmotor mit direkter Kraftstoffeinspritzung, Turboaufladung und Ladeluftkühlung. Er markiert einen Meilenstein. „Der TDI-Technik", lobt die Fachwelt zum zehnjährigen TDI-Jubiläum im Jahr 1999, „kann uneingeschränkt attestiert werden, zur Schonung der Ressourcen einen ganz wesentlichen Beitrag geleistet zu haben."[14] Durchgesetzt werden kann die bahnbrechende Entwicklung nur gegen massive Widerstände.

Piëch und van Basshuysen sind sich Mitte der siebziger Jahre in der Überzeugung einig, daß ein kleiner Dieselmotor mit Direkteinspritzung ein Gebot der Stunde ist. Während die Audi-Mutter mit dem 1976 angelaufenen Wirbelkammerdiesel beschäftigt ist, geht man in Neckarsulm, wo Ferdinand Piëch einen Teil der Audi-Motorenentwicklung zusammengefaßt hat, an die Arbeit. Zum Jahresende 1978 kommt es zur ersten Präsentation der Neuentwicklung in Wolfsburg, denn für den Serienstart braucht man die Genehmigung der Konzern-Mutter. In der entscheidenden Runde bei Volkswagen sitzen sich Piëch und van Basshuysen, die Audi-Kollegen Stock und Bauder und ein brüskierter Volkswagen-Entwicklungschef, Professor Fiala, gegenüber, „da die Dieselmotorenentwicklung", so Richard van Basshuysen, „ausschließlich bei VW erlaubt war". Audi hatte bis dahin eigenmächtig und ohne Wissen der Volkswagen-Mutter gehandelt. Fiala fordert, alle Zeichnungen und Versuchsmotoren des Vierzylinders innerhalb von 14 Tagen an Wolfsburg abzutreten.

„Da war ich wahnsinnig niedergeschlagen", erzählt Richard van Basshuysen, „aber bei VW war inzwischen die Umstellung auf Quermotoren vollzogen, und so überlegten meine Kollegen Stock, Bauder und ich auf der Heimfahrt, ob wir als Fahnenträger der Entwicklung nicht mit einem Fünfzylinder-Längsmotor weitermachen sollten. Den konnte man uns nicht wegnehmen, da er wegen des Volkswagen-Quereinbaus nicht gepaßt hätte. Wir haben gehofft, daß wir die Wolfsburger mit unserem Vorsprung überholen können. Fiala haben wir nichts gesagt, aber Piëch wußte Bescheid."

Den Anstoß zur Entwicklung eines Pkw-Dieselmotors mit Direkteinspritzung gab die Energiekrise und der dadurch ausgelöste Zwang, drastische Verbrauchssenkungen anzustreben. Der 1989 gelungene Durchbruch zum TDI ist zudem der Wegbereiter für weitere Generationen moderner, verbrauchsarmer Pkw-Diesel – und für das Drei-Liter-Auto. „Auf der Basis heutiger Erkenntnisse und des bis heute erreichten Entwicklungsstandes", stellt Ferdinand Piëch 1992 fest, „ist es also als sicher anzunehmen, daß mit dem direkteinspritzenden Dieselmotor dieses Ziel vor der Jahrtausendwende erreicht werden kann, während der Ottomotor bis zur Realisierung dieser Verbrauchswerte noch einen langen, kostenintensiven Weg vor sich hat."[15]

Mit dem Drei-Liter-Lupo kann Ferdinand Piëch 1999 nicht nur ein extrem verbrauchsarmes, sondern auch ein Auto mit einem außerordentlich sauberen Dieselmotor präsentieren. Er entspricht schon jetzt der D4-Abgasnorm, die erst für das Jahr 2005 gesetzlich vorgeschrieben ist. Noch sauberer als bislang könnten Diesel-Fahrzeuge bei einer stärkeren Entschwefelung der Dieselkraftstoffe werden, die in einigen wenigen Ländern wie Japan und Schweden bereits erreicht ist.

Als Ferdinand Piëch 1993 den Chefsessel in Wolfsburg übernimmt, macht Greenpeace mit einer Plakat-Aktion gegen den „Klimafeind" mobil. Der Volkswagen-Konzern hält 1994 mit einer Anzeigenkampagne zum Kurs des Konzerns dagegen. Ferdinand Piëch räumt darin dem Umweltschutz und vor allem dem Drei-Liter-Auto sehr viel Raum ein. Über das damals bereits serienfertige VW-Umweltfahrzeug, den Golf Ecomatic, der seit Herbst

1993 bei den Händlern steht, redet er nicht. Mit dem Einzug des stärker ökologisch orientierten Daniel Gœudevert in den Volkswagen-Vorstand, hatte sich Ende der achtziger Jahre der Stimmungsumschwung zugunsten des Golf Ecomatic vollzogen, der lange zwischen der Forschung und der Entwicklung in der Luft hing. Der neue Konzernchef Ferdinand Piëch und sein wichtigster Vorstands-Mitstreiter Ignacio López sind vom Öko-Golf wenig begeistert, doch bei ihrem Amtsantritt steht er schon serienreif bereit.

Im Vergleich zum damals durchschnittlichen Flottenverbrauch von 9,7 Litern kann der Golf Ecomatic CLD mit einem ausgezeichneten Sparverbrauch von weniger als fünf Liter aufwarten. Auch preislich liegt er nur gut 1 300 Mark über dem Golf mit einem 64 PS starken Saugdiesel. Doch er wird ein Flop. Und das sicher nicht, wie vielfach behauptet, wegen der Abneigung des Konzernchefs gegen den Öko-Wagen bzw. wegen der fehlenden Werbemaßnahmen. Die Käufer entscheiden: Ihr Favorit ist der Golf Diesel mit dem 90 PS-TDI, obwohl dieses Fahrzeug rund 2 300 Mark teurer ist als der Golf Ecomatic. Es sind die Fahreigenschaften des Golf Diesel, die begeistern, und der geringe Verbrauch suggeriert zudem, mit dem Kauf dennoch umweltbewußt zu handeln.

Selbst wohlwollende Tester bescheinigen dem Golf Ecomatic, daß er beim Fahren außerordentlich gewöhnungsbedürftig sei. Seine Besonderheit ist die innovative Schwungnutzautomatik – und die erfordert einiges an Mitdenken und Umdenken. So schaltet sie den Motor immer dann ab, wenn er nicht gebraucht wird. Das motor- und geräuschlose Bergabgleiten zum Beispiel irritiert die meisten Fahrer immer wieder. Beim Berganfahren startet der Wagen per Selbstzünder, aber zügige Überholvorgänge läßt der Ecomatic nicht zu. Er ist auf einen defensiven Fahrstil ausgerichtet. „Am eindrucksvollsten kann der Ecomatic im Stadtverkehr seine Vorzüge ausspielen", resümieren Testfahrer, „weil bedingt durch kleine Staus und Ampelstops der Motor bis zu 60 Prozent der Fahrzeit stillstehen kann."[16]

Im Tauziehen zwischen den Interessen des Umweltschutzes auf der einen und denen der Automobilindustrie auf der anderen Seite ist Ferdinand Piëch auf technologischem Gebiet vorwärtsgewandt, aber im Grundsätzlichen ein geschickter Bremser. Er setzt mit Experimenten Zeichen, doch er bleibt konsequent bei seiner Politik, systemimmanent zu agieren und radikaleren Alternativen eine Absage zu erteilen. Ein solches interessantes Zeichen ist das ein Jahr nach Ferdinand Piëchs Ernennung zum Audi-Vorstandsvorsitzenden präsentierte Hybridsystem. Die Ingolstädter demonstrieren es am Audi 100 Avant Quattro. Dieser Hybridantrieb ist ein

Zwitter: Vorn im Fahrzeug ist ein Benzin- oder Dieselmotor untergebracht, der die Vorderräder antreibt, und ein Elektromotor aktiviert die Hinterachse.

Das von Audi mit dem Elektroauto-Spezialisten Pöhlmann entwickelte System kann prinzipiell in jeden Audi Quattro eingebaut werden. Der Elektromotor kommt im innerstädtischen Bereich und in Wohnzonen zum Tragen. Das 1 740 Kilogramm schwere Hybridfahrzeug bringt es auf maximal 50 km/h und hat eine Reichweite von 30 km, wobei die Batterie beim Fahren mit dem Benzin- oder Dieselmotor aufgeladen wird. Aber auch dieses Fahrzeug bleibt ein Feigenblatt, mit dem nur eines demonstriert wird: daß es am Markt keine Chance hat.

Dasselbe gilt für das Elektroauto. „Elektroautos", so Ferdinand Piëch, „kann ich mir nur in hoch gefährdeten Stadtkernen vorstellen. Die Zukunft gehört sicherlich weiterhin dem Verbrennungsmotor. Etliche technische Maßnahmen, um die Verbräuche zu drücken, sind allerdings notwendig. Wir arbeiten an höheren Verdichtungen, an den Ventilen, sowie an der Brennraumgestaltung. Auch auf dem Gebiet der Einspritztechnik sind noch Fortschritte möglich."[17] Ende 1994 geht das erste Volkswagen-Elektro-Fahrzeug, der „Citystromer", in die Serienproduktion. 100 Fahrzeuge jährlich, so Ferdinand Piëch, will man an Fuhrparkbesitzer verkaufen. Es gelingt nur mit sehr viel Mühe.

Ferdinand Piëch plädiert immer wieder für ein verbrauchsarmes, aber dennoch normales, alltagstaugliches Fahrzeug. 1999 ist sein Paradeprojekt, nach Volkswagen der Trendsetter des High-Tech-Wertewandels, im Handel. Seine Öko-Qualität beeinflußt weder das Aussehen noch das Fahrverhalten: Der Drei-Liter-Lupo ist ein normal zu fahrendes und vom Aussehen her vertrautes Serienauto für vier Personen. Selbst die Umweltorganisation Greenpeace, die erhebliche Zweifel an dem angegebenen geringen Verbrauch angemeldet hatte, muß einen Rückzieher machen: Nach einem Test sind die Zweifel ausgeräumt. Andere Tests ergeben ebenfalls, daß der Lupo 3L TDI an der Spitze der verbrauchsarmen Fahrzeuge liegt, vor dem Greenpeace-Twingo, der zudem kein Vier-, sondern nur ein Zweisitzer ist, und dem Smart.[18] Auch in bezug auf die Schadstoffemission glänzt der Drei-Liter-Lupo mit besten Werten. Gegenüber einem herkömmlichen 1,6-Liter-Benzinmotor hat er einen 75 Prozent geringeren Kohlenwasserstoff- und einen um 40 Prozent geringeren Schwefeldioxid-Ausstoß. Das Kohlenmonoxid-Aufkommen sinkt um 85 Prozent. Damit wird erstmals der Grenzwert von 90 Gramm pro Kilometer unterschritten.

„Für den Konzern bedeutet die Entwicklung dieses Fahrzeugs eine deutliche Steigerung seines Images durch die Demonstration von technischer Kompetenz und die Wahrnehmung von sozialer Verantwortung. Der Drei-Liter-Lupo beeinflußt die öffentliche Markenreputation nachhaltig und ist ein wesentlicher Bestandteil des Innovationsvorsprungs gegenüber dem Wettbewerb", bestätigt Dr. Robert Büchelhofer, Vertriebs- und Marketingvorstand des Volkswagen-Konzerns, den demonstrativen Charakter des Ausnahmefahrzeugs.[19] Ferdinand Piëch kündigt an, daß aus dem Solisten ein Trio werden soll: Neben einem Audi-Modell wolle man noch ein weiteres Drei-Liter-Auto vorstellen. „Wir versuchen, mit dem dritten Drei-Liter-Auto auf dem Markt zu sein, bevor die anderen ihr erstes haben", trumpft Ferdinand Piëch auf.[20]

Kurz nach der Jahrtausendwende, hat er 1994 auf einer Diskussionsveranstaltung mit dem damaligen Umweltminister Klaus Töpfer angekündigt, er erwarte einen „Autotyp" – einen Wagen für eine Person –, der nur noch einen Liter verbrauche. Äußerlich werde sich dieser Typ sehr vom Gewohnten unterscheiden. „Wenn man unter drei Liter geht, wird es tatsächlich derzeit extrem gewöhnungsbedürftig" und ein Zwei-Liter-Auto schaue „nicht mehr wie ein heutiges Auto aus", erläutert der Volkswagenchef die zu erwartende Öko-Optik. „Ich würde das evolutionär und langsam machen – eben schauen, was noch geht", umreißt er seine Vorstellungen von der verbrauchsarmen Auto-Zukunft.[21] Und 1998 legt er kräftig nach: „Bei uns kommt demnächst das Drei-Liter-Auto und dann das Zwei-Liter-Auto und danach das Ein-Liter-Auto."[22]

Doch kaum ist der erste Drei-Liter-Wagen 1999 auf dem Markt, bläst Ferdinand Piëch zum Rückzug. Die Forschung zum Zwei-Liter-Auto wird eingestellt: „Eine weitere Verbrauchsoptimierung in diesem Bereich steht in keinem Verhältnis", begründet er das Aus kurz und knapp. Die Nachfrage nach verbrauchsarmen Autos sei ohnehin sehr begrenzt. Der Konzern wolle sich nunmehr auf die Absenkung des Flottenverbrauchs konzentrieren. „Im Motorenbau wird es in den kommenden Jahren weitere technologische Sprünge geben", formuliert Ferdinand Piëch als neue Volkswagen-Vision.[23]

„Der Konzern engagiert sich gewaltig an der Fertigstellung von Leitsystemen"

Die in den letzten Jahren vor allem von Ferdinand Piëch dominierte – für Volkswagen ausgesprochen imagefördernde – Debatte um das revolutionärverbrauchsarme Auto hat sich weitgehend erschöpft. Auch das Drei-Liter-Fahrzeug wird ein Nischenprodukt bleiben. Andere Zukunftsentwürfe sind noch immer Utopie. BMW will ein Auto mit einem Wasserstoffantrieb auf den Markt bringen; der erste Zwischenschritt auf dem Weg dorthin sind die 1995 vorgestellten erdgasbetriebenen Fahrzeuge der Münchner. Daimler-Chrysler kündigt an, 2004 methanolbetriebene Pkw mit Brennstoffzelle serienmäßig herzustellen. Auch Nissan experimentiert mit der Brennstoffzelle. Und will die Konkurrenz überrunden: Bereits im Jahr 2003 soll die Technik serienreif sein.

Wie solche Fahrzeuge aussehen könnten, haben erstmalig amerikanische Konzeptstudien, die sogenannten „Hypercars", gezeigt. Der Typ „Hypercar" mit einem Verbrauch von nur 0,6 Litern war eine extrem leichte Konstruktion aus modernen Verbundstoffen wie Kohlefaser mit neuen Hybridantrieben, um den Sprit zehn bis zwanzig Mal besser zu nutzen. Solche neuen Antriebe haben beispielsweise Brennstoffzellen und Schwungräder als Zwischenspeicher für die Energie.

Aber auch die Brennstoffzelle ist nur schadstofffrei, wenn sie tatsächlich mit Wasserstoff betrieben wird. Beim Betrieb mit Methanol fallen ebenfalls belastende Schadstoffe an. Doch selbst wenn der Antrieb Brennstoffzelle realisiert wird, „bleiben diese Fahrzeuge", so der langjährige frühere Audi-Entwicklungsleiter Richard van Basshuysen, „ebenfalls Nischenprodukte." Nach seiner Einschätzung ist man, allen anderen Ankündigungen zum Trotz, noch sehr weit von der Realisierung entfernt.

Als Herausgeber der ATZ und MTZ fordert der langjährige Mitarbeiter Ferdinand Piëchs bereits im Jahr 1991: „Zu Beginn des neuen Jahrtausends muß es gelingen, nach und nach auf fossile Brennstoffe zu verzichten und einen Teil der verfügbaren Sonnenenergie, zum Beispiel über Photovoltaik, Wind und Wasserenergie in elektrischen Strom und Wasserstoff umzuwandeln. Damit sind dann endlich die umweltfreundlichen Energien verfügbar, und die Abgasprobleme, an denen die Welt zugrunde zu gehen droht, sind endlich gelöst."[24] Auch Konzernchef Ferdinand Piëch hat sich als Verfechter alternativer Energien präsentiert. Die Bilanz ist ernüchternd: Der

Quantensprung in Richtung eines wirklich umweltfreundlichen Autos, das in der Breite akzeptiert wird, läßt auf sich warten.

Auch die Anstrengungen, Umweltbelastungen durch einen flüssigeren Verkehr und bessere Verkehrsleitsysteme zu verringern, bleiben hinter den Erwartungen zurück. „Der Konzern engagiert sich gewaltig an der Fertigstellung von Leitsystemen", unterstreicht Ferdinand Piëch das Volkswagen-Engagement. Er kann sich auch vorstellen, „daß man sich auf einer Schnellbahnschiene auf der Autobahn einreiht, auf einen Knopf drückt und von Hamburg nach München fährt". Er halte das aber, fügt er hinzu, „für die freie Wahl. Es werde daneben auch Spuren geben, wo Sie freiwillig nach München steuern können."[25] Aber auch von dieser neuen Welt ist man noch weit entfernt. Mit dem System Volkswagen-Telematik steht man zwar am Anfang einer Entwicklung, die dazu beitragen könnte, daß es herumirrende oder sinnlos im Stau stehende Autos nicht mehr gibt, doch auf dem bisherigen Entwicklungsstand ist Telematik nur ein Service-System – für den Passat und den Passat Variant –, mit dem die aktuelle Verkehrslage abgefragt, der Volkswagen-Pannenservice geordert oder ein Notruf abgesetzt werden kann. Über das GPS-Netz ist per Satellitenortung jederzeit feststellbar, wo sich das Fahrzeug gerade befindet. Telematik könnte jedoch in einer Weise weiterentwickelt werden, daß zum Beispiel eine dynamische Zielführung mit automatischer Umleitung möglich ist.

Ferdinand Piëch fordert eine bessere Kooperation der verschiedenen Verkehrssysteme untereinander. „Intelligente Leitsysteme einschließlich aktueller Verkehrsinformationen sowie Mischformen aus individuellem und öffentlichem Verkehr können dazu beitragen, den Gesamtverkehr zu harmonisieren."[26] Lösungen sind nach wie vor nicht in Sicht. Der Fortschritt à la Ferdinand Piëch ist ein Teufelskreis: Immer mehr Autos, immer mehr gefahrene Kilometer, verstopfte Innenstädte und Staus zehren auf, was an Verbrauchs- und Abgas-Vorteilen durch modernste Technik erreicht wird.

Im Augenblick hat die Automobilindustrie den Trend auf ihrer Seite: Im Bewußtsein vieler Verbraucher sind Autos ein Status- und Fun-Symbol wie schon lange nicht mehr. Dennoch: Das Ringen um einen Interessenausgleich zwischen Unweltschutz und Automobilindustrie geht weiter. Mit heftigem Widerstand reagiert Ferdinand Piëch 1999 auf die Altauto-Verordnung der EU. Der Volkswagen-Konzernchef, unterstützt vom Bundeskanzler Gerhard Schröder, setzt den Brüsseler Plänen zunächst ein entschiedenes Nein entgegen: „Es geht nicht", stellt er unmißverständlich klar,

„daß wir die Autos kostenlos zurücknehmen, die Verwertung aber nicht selbst durchführen."[27] Er besteht auf der Entsorgung in Eigenregie, die einer Kriegserklärung an die bestehenden mittelständischen Verwertungsbetriebe gleichkommt. Das Inkrafttreten der von den EU-Staaten schließlich verabschiedeten neugefaßten Regelung wird um drei Jahre auf das Jahr 2006 verschoben. Auch diesem Kompromiß soll Deutschland als einziger EU-Staat nicht zugestimmt haben.

Es geht um viel. Auf 32 Millionen Stück beziffert Ferdinand Piëch die Zahl der Fahrzeuge, die in Westeuropa im Verkehr sind und vom Hersteller Volkswagen zurückgenommen werden müßten. Auf bis zu 340 Mark schätzt er die Kosten für die Entsorgung eines älteren Fahrzeugtyps. Doch nicht nur schrottreife Fahrzeuge sollen recycelt werden. Der Volkswagenchef überrascht mit der Aussage, er erwarte, daß „wir in den nächsten 15 Jahren voll fahrfähige Autos aus dem Verkehr ziehen werden, weil sie technisch überholt sind."[28]

Es gehen ein Reihe großer Leistungen auf das Konto Ferdinand Piëchs – doch ihn beim Wort zu nehmen, führt nicht selten aufs Glatteis. Seine zumeist einfachen, klaren und sehr bestimmten Aussagen täuschen nur zu leicht darüber hinweg, daß sie einer genauen und kritischen Überprüfung nicht immer standhalten. Er verwirrt, neigt zu Übertreibungen, lanciert bestimmte Informationen aus taktischen Gründen und hat sich mit mancher vorauseilenden Behauptung ganz einfach gründlich geirrt. Das Feuerwerk an vielversprechenden Ankündigungen und großen Zielsetzungen erzeugt jedoch eine Aura von Dynamik und Erfolg, die stimuliert – aber auch über manche Fehleinschätzung und -entscheidung hinwegtäuscht.

Der Global Player

"Ferdinand Piëch sollte die Champagner-Korken knallen lassen", gratuliert ein amerikanisches Wirtschaftsmagazin dem Volkswagen-Konzernchef Anfang 1999 zu seinen Erfolgen.[1] So gut wie zum Ausklang des Jahrtausends – sieben Jahre nach Ferdinand Piëchs Amtsantritt – stand das Wolfsburger Unternehmen in der Tat schon lange nicht mehr da. Der von Ferdinand Piëch angekündigte Aufstieg zur Nummer drei der Welt ist in greifbare Nähe gerückt. „Seit 1. Juli liegen wir in der Produktion über Toyota", freute sich Rekordjäger Piëch Mitte 1998, „wir sind also die Nummer drei der Welt, hinter GM und Ford. Toyota ist uns im ersten Halbjahr 1998 mit minus neun Prozent entgegengekommen, wir haben plus zehn Prozent zugelegt."[2] Mitte September 1999 läuft das 100millionste Auto des Konzerns vom Band. Damit ist Volkswagen der erste Automobilhersteller in Europa, der diese Produktionszahl erreicht.

Ferdinand Piëch hat Grund, sich im Erfolg zu sonnen, denn der Volkswagen-Aufstieg ist das Ergebnis einer erfolgreichen Unternehmensstrategie, die durchgängig die Handschrift des obersten Konzernlenkers trägt. Er hat den Zug der Zeit rechtzeitig bestiegen, andere dagegen müssen sich in Selbstkritik üben: „Wir waren zu selbstgefällig", räumt der Ford-Europa-Chef Nick Scheele ein. Die Umsatzrendite der europäischen Töchter des US-Konzerns liegt unter einem Prozent. Sie reflektiert nicht zuletzt ein unklares Produktprofil und eine schlechte Modellpolitik. „In drei bis vier Jahren haben wir die volle Palette neuer Produkte", stellt der neue Ford-Mann für Europa in Aussicht.[3]

Ferdinand Piëch ist mit einer Fülle neuer Produkte im Markt und kann sich für seine Marken- und Modellpolitik feiern lassen: Er wird auf dem Marketingtag in Frankfurt für seine Strategie mit dem „Deutschen Marketingpreis 1999" geehrt. Volkswagen habe „in der Markenführung Beispielhaftes geleistet", attestieren ihm die Experten. „Mit seiner Mehrmarkenstrategie traf Piëch genau die Entwicklung des Marktes."[4] Auch die Position des Unternehmens im deutschen wie im internationalen Vergleich bestätigt den Erfolgskurs: Unter den größten deutschen Industrieunternehmen steht

Volkswagen auf Platz zwei hinter Daimler-Chrysler; im Vergleich der größten Unternehmen Europas auf Rang vier, und bei den umsatzstärksten Unternehmen der Welt hat sich Volkswagen 1999 im Vergleich zum Jahr zuvor von Platz 13 auf Platz neun vorgeschoben.[5] In einer US-Liste der 100 bestgeführten Firmen der Welt finden sich unter den vier dort genannten deutschen Unternehmen zwei, die zum Piëch-Einflußbereich gehören: Volkswagen und Porsche.[6]

Mißt man die Entwicklung an der Ausgangslage, hat Ferdinand Piëch einen außerordentlichen Wandel vollbracht: Der Wolfsburger Konzern, vor einigen Jahren noch von Agonie gezeichnet und selbst unternehmensintern als nicht mehr lernfähig eingestuft, macht inzwischen durch eine Dynamik von sich reden, die ihresgleichen sucht. Der vom früheren deutschen Bundespräsidenten Roman Herzog geforderte Ruck, der durch Deutschland gehen müsse – durch Volkswagen ist er gegangen.

Zum Zeitpunkt der Amtsübernahme im Jahr 1993 sieht Ferdinand Piëch Volkswagen „inmitten einer dritten industriellen Revolution", einer struktur-, markt- und produktbezogenen „Adaptionsphase".[7] Daß er der „Napoleon der Branchenrevolution" zu werden gedenkt, unterstreicht er mit einer Prophezeiung, die an Deutlichkeit nichts zu wünschen übrig läßt: Bis zum Jahr 2003 will er sechs Millionen Autos bauen – das sind nahezu doppelt so viele wie beim Amtsantritt. Und es wird hart werden, so der Konzernchef: „Sie gewinnen einen Überlebenskampf nicht mit Freundlichkeiten."[8]

Die Rahmenbedingungen für einen solchen Expansionskurs sind alles andere als vielversprechend: Die Automobilindustrie ist weltweit von Überkapazitäten in der Größenordnung von etwa neun Millionen Fahrzeugen jährlich geplagt: Westeuropa ist ein schrumpfender Absatzmarkt, Rußland ein völlig unberechenbarer; Asien steckt in der Krise, ebenso Lateinamerika; ein gewaltiger Gebrauchtwagenmarkt macht den Herstellern zu schaffen, und nicht zuletzt der Druck, viel Geld in Forschung und Entwicklung stecken zu müssen, da unter anderem strengere Abgasbestimmungen zu neuen Antriebstechniken zwingen. Zudem ist der Kunde in einem Maße König wie nie zuvor: Er will viel Komfort, Sicherheit und Wirtschaftlichkeit für sein Geld – und er kann es sich angesichts der Situation leisten, anspruchsvoll zu sein. Die Kundenposition hat sich durch die größere Preistransparenz nach der Einführung des Euro, durch eine Erweiterung seiner Kaufspielräume, zum Beispiel durch den Kauf im Ausland, und nicht zuletzt durch einen scharfen Preiskampf unter den Anbietern wesentlich verbessert. Man gibt nicht selten hohe Rabatte, um überhaupt noch verkaufen zu können. Volkswagen hat jedoch noch immer den – allmählich allerdings nachlassenden – Vorteil, es sich leisten zu können, etwas teurer zu sein als andere Automobilhersteller.

Ein exorbitanter Kostendruck hängt als Damoklesschwert über der gesamten Automobilindustrie. Rund drei Milliarden Euro kostet beispielsweise die Entwicklung eines neuen Pkw. Wird er ein Flop, sind kleinere Unternehmen bald am Ende. Unter einer Marge von 1,5 Millionen gebauter Fahrzeuge jährlich, so lesen Experten nur zu gerne im Kaffeesatz, scheint kein Überleben mehr möglich. Doch auch jenseits dieser Größenordnung dominiert der Drang nach Größe und Konzentration. Mega-Mergers sorgen in allen Bereichen, vor allem in den USA, für neue Fakten und Marktbedingungen: Daimler und Chrysler, British Petroleum und Amoco, Deutsche Bank und Bankers Trust, Exxon und Mobile, WorldCom und MCI sind nur die Spitze des Eisbergs.

„Eine Ehe zwischen Scania und Volvo ist so wahrscheinlich wie eine Fusion von Volkswagen und Opel"

Der Trend ist auch in der Automobilindustrie eindeutig: Den einschneidenden Strukturwandel werden nur wenige überleben. Gab es im Jahr 1964 noch 52 eigenständige Automobilhersteller, so waren es 1980 nur noch 30 und 1998 nur noch 17. „Wenn Sie heute das Geflecht sehen", stellt Ferdinand Piëch schon 1993 fest, „wer wo wie kooperiert, dann gibt es da sehr viel gegenseitiges Aushelfen und Stützen. Dennoch wird es den einen oder anderen hart treffen."[9] Bis circa 2010 rechnet man bei Volkswagen mit gerade fünf bis maximal zehn Überlebenden.[10]

Heute noch eine Perle, morgen bereits ein Übernahmekandidat: Das einzig Beständige in der Branche ist der Wandel. „Wir erleben derzeit ein Rennen gegen die Zeit", sagt Professor Ferdinand Dudenhöffer, Inhaber des Lehrstuhls für Automobilwirtschaft an der Fachhochschule Gelsenkirchen. Die nächsten zwei oder drei Firmenzusammenschlüsse, so seine These, stellen die Weichen für das nächste Jahrtausend. „Wer jetzt nicht seinen Idealpartner findet, ist langsam zum Sterben verurteilt."[11]

Die Pokerpartien sind eröffnet, und jeder ringt um das beste Blatt. Ob BMW, Honda, Renault oder Fiat – es gibt kaum ein Unternehmen, über dessen Aussichten, unabhängig zu bleiben oder als Partner in Frage zu kommen, nicht gerätselt wird. Experten rechnen mit einer radikalen Bereinigung: „Im Jahr 2010 werden in jedem der großen Haupt-Automärkte zwei große, dort beheimatete Unternehmen übrigbleiben – GM und Ford in den USA, DaimlerChrysler und Volkswagen in Europa, Toyota und Honda in Japan."[12]

Am Sonntag, dem 3. Januar 1999, kursiert das Gerücht, Ford-Boss Jacques A. Nasser wolle Honda übernehmen. „Und Dienstag machten bereits die Namen BMW, Honda, Volvo, Nissan und noch einer, an den ich mich nicht erinnern kann, als Vermutung die Runde", scherzt Nasser angesichts der aufgeheizten Stimmungslage.[13] Anders als die europäischen Ford-Töchter macht der Mutterkonzern mit besten Zahlen – und schließlich doch mit der spektakulären Übernahme von Volvo – Schlagzeilen. Die Kriegskasse sämtlicher Giganten ist gut gefüllt. Ford Motor kann 23 Milliarden Dollar aufbieten, General Motors 16,6 Milliarden, DaimlerChrysler 25 Milliarden und Toyota Motor 23 Milliarden Dollar.[14]

Die konkurrenzverschärfende Globalisierung und die daraus resultierenden Gefahren für die Zukunft der deutschen Automobilindustrie erfordern ein rigoroses Umdenken und einschneidende Maßnahmen. Einerseits führen die weltweiten Überkapazitäten zu regelrechten Absatzschlachten, andererseits scheint tatsächlich nur die Vergrößerung des Volumens das Überleben sicherzustellen. Ob Volkswagen als Braut von Ford in Frage käme? „Das", so Ferdinand Piëch, „kann man sich abschminken."[15] Um beim Fusions- und Übernahme-Poker mitbieten zu können, hat sich auch Ferdinand Piëch die Volkswagen-Kasse füllen lassen. Bei der Hamburger Hauptversammlung 1999 stimmten die Aktionäre einer Kapitalerhöhung von 782 Millionen auf nahezu 2,9 Milliarden Mark zu. Dadurch kann der Konzern im Bedarfsfall geschätzte 18 Milliarden Mark aufbringen.

Er fische im Nutzfahrzeugebereich „mit zwei Angeln", wählt Ferdinand Piëch ein angesichts des Kampfgetümmels verklärendes Bild.[16] Doch bislang sind ihm die dicksten Fische weder bei Lkw noch bei Pkw auf den Haken gegangen. So führen 1998 im BMW-Umfeld und auch bei Scania weder appetitliche Köder noch List zum ersehnten Fang: „Seinen großen Wunsch, den bayerischen Erzrivalen BMW in sein Reich einzugliedern, mußte Piëch im vergangenen Dezember erst einmal begraben. Der Versuch, BMW-Entwicklungsvorstand Wolfgang Reitzle mit einem nach Insiderberichten ‚unverschämten Angebot' nach Wolfsburg zu locken – Reitzle wurde der Posten des VW-Markenchefs versprochen und die Piëch-Nachfolge in Aussicht gestellt, schlug ebenso fehl wie der Vorstoß, das Lager des

BMW-Großaktionärs Quandt (41,1 Prozent) aufzubrechen und zum Verkauf wenigstens eines Teils der BMW-Aktien zu bewegen. Zwischen Wolfsburg und München herrscht seitdem Kriegszustand."[17] Erfolgreicher, zumindest in bezug auf Manpower, ist Ford: Die Detroiter können nicht nur den umworbenen Wolfgang Reitzle, sondern eine Reihe Spitzenmanager von DaimlerChrysler für sich gewinnen.

„Alles in einem Unternehmen", stellt Ferdinand Piëch fest, „hängt vom Management ab, die Größe sagt gar nichts."[18] Tätsächlich braucht es wohl beides – das beste Management und die richtige Größe. Äußerungen zu den Absichten der Beteiligten sind angesichts der laufenden Pokerpartien auf allen Seiten vor allem von taktischen Überlegungen geprägt. Niemand läßt sich in die Karten schauen, und Volkswagen sendet defensive Signale. Gegen die Tendenz, Größe zum Fetisch zu erheben, setzt Klaus Liesen, der Vorsitzende des Volkswagen-Aufsichtsrats, warnende Worte: „Die Steigerung der Unternehmensgröße allein kann nicht das ausschlaggebende Kriterium für eine erfolgreiche Entwicklung von Unternehmen sein – seien es nun fünf oder zehn weltweit agierende Herstellergruppen der Automobilindustrie, die künftig global im Wettbewerb um die Gunst der Kunden agieren werden."[19]

Ferdinand Piëch gibt sich cool und hält sich bedeckt: „Das muß aus eigener Kraft gehen", formuliert er 1998 als weitere Marschroute. „Ich habe Zukäufe nie mit in dieses Kalkül gezogen. Weltweit haben wir bei Dreischichtbetrieb und Sechstagewoche eine Kapazität von 5,8 Millionen Autos. Wir glauben, daß der Konzern diese Marke 2002 erreicht."[20] Der DaimlerChrysler-Entwicklung schaue man bei Volkswagen „interessiert, aber sehr gelassen zu. Die Integration eines Unternehmens mit einem hohen Verlust in einen gesunden Betrieb geht normalerweise schnell, weil die Machtverhältnisse klar sind. Für die Fusion von zwei gleichwertigen Firmen gibt es noch kein Beispiel", gibt sich der Konzernchef abwartend.[21]

Die langjährige Zusammenarbeit der Wolfsburger mit Toyota und die seit Mai 1999 intensivierte Kooperation des Volkswagenkonzerns mit dem japanischen Unternehmen gibt reichlich Anlaß zu Spekulationen. Zusammen wären die Nummer drei der automobilen Weltrangliste und die Nummer vier 9,2 Millionen gebaute Autos mächtig. Dabei geht es, so Ferdinand Piëch – noch? – nicht um eine Fusion: „Wir sind derzeit in der Phase, in der Kooperationsprojekte auf technischem Gebiet erörtert werden. Nicht mehr." Für einen Zusammenschluß „sei es viel zu früh".[22]

Ferdinand Piëch möchte vor allem an der eigenen Vormachtstellung nicht rütteln lassen. Seine Skepsis gründet sich nicht zuletzt auf sein bipolares Denken. Eine andere Unternehmenskultur zu integrieren bzw. unterschiedliche Unternehmenskulturen zu harmonisieren – wie bei der Fusion von Daimler und Chrysler – ist seine Sache nicht. Er stellt die Machtfrage. Und fordert als conditio sine qua non im Verhältnis zu Toyota, es gehe nur, wenn „in jedem Bereich der Bessere das Sagen hat."[23] Für VW reklamiert er eine kreative Überlegenheit; den Japanern rechnet er die Organisation von Produktionsabläufen, Lean-Production und Qualitätssicherung als spezifische Stärken an. Auch wenn Ferdinand Piëch von kaum jemandem mehr hält als von sich selbst und dem von ihm geführten Konzern – Toyota hat ihm schon immer eine gehörige Portion Respekt abgenötigt. Sollte es unter dem Volkswagen-Konzernchef Piëch noch zu einer Großfusion kommen, würde Toyota dem Japan-Kenner wohl am ehesten als Partner entsprechen.

„... acht Pkw-Marken – plus minus einer – und ein bis maximal drei Nutzfahrzeugmarken"

Eines ist sicher: Ferdinand Piëch will mehr. Auch mehr Marken, als er bislang unter dem Konzerndach vereint. Piëch-Fahrzeuge von der Wiege bis zur Bahre, lästert die Branche. Und der Konzernchef spielt das Spiel gerne mit. An Fahrrädern sei er nicht interessiert, an Motorrädern „zur Zeit nein. Aber alles, was ich gerne fahre, ist langfristig denkbar."[24]

Aus dem Volkswagen-Interesse an einem Nutzfahrzeuge-Hersteller ist kein Geheimnis mehr zu machen. Scania freilich, an dem VW lange interessiert war, ging mittlerweile an Volvo. Es ist ein Deal, den Ferdinand Piëch für absolut unmöglich gehalten hat. „Die sind seit 70 Jahren geradezu verfeindet", ist er sich der Sache sicher, „das ist bis zum letzten Händler zu spüren. Eine Ehe zwischen Scania und Volvo-Trucks ist so wahrscheinlich wie eine Fusion von Volkswagen und Opel." [25]

Anders im Volkswagen-Binnenverhältnis, wo die Not gefügig machte und der Konzernchef mit der Rückendeckung des Aufsichtsrates weitgehend freie Hand hat, sich mit seinen Vorstellungen durchzusetzen, muß Ferdinand Piëch draußen Körbe hinnehmen und sich in Geduld üben. Eine Rolle, die ihm mehr als mißfällt, zumal Fortschritte beim Lkw-Programm in seinem Kalkül ganz oben auf der Prioritätenliste rangieren. Mit Volvo und Scania, nach dem Volkswagen-Konzernchef der Rolls Royce unter den Nutzfahrzeuge-Herstellern, sind zwei Perlen für Volkswagen verloren. Die Waffe, möglichen Partnern anzudrohen, man werde ein eigenes Nutzfahrzeuge-Segment aufbauen, wenn sie sich nicht den Piëchschen Vorstellungen fügen, ist stumpf geworden.

Das Ziel jedoch ist klar und in Tonnen umrissen: Im Bereich des „Heavy Metal" möchte Ferdinand Piëch „zukünftig auch mittelschwere und schwere Lastkraftwagen in unser Nutzfahrzeug-Angebot integrieren. Hierbei denken wir an attraktive Nutzfahrzeuge im Gewichtsbereich von über 7,5 Tonnen."[26] Doch Ferdinand Piëchs Ehrgeiz reicht weit darüber hinaus: „Es ist unser Ziel, langfristig mit acht Pkw-Marken – plus minus einer – und ein bis maximal drei Nutzfahrzeugmarken individuelle Kundenwünsche automobiler Art zu erfüllen", beschreibt er die zukünftige Entwicklung des Kernbereichs der Unternehmensstrategie – die Mehrmarkenstrategie.[27] Das wären mehr Marken, als sie bislang irgendein anderer europäischer und japanischer Hersteller aufzubieten hat. Und es wäre auch im Pkw-Bereich möglicherweise eine mehr, als Volkswagen bislang mit VW, Audi, Seat, Skoda, Bentley, Lamborghini und Bugatti sicher hat.

Was für neue Töne und was für eine neue Strategie für einen Konzern, der als absolute Monokultur begann und es jahrzehntelang blieb. Der von Ferdinand Piëchs Großvater Ferdinand Porsche entwickelte Käfer bestimmt seit dem Nachkriegsaufbau bis in die siebziger Jahre die Volkswagen-Szene. „So vieles ist in Schutt und Asche aufgegangen, aber das Volkswagenwerk selbst steht heute noch", wird das Unternehmen im Jahr 1948 als Vorbild für Überlebenswillen und den Mut zum Neubeginn präsentiert. „Und was weit wichtiger ist, 8 000 Mann sind heute bereits wieder an der Arbeit. Durchschnittlich läuft jetzt schon alle dreieinhalb Minuten ein Volkswagen vom Fließband."[28] Bereits im Mai 1949 läuft der 50 000. Käfer vom Band, und im Dezember 1961 ist die Fünfmillionengrenze erreicht. An Modellen stellt man dem Käfer 1950 nur einen großen Bruder, den „Bully"-Transporter, und 1955 eine Schwester, das Karmann Ghia Coupé, zur Seite. Die Versuche, an der Monokultur Käfer festzuhalten, reichen bis zur Lächerlichkeit: Als großer Volkswagen wird zum Beispiel der Typ 411/412 entwickelt, der sogenannte „Nasenbär". Er ist nicht anderes als ein vorne langgestreckter Käfer.

In die Welt hinaus fliegt der von den Amerikanern „Beetle" getaufte Volkswagen schon Ende der vierziger Jahre: 1949 gehen die ersten auf die Reise über den großen Teich. Es ist der Anfang eines weltumspannenden Siegeszugs. Die erste Volkswagen-Globalisierungsphase vollzieht sich in den Jahren zwischen 1952 und 1957 und gilt ausschließlich dem optimalen Absatz des Käfers. Gegründet werden „Volkswagen Canada Ltd", „Volkswagen do Brasil S.A.", „Volkswagen of Amerika Inc." und Volkswagen Pty. Ltd" in Australien. Der stürmische internationale Aufschwung setzt sich in den sechziger Jahren mit der Gründung von „Volkswagen de Mexico, S.A. de C.V." im Jahr 1964 fort. Im selben Jahr läuft das Werk Emden mit seinen ausgezeichneten Verschiffungsmöglichkeiten an. Für den zunehmenden Export des Käfers nach Übersee bringt es Volkswagen mit über 80 Schiffen auf die größte private Charterflotte der Welt.

Erst Anfang bis Mitte der siebziger Jahre wird der Tatsache Rechnung getragen, daß der Käfer zwar läuft und läuft, aber trotz aller Erfolge keine sichere Basis für die Zukunft darstellt. Die Volkswagen-Unternehmensstrategie wandelt sich zur Mehr-Marken und Multi-Modell-Strategie. 1969 beginnt der Prozeß der Eingliederung der zweiten Marke, der späteren Audi AG, mit dem Zusammenschluß von Audi und NSU zur Audi NSU Auto Union AG, bei der Volkswagen mit einer Majorität von 59,5 Prozent einsteigt.

Der erste Schritt in Richtung einer Modellpolitik erfolgt erst im Jahr 1973 mit dem Passat, der im Vergleich zum Käfer nicht über die traditionelle Volkswagen-Luftkühlung und einen Heckmotor verfügt, sondern über eine bei Volkswagen revolutionäre Wasserkühlung und Frontantrieb. Mit der Ölkrise von 1972/1973 und der ausgesprochen angespannten Finanzlage des Unternehmens beginnt ab 1974 eine erste Modelloffensive, die mit dem Scirocco eingeleitet und mit dem Golf, dem Polo und dem Golf GTI fortgesetzt wird.

Die Weichenstellung in Richtung Global Player intensiviert Ferdinand Piëchs Vorgänger Carl Hahn, der 1982 das Volkswagen-Ruder übernimmt, mit einem strategisch bedeutsamen Schritt: Er bringt Volkswagen auf den Zukunftsmarkt China. Acht Jahre nach dem Vorvertrag zum Joint Venture für den Bau des VW-Modells Santana – zwischen der Shanghai Tractor & Automobile Corporation, der Bank of China und Volkswagen – wird 1990 in Peking der endgültige Vertrag mit der First Automobile Works for China unterzeichnet.

In die Zeit Hahns fällt auch die Übernahme des spanischen Autoherstellers Seat im Jahr 1986. Dadurch erweitert sich die Markenpalette zum Trio, und Volkswagen wird mit gut 280 000 Mitarbeitern zum größten Automobilproduzenten in Europa. Ende 1990 stimmt die tschechische Regierung einer Zusammenarbeit von Skoda und Volkswagen zu. Volkswagen, Audi, Seat und Skoda – Ferdinand Piëch übernimmt ein vierblättriges Marken-Kleeblatt mit den klassischen Schwerpunkten Mittel- und Kleinwagenklasse. Was inzwischen als Unternehmensstrategie Konturen angenommen hat – Ferdinand Piëchs Mehrmarkenstrategie, die Modellpolitik und die Produktentwicklungsstrategie – bringt dem Volkswagen-Visionär Piëch über Jahre ungläubiges Staunen und harscheste Kritik ein. Vor allem der Milliarden-Poker um Rolls Royce löst Stürme der Entrüstung aus. Die Grünen im Landtag Niedersachsen fordern: „Das Geld darf nicht in Oldtimer, sondern muß in Zukunftsmodelle investiert werden. Die persönlichen Interessen von Herrn Piëch müssen zurückstehen."[29] Es scheint, so die öffentliche Reaktion, allein persönlich motivierter Größenwahn zu sein, der Ferdinand Piëch nach den automobilen Kronjuwelen Englands greifen läßt. Zumal der Kauf nicht einmal die Namensrechte beinhaltet.

„Luxus schafft Identität ... Luxus trifft die Herzen der Menschen"

Die Strategie des Konzernchefs, Volkswagen ins Luxussegment vorzuschieben, erschließt sich zunächst ebensowenig wie sein Kalkül bezüglich der Edelmarke. „Wir können heute nicht darüber reden, was wir machen werden", hält sich Ferdinand Piëch 1998 bedeckt. „Bevor ich meine Strategie auf den Tisch lege, lasse ich mich lieber in die Ecke schieben, ich hätte einen schlechten Deal gemacht. Die Zukunft werden Sie Stück für Stück erleben, Modell für Modell."[30]

Daß Ferdinand Piëch mehr an sportlich-dynamischen als an Chauffeurs-Wagen interessiert ist, legt den Schluß nahe, daß er um Bentley und nicht in erster Linie um Rolls Royce gepokert hat. Alleine war Bentley nicht zu bekommen. „Wir hätten niemals von vornherein sagen können, wir teilen, denn dann hätten wir gar nichts bekommen, so einfach ist das Leben", erläutert Ferdinand Piëch seine Verhandlungstaktik. „Nur einer von den beiden Partnern war zum Teilen bereit, und wir wollten bestimmen, wer welches Teil kriegt. (...) Möglicherweise hätten beide das gleiche Kuchenstück gewollt. Also gab's nur die Möglichkeit, daß der eine zwischendurch Eigentümer ist, damit er so teilt, daß er das richtige Kuchenstück kriegt. Das konnte man seinerseits natürlich nicht sagen, denn die ganze Philosophie war ja auf Unteilbarkeit angelegt."[31]

Was er wollte, umreißt er exakt: „Eine lebende Marke, hochspezialisierte Menschen auf Holz, Leder und Chromverarbeitung, in einer Einmaligkeit auf dieser Welt. Und diese vier Bausteine haben wir bekommen."[32] Er kauft in England auch die Motorenwerke Cosworth, die ihre Finger im Formel-1-Geschäft haben und Motoren für Bentley und Rolls Royce präparieren sollen, und den britischen Rennsportspezialisten Tom's GB.

Rollce Royce ist nur der Auftakt einer Marken-Shopping-Tour de Luxe nach dem Piëch-Motto „manche mögen lieber Champagner, manche lieber Whiskey": Innerhalb eines Jahres erweitert der Konzernchef die Luxussparte um zwei weitere Marken mit nicht weniger mystischer Aura – Audi erwirbt Lamborghini, Volkswagen die Rechte an Bugatti.[33] „Luxus schafft Identität", definiert Ferdinand Piëch die Bedeutung des Top-Segments, „fungiert als Brücke zur Gesellschaft und begründet letztendlich Lebensqualität (...) Es kommt doch nicht von ungefähr, daß Luxusautomobilen in der Öffentlichkeit und in den Medien weltweite Aufmerksamkeit zuteil wird. Luxus trifft die Herzen der Menschen (...)."[34]

Die Einkäufe sind getätigt, nun harren die Marken der – profitablen – Belebung und Wiederbelebung. Welchen Kurs Ferdinand Piëch mit Bentley – seit 1919 der Inbegriff des *Gentlemen's Sporting-Tourer* – steuert, zeigen die ersten von Volkswagen präsentierten Studien. Noch baut man beides, Rolls Royce und Bentley, doch am 1. Januar 2003 wird das Traditionsunternehmen geteilt: VW behält Bentley, BMW gründet eine neue Firma Rolls Royce. Doch angesichts des rasanten Wandels in der Branche ist das letzte Wort zu Rolls Royce und zum Verhältnis Volkswagen-BMW sicher noch nicht gesprochen. Ferdinand Piëch setzt zunächst auf das Entwicklungspotential der Marke Bentley, die mit einem Mid-Size-Bentley auch breitere Käuferschichten erreichen soll. Um mehr als das Sechsfache soll die Produktion mit dem Vorstoß in die Bentley-Mittelklasse gesteigert werden. Positioniert ist die Bentley-Sportlichkeit als Fahrzeug für den dynamischen Manager, als direkte Konkurrenz zu den sportlichen BMW-Limousinen und zu Jaguar.

Mit Lamborghini, dem Youngster unter den imageträchtigen Marken, wird das Erbe Ferrucio Lamborghinis angetreten, der die Automobilbühne 1963 mit dem Ehrgeiz betrat, den weltbesten Sportwagen zu bauen. PS-Protze können ab dem Herbst 1999 mit dem schnellsten Straßensportwagen der Welt, dem „Lamborghini Diabolo GT", ihrer Renommiersucht mit einem Straßenfeger aus dem Hause Audi-Lamborghini nachkommen. Seine Höchstgeschwindigkeit beträgt 385 km/h.

Stil war das Markenzeichen von Ettore Bugatti. Er schuf wahre Meisterwerke. Neben den zu ihrer Zeit extrem teuren Wagen, die mehr kosteten als ein Rolls Royce und in denen sich eine handverlesene Gesellschaft chauffieren ließ, baute Bugatti technisch aufsehenerregende Rennwagen und sportliche Autos. Bugattis wurden zu begehrten Sammlerobjekten und sind Oldtimer, mit denen sich noch immer Spitzenpreise erzielen lassen. Eine tote Marke wiederbeleben zu wollen ist nicht ohne Risiko, doch dreiviertel aller gebauten Bugattis existieren noch und beleben das Flair der renommierten Marke. Zudem ist Bugatti ein Name, der in drei Ländern noch immer gleichermaßen gut klingt: in Italien, Frankreich und Deutschland. Der Italiener Bugatti, der auch für die Kölner Deutz AG und in Paris arbeitete, machte sich im Jahr 1909 im elsässischen Molsheim selbständig. Und dort, umgeben von authentischem Ambiente, will auch Ferdinand Piëch seine Millionen-Objekte bauen. Volkswagen hat auf dem Molsheim-Gelände der früheren Bugatti-Werke ein Areal inklusive des Schlosses St. Jean, in dem einst die illustren Neuheiten präsentiert wurden, gekauft. Jeder Bugatti wird ein absolutes Edelteil, individuell nach Kundenwunsch angefertig. Preis: zwischen einer halben und einer Million Mark.

Gelingen Aufbau, Ausbau und Positionierung der neuen Marken und Modelle, verfügt Volkswagen mit Bentley, Lamborghini und Bugatti über ein gutes Rüstzeug, um Mercedes und BMW, Jaguar, Ferrari und Maserati herauszufordern. Die Kritik, ein Luxus-Image könne nicht durch den Zukauf von Marken aufgebaut werden, kontert Ferdinand Piëch gelassen: „Man hat uns vor einiger Zeit auch einen Audi A8 nicht zugetraut. Inzwischen ist er voll in der Oberklasse etabliert. Audi hat im Marktanteil in Deutschland und Europa BMW überholt."[35]

Es gilt als ausgesprochen unfein in der Branche, aber Ferdinand Piëch läßt sich von Usancen so wenig bremsen wie von Konventionen: Allen Marken des Hauses sind die Wettbewerber vorgegeben – mit der Marke Volkswagen will er gegen Mercedes antreten, mit Audi gegen BMW, mit Seat gegen Alfa Romeo und mit Skoda gegen Volvo. Und selbst Bundeskanzler Gerhard Schröder läßt es sich nicht nehmen, das jüngste Volkswagen-Parade-Projekt in Dresden mit seiner Anwesenheit bei der Grundsteinlegung zu adeln. In der 360-Millionen-Mark teuren „gläsernen Manufaktur" – eine Idee Ferdinand Piëchs, die mancher in Wolfsburg heimlich mit Kopfschütteln quittierte – soll jene schon jetzt legendär geredete und geschriebene Volkswagen-Luxuslimousine entstehen, mit der der Konzernchef gegen die Mercedes S-Klasse fahren will.

„In weniger als zwei Jahren wird dieses Auto da sein", heizt Ferdinand Piëch die Neugier auf die etwa 150 000-Mark-Luxus-Limousine Anfang 1999 an.[36] Wenn es denn so weit ist, kann jeder bei der Produktion zuschauen: Die gläserne Manufaktur ist vollkommen transparent; jeder kann das gesamte Produktionsgeschehen verfolgen und sich ein Bild davon machen, wie die Fahrzeuge in Präzisionshandarbeit zusammengefügt werden.

Leicht wird es nicht werden, das VW-Image auf Luxus-Niveau zu heben. Schon der Begriff Volkswagen verträgt sich schlecht mit einem über 150 000 Mark teuren Auto. Auch Seat und Skoda haben noch erhebliche Image-Defizite. In Deutschland ist Seat noch immer eher ein preiswerter VW als eine Alternative zu Alfa Romeo, und auch an Skoda klebt weiterhin das hinderliche Image einer Ostmarke. Marketing-Professor Peter Hamann, Jury-Vorsitzender des Deutschen Marketing Preises, ist dennoch optimistisch: „Die von Ferdinand Piëch eingebrachte technische Kompetenz ist unbestritten. (...) Die Zielsetzung ist umsetzbar."[37]

Abgesehen von den Imageproblemen sind es vor allem zwei Faktoren, die über den Erfolg des Piëch-Weges entscheiden: erstens die Mehrmarkenstrategie mit der Modellpolitik abzustimmen und zweitens mit den Instrumenten der Produktentwicklungsstrategie für Wirtschaftlichkeit zu sorgen. Das von Ferdinand Piëch gezündete VW-, Audi-, Seat- und Skoda-Modell-Feuerwerk, begleitet von Modell-Visionen für die neuen Luxusmarken, berücksichtigt den Trend, daß Kundenwünsche vor allem in den hochentwickelten Industrieländern immer individueller werden. Dieser Trend zur Individualität hat eine zunehmende Marktsegmentierung zur Folge. So gesellen sich zu den klassischen Fahrzeugen der Mittel- und Kleinwagenklasse Derivate wie Minivans oder Coupés. „Außerdem", so Ferdinand Piëch, „gewinnen Nischensegmente wie Off-Road-Fahrzeuge, Roadster oder sogenannte ‚Fun Cars' zunehmend an Bedeutung."[38]

„Autos werden mehr und mehr zum Ausdruck des eigenen Lebensstils"

Bei Audi in Ingolstadt muß sich der damalige Vorstandsvorsitzende Piëch noch mit nur drei Modellreihen und sechs Fahrzeug-Varianten begnügen. „Für die Zukunft wäre das viel zu wenig, um zu überleben", gibt er bereits 1992 die neue Richtung vor.[39] War der Golf noch der Prototyp eines Fahrzeugs, das den sozialen Status nicht verrät und vom Arzt wie vom Arbeiter gefahren wurde, so fordert der Trend heute mehr und mehr Modelle als Ausdruck des persönlichen Statuslevels. „Autos werden mehr und mehr zum Ausdruck des eigenen Lebensstils. Sie müssen Individualität ausstrahlen und unverwechselbar sein", begründet der Konzernchef seine Modellpolitik. „Deshalb gewinnen für Autohersteller die Formensprache und die Anmutung der Ausstattung eines Autos ein immer größeres Gewicht, ohne daß dabei Aspekte wie Qualität, Sicherheit und Preis-Leistungs-Verhältnis vernachlässigt werden."[40]

Piëch-Strategie und Piëch-Produkte sind die Antwort auf den, wie ihn der US-Soziologe Richard Sennett nennt, „flexiblen Menschen"[41], auf eine Gesellschaft eigensinniger Individuen, die nur einen imaginären Ort als Gefühlswelt kennen. Sie leben in einer *Community of Choice*, in einer selbstgewählten Lebensstil-Gemeinschaft, die sich auf selbstgewählte Werte und Vorlieben gründet. Und nur noch äußere Merkmale wie beispielsweise das Auto sind die Mittel, sich gegen andere abzusetzen bzw. sich als zugehörig auszuweisen. Die Marktforschungsinstitute und ihre Trend-Scouts arbeiten mit Hochdruck daran, den Verbraucherwünschen auf die Spur zu kommen. Bei Volkswagen untersucht man zum Beispiel, ob ein Roadster auf der Basis des Polo und ein Minivan, der auf der A-Plattform des Golf gebaut werden könnte, gute Markt-Chancen hätten.

Der Kern der mit Ferdinand Piëch energisch vorangetriebenen Produktentwicklungspolitik ist die – kostengünstige – Plattformstrategie, um die Modelloffensive wirtschaftlich abzusichern. Lag der Anteil der Konzernproduktion auf den neuen Plattformen 1997 noch bei 25 Prozent, wurde er bis Ende 1998 auf 50 Prozent verdoppelt. Am Ende des Jahres 2000 sollen 90 Prozent der Fahrzeuge auf vier Plattformen entstehen. „Außerdem", so Ferdinand Piëch zu den Vorteilen der Plattformen, „bieten sie uns, wie keinem anderen Hersteller, die Möglichkeit, Kosten- und Technologievorteile auf andere Marken zu übertragen".[42]

Kürzere Produktionszeiten, geringere Entwicklungskosten, Skaleneffekte und eine Verbesserung der Qualität – das sind die vom Konzernchef in Aussicht gestellten Auswirkungen der Verwendung gleicher Plattform-Bauteile, um weitere Ertragspotentiale zu erschließen. Ob die Volkswagen-Politik, sich mit einem kostensparenden Baukasten für ein großes Spektrum von Modell-Möglichkeiten zu rüsten – vom Drei-Liter-Lupo bis zum 18-Zylinder-Bugatti –, die erwarteten Früchte trägt, wird erst die weitere Entwicklung zeigen.

Was die Volkswagenstrategie an Vielfalt hergibt, führt Ferdinand Piëch Modell für Modell vor. Dynamik, Sportlichkeit, Emotionalität, und das auf hohem bis höchstem Niveau, ist die neue Devise. „Wir wollen unser Markenimage verjüngen, emotionalisieren, dynamisieren", bringt Dr. Klaus Kocks, Vorstandsmitglied Kommunikation, die Intentionen auf den Punkt.[43] Das große Umdenken vollzieht sich auch im Binnenverhältnis der Marken. Ferdinand Piëch, der dominante Lenker, redet einer neuen Freiheit das Wort: „Wir stehen Marken und Markenideen föderalistisch gegenüber, das macht kein anderer Konzern auf der Welt so."[44]

Der beste soll den Vortritt haben: „Ich habe 21 Jahre in einer Edelmarke gedient, die nicht besser sein durfte als die Mutter (...). Jedes zweite Auto war verboten, weil man es gegen einen Passat Variant oder gegen einen Golf oder gegen einen Polo gerichtet fand (...)", beklagt er sich in typisch überzogener Manier über die Zwangsjacke der Konzernmutter. „Ich habe gelernt, daß man die ganze Organisation viel föderalistischer aufziehen muß. Streng genommen überwache ich nur noch die Plattformspielregeln, aber was die einzelnen Marken an schönen Dingen auf die Plattform drauftun, das ist ihnen selbst überlassen, mit allem Risiko."[45]

Doch nicht jeder ist glücklich über die neue Freiheit. Die Piëch-Modell-Offensive, angesichts der Überkapazitäten durchaus eine Notwendigkeit, setzt aber nicht allein der Konkurrenz, sondern auch den unternehmenseigenen Marken zu. „Ein bißchen Substitution ist akzeptabel", deutet Audi-Chef Franz-Josef Paefgen vorsichtig an, was andere als Kannibalismus bezeichnen.[46] Jedes neue Modell nimmt anderen etwas weg, und das generelle Volkswagen-Upgrading trägt mit dazu bei, die Unterschiede in Ausstattung und Technik zwischen den Marken zu minimieren.

Unter dem Strich kann der Konzernchef jedoch zufrieden sein: Nach einem sehr guten ersten Quartal 1999 mit einer Absatzsteigerung von noch einmal 9,6 Prozent verlangsamt sich der Aufwärtstrend zwar, doch Volkswagen legt weiterhin zu. Die Halbjahresbilanz 1999 verzeichnet eine Umsatzsteigerung im Vergleich zum Vorjahr von 12,7 Prozent auf 74 Milliarden Mark. Bis zum 30. Juni 1999 stellt der Konzern rund 2,5 Millionen Fahrzeuge her. Spitzenreiter beim Produktionszuwachs ist die Marke Seat mit einem Plus von 20,9 Prozent auf 274 000 Autos. Audi verzeichnet ein Plus von 3,9 Prozent (319 000 Autos). Die Marke Volkswagen legte nur noch um 1,6 Prozent auf 1,6 Millionen Fahrzeuge zu. Die Tendenz: vorsichtig positiv, denn auf dem deutschen Markt wird kaum noch mit Wachstum gerechnet; das gleiche gilt für den gesamten westeuropäischen Raum.

Ausmaß und Tempo der Volkswagen-Expansion vollziehen sich vor dem Hintergrund kriselnder, schrumpfender, aber auch neuer wachsender Märkte. Rußland ist nach wie vor völlig unberechenbar, doch in den mittel- und osteuropäischen Regionen liegt ein relevantes Absatz- wie auch Produktionspotential. Die strategischen Volkswagen-Maßnahmen tragen Früchte: Wolfsburg organisiert sein gesamtes Osteuropa-Geschäft über die tschechische Tochter Skoda. Audi hat allein etwa 2,8 Milliarden Mark in Ungarn investiert. In Polen allerdings, einem der wichtigsten Märkte, beherrschen Fiat, Deawoo und Opel die Szene. Während in Ungarn beispielsweise 1998 etwa 140 000 Neuwagen zugelassen wurden, waren es in Polen über 510 000.

Einen der wichtigsten internationalen Märkte, die USA, erobert der Global Player Ferdinand Piëch mit einem „Coup de foudre" zurück. Sein Mut zum New Beetle – der besonderen Begegnung von Großvater-Formensprache und Enkel-Technik –, der Amerika an einem emotionalen Nerv der Zeit trifft, macht sich bezahlt. Volkswagen kann einen seit dem Jahr 1997 fast toten Markt zu neuem Leben erwecken.

„… daß eine Produktion von sechs Millionen Autos und eine Umsatzrendite von 6,5 Prozent in Sicht ist"

Ende der sechziger Jahre rollte in den USA eine regelrechte Käfer-Welle von den Transportschiffen aus Emden. Fast fünf Prozent des amerikanischen Marktes – das sind über 500 000 Autos – kann sich der Beetle in seinen besten US-Zeiten erobern. Der Konzern baut ein Werk in Westmoreland, Pennsylvania, und ein zweites in Sterling Heights, Michigan – errichtet für die Produktion des Golf, in den USA „Rabbit" genannt, der die bis 1979 währende Beetle-Bestseller-Story fortschreiben soll. Doch mit dem Auslaufen des Käfers geht es nur noch bergab. Der Schock der Ölkrise läßt die Amerikaner in Scharen nach kleineren Autos Ausschau halten, und in dieser Kategorie bieten die Japaner ein mit dem Golf nicht zu schlagendes Verhältnis von Preis und Leistung. Das Werk in Westmoreland muß 1989 geschlossen werden. Anfang der neunziger Jahre hält sich Volkswagen mit Mühe bei etwa 100 000 verkauften Fahrzeugen.

Seit dem Beginn der López-Affäre im Jahr 1993 steuert Ferdinand Piëch mit der rigoros zugespitzten Auseinandersetzung zwischen General Motors/Opel und Volkswagen im amerikanischen Markt auf eine existenzbedrohende Talsohle zu. Der New Beetle bringt den Befreiungsschlag: Er katapultiert Volkswagen in kürzester Zeit aus dem Image-Tief zu einem regelrechten Sympathie-Hoch. Selbst zur Oscar-Verleihung steigt ein Hollywood-Superstar wie Billy Crystal von der üblichen Limousine auf den New Beetle um.

180 000 Autos nimmt der amerikanische Markt Volkswagen im Jahr 1997 ab. Und Ferdinand Piëchs Prophezeiung, die Viertelmillion in nächster Zukunft zu erreichen, scheint sich zu erfüllen. Nordamerika meldet Ende März 1999 die höchsten März-Verkäufe seit 1981. Im April folgt die nächste Rekordmeldung: eine Steigerung um fast 30 Prozent auf 26 626 Neufahrzeuge. Damit werden allein in den ersten vier Monaten 90 151 Fahrzeuge verkauft.

„Ausgenommen die letzten Monate, ist Asien der am schnellsten wachsende Markt, vor allem China", betont Ferdinand Piëch Ende 1998 die Bedeutung des Fernen Ostens.[47] Doch China ist auch einer der derzeit am härtesten umkämpften Märkte. Im Reich der Mitte kann Ferdinand Piëch auf einem soliden Fundament weiter aufbauen. Nach China, scherzt er, begleitet er jeden Kanzler gerne, denn dort ist Volkswagen unangefochten die Nummer eins. In Shanghai werden der Santana, der Santana 2000 und der Santana Variant in zwei Werken produziert. Außerdem betreibt man in der Hafenstadt zwei Motorenwerke. In Changchun laufen der Jetta, der New Jetta und der Audi 200 vom Band. Auch dort werden in zwei Werken Motoren und Getriebe gefertigt. Shanghai bekommt im Jahr 2000 auch den Passat B5 und Changchun den Audi A6.

1998 beschäftigt man in China 14 600 Mitarbeiter und hat bis dahin über 300 000 Volkswagen und Audis ausgeliefert. Der Anteil am Gesamtmarkt vergrößert sich auf 56 Prozent. Im Juni 1999 kann der Konzernchef einen weiteren Sieg verzeichnen: Im Rennen gegen die gesamte Konkurrenz gibt die chinesische Regierung Volkswagen grünes Licht für ein chinesisches Volksauto – das heißt für die Entwicklung und Produktion eines Kompaktwagens. Noch gehen nur 30 Prozent der in China gebauten etwa 600 000 Autos in private Hände, doch mit der Entscheidung, die Kreditaufnahme für die Anschaffung eines Wagens zu genehmigen, hat die chinesische Regierung eine Hürde auf dem Weg zum eigenen Auto beseitigt. Dennoch werden sich vorerst nur wenige ein eigenes Fahrzeug leisten können, und Experten halten den Preis für das geplante Volkswagen-Volksauto für chinesische Verhältnisse für zu hoch.

Als Global Player steht Ferdinand Piëch auch weltweit im Zentrum der sozialen und gesellschaftlichen Auseinandersetzungen. In Brasilien löst 1997 die Androhung von VW do Brazil, 10 000 der 32 000 Mitarbeiter zu entlassen, eine geradezu nationale Krise aus. 20 Prozent der Kosten von circa 1,5 Milliarden US-Dollar sollen eingespart werden. In der von starken Gewerkschaften und einer selbstbewußten, mit Generalstreik drohenden Arbeitnehmerschaft geprägten Situation läßt Ferdinand Piëch den Ex-Audi-Chef Herbert Demel seine Bewährungsprobe bestehen. Er rettet die Situation: Die brasilianischen Arbeitnehmervertreter müssen trotz heftiger Gegenwehr Gehaltsreduzierungen und dem Plan, daß 3 000 Arbeiter von sich aus kündigen, zustimmen.

„Zweifellos fordert die fortschreitende Globalisierung mehr denn je eine gestaltende gewerkschaftliche Einflußnahme", konstatiert der Volkswagen-Konzern- und Gesamtbetriebsratvorsitzende Klaus Volkert angesichts einer Unternehmens-Strukturreform, die den Konzern mehr und mehr zu einem global zu nutzenden Steuerungs-Instrument in den Händen der Konzernlenker macht, Expansions- und Wettbewerbs-Imponderabilien zu parieren.[48] „Mögliche Krisen auf den Weltautomobilmärkten tragen wir Rechnung, indem wir frühzeitig unterschiedliche Szenarien in unseren Plänen berücksichtigen", will Ferdinand Piëch vor allem die Aktionäre beruhigen.[49] Der von Piëch geförderte weltweite Wettbewerb unter den Volkswagen-Produktionsstandorten stellt die Arbeitnehmervertreter vor Herausforderungen, die neue Antworten und Organisationsstrukturen erfordert. Ein erster Schritt in Richtung globaler Interessenvertretung gelingt 1999: Vorstand und Arbeitnehmervertreter aus zwölf Ländern unterzeichnen einen Vertrag über die Zusammenarbeit im Internationalen Volkswagen Weltkonzernbetriebsrat. Klaus Volkert wird zu seinem ersten Präsident gewählt.

Ferdinand Piëchs Vision steht: „Ich will den Konzern gern spätestens Ende 2001 so auf Kurs haben, daß eine Produktion von sechs Millionen Autos und eine Umsatzrendite von 6,5 Prozent in Sicht ist. Über den Rest zerbreche ich mir heute noch nicht den Kopf."[50] Zu diesem Zeitpunkt, Ende 2001, muß Ferdinand Piëch die Weichen für seine weitere Zukunft gestellt haben, denn als Volkswagenkonzernchef scheidet er wegen Erreichens der Altersgrenze von 65 Jahren definitiv aus. Eine „Lex Piëch", die das verhindern könnte, ist jedenfalls nicht in Sicht.

Eines wird man, wie nach den gut 20 Jahren bei Audi auch nach den neun Jahren Volkswagen zur Ära Piëch feststellen können: daß der Wolfsburger Konzern nicht mehr wiederzuerkennen ist. Die alte Ordnung, Gediegenheit und Bodenhaftung sind einem permanenten Wandel und einem Höhenflug gewichen – einer Positionierung auf ganz anderem technischen, produktionstechnischen, ästhetischen, imagemäßigen und unternehmenskulturellen Niveau. Die entscheidende Bewährungsprobe für das System Piëch – bislang beflügelt vom enormen Ehrgeiz und von der Willensstärke des Konzernchefs getragen – steht noch aus. Es wird eines starken Nachfolgers bedürfen, um die Geister, die Ferdinand Piëch rief, zu dirigieren und zu bändigen.

„Durcheinanderwirbeln war gut und richtig'", urteilt ein IG-Metaller, „aber jetzt muß Ruhe sein.'"[51] Diese Forderung, 1995 aufgestellt, wird ein hoffnungslos-frommer Wunsch bleiben. „Wir werden in den nächsten fünf Jahren rund 60 Milliarden investieren", kündigte Piëch Anfang 1999 an, „um das Wachstum des Konzerns sicherzustellen." Ruhe wird bei Volkswagen noch lange nicht einkehren. Die Wolfsburger Halle 54, ein Dinosaurier aus den Anfängen der Automatisierung, in der täglich 3 000 Autos vom Fließband laufen, ist noch ein Symbol der alten Volkswagen-Starrheit. Fünf neue Unterwerke sollen aus dem Koloß entstehen – aber nicht nur das Schicksal der alten Montagehalle ist besiegelt: Die weitere Umstrukturierung des Konzerns, von der Prodution bis zur Marken- und Modellpolitik, ist ein Prozeß, der weiteres Durcheinanderwirbeln geradezu zwingend erfordert. So warnt Ferdinand Piëch denn auch nachdrücklich davor, ein Ende der neuen Abforderungen sei in Sicht.

Das „System Piëch" ist kein temporäres, kein Krisenprogramm auf Zeit. Es ist die Doktrin eines Mannes, die sich nicht allein aus den neuen wirtschaftlichen Gegebenheiten herleitet, sondern ebenso sehr aus einem extremen persönlichen Ehrgeiz. Die neue, dynamisch-flexible Volkswagenwelt charakterisiert ein piëch-typischer Zwang zum Wandel, dessen Erfolgsaussichten und Folgen für die Beteiligten noch gar nicht abzusehen sind. Unter dem Deckmantel der notwendigen Volkswagen-Sanierung hat Ferdinand Piëch einen Prozeß eingeleitet und durchsetzen können, der den Abschied von der Arbeitswelt sowie der sozialen Marktwirtschaft alten Stils bedeutet. Soll dieses neue System selbsttragend werden, bedarf es des Abschieds von der Illusion, sein Ende sei in Sicht. Und es bedarf einer bedeutend intensiveren Reflexion der Zielsetzungen und Konsequenzen.

Literatur- und Quellenverzeichnis

Der Enkel

1. zit. nach Bild am Sonntag, 11.2.1996
2. Der Spiegel, 2.8.1993
3. Der Spiegel, 2.8.1993
4. zit. nach Der Spiegel, 2.8.1993
5. zit. nach Der Spiegel, 2.8.1993
6. zit. nach Salzburger Nachrichten, 15.2.1999
7. zit. nach Capital, 1.11.1990
8. zit. nach Salzburger Nachrichten, 26.9.1994
9. zit. nach Neue Freie Presse, 17.4.1937
10. Quick, 14.9.1989
11. zit. nach Spiegel, 2.8.93, und Bernd-Wilfried Kießler: Ein Porsche namens Piëch, Süddeutscher Rundfunk, 1988
12. Der Spiegel, 4.11.1996
13. zit. nach Süddeutsche Zeitung, 7.2.1997
14. Ferry Porsche/Günther Molter: „Ferry Porsche, Mein Leben", Stuttgart, 4. Auflage 1998
15. Stefan Zweig: Die Welt von gestern, zit. nach Ferry Porsche/Günther Molter: „Ferry Porsche. Mein Leben", Stuttgart, 4. Auflage 1998
16. zit. nach Neue Freie Presse, 17.4.1937
17. zit. nach Neue Freie Presse, 18.4.1937
18. Hans Mommsen/Manfred Grieger: Das Volkswagenwerk und seine Arbeiter im Dritten Reich, Düsseldorf, 3. Auflage 1997
19. Frankfurter Allgemeine Zeitung, 3.6.1998
20. zit. nach Bild am Sonntag, 11.2.1996
21. Wolfgang Herles: Die Machtspieler. Hinter den Kulissen großer Konzerne, Düsseldorf und München 1998
22. zit. nach Bild am Sonntag, 4.12.1988
23. zit. nach Der Spiegel, 2.8.1993
24. zit. nach Süddeutsche Zeitung, 7.2.1997

25 Hans Mommsen/Manfred Grieger: Das Volkswagenwerk und seine Arbeiter im Dritten Reich, Düsseldorf, 3. Auflage 1997
26 Wolfgang Herles: Die Machtspieler. „Hinter den Kulissen großer Konzerne", Düsseldorf und München 1998
27 Bunte, 18.1.1996
38 Wolfgang Herles: Die Machtspieler. „Hinter den Kulissen großer Konzerne", Düsseldorf und München 1998
29 zit. nach Bild am Sonntag, 4.12.1988
30 zit. nach Michael Schweres/Louisette Gouverne: Autos für Morgen. Ferdinand Piëch, die Automobilindustrie und das Modell Volkswagen, Bergisch Gladbach 1998, Seite 71
31 zit. nach Bild am Sonntag, 4.12.1988
32 zit. nach Max, 1.4.1998
33 Hans Mommsen/Manfred Grieger: Das Volkswagenwerk und seine Arbeiter im Dritten Reich, Düsseldorf, 3. Auflage 1997
34 Ferry Porsche/Günther Molter: „Ferry Porsche, Mein Leben", Stuttgart, 4. Auflage 1998
35 Hans Mommsen/Manfred Grieger: Das Volkswagenwerk und seine Arbeiter im Dritten Reich, Düsseldorf, 3. Auflage 1997
36 Playboy, 11/1987
37 Ferry Porsche/Günther Molter: „Ferry Porsche, Mein Leben", Stuttgart, 4. Auflage 1998
38 Ferry Porsche/Günther Molter: „Ferry Porsche, Mein Leben", Stuttgart, 4. Auflage 1998
39 zit. nach Gala, 29.9.1994
40 zit. nach Bild am Sonntag, 4.12.1988
41 Hans Mommsen/Manfred Grieger: Das Volkswagenwerk und seine Arbeiter im Dritten Reich, Düsseldorf, 3. Auflage 1997
42 Hans Mommsen/Manfred Grieger: Das Volkswagenwerk und seine Arbeiter im Dritten Reich, Düsseldorf, 3. Auflage 1997
43 Hans Mommsen/Manfred Grieger: Das Volkswagenwerk und seine Arbeiter im Dritten Reich, Düsseldorf, 3. Auflage 1997
44 Ferry Porsche/Günther Molter: „Ferry Porsche, Mein Leben", Stuttgart, 4. Auflage 1998
45 Hans Mommsen/Manfred Grieger: Das Volkswagenwerk und seine Arbeiter im Dritten Reich, Düsseldorf, 3. Auflage 1997
46 zit. nach Der Spiegel, 2.8.1993
47 Bunte, 18.1.1996
48 Ferry Porsche/Günther Molter: „Ferry Porsche, Mein Leben", Stuttgart, 4. Auflage 1998
49 Wolfgang Schmidbauer: Ich wußte nie, was mit Vater ist, Reinbek bei Hamburg, 1. Auflage 1998

50 Ferry Porsche/Günther Molter: „Ferry Porsche, Mein Leben",
   Stuttgart, 4. Auflage 1998
51 Hans Mommsen/Manfred Grieger: Das Volkswagenwerk und seine Arbeiter
   im Dritten Reich", Düsseldorf, 3. Auflage 1997
52 Bunte, 18.1.1996
53 zit. nach Süddeutsche Zeitung, 7.2.1997
54 Ferry Porsche/Günther Molter: „Ferry Porsche, Mein Leben",
   Stuttgart, 4. Auflage 1998
55 zit. nach Zeit-Magazin, 27.4.1984
56 zit. nach Bunte, 18.1.1996
57 Süddeutsche Zeitung, 7.2.1997
58 zit. nach Süddeutsche Zeitung, 7.2.1997
59 W. Hugh Missildine, In dir lebt das Kind, das du warst,
   Stuttgart, 3. Auflage 1982
60 zit. nach Der Spiegel, 2.8.1993
61 Horst-Eberhard Richter: Patient Familie. Entstehung, Struktur und
   Therapie von Konflikten in Ehe und Familie, Reinbek bei Hamburg 1970
62 zit. nach Der Spiegel, 2.8.1993
63 Horst-Eberhard Richter: Patient Familie. Entstehung, Struktur und
   Therapie von Konflikten in Ehe und Familie, Reinbek bei Hamburg 1970
64 zit. nach Der Spiegel, 2.8.1993
65 zit. nach Der Spiegel, 2.8.1993
66 zit. nach Der Spiegel, 2.8.1993
67 zit. nach Der Spiegel, 2.8.1993
68 zit. nach Der Spiegel, 2.8.1993
69 Die Welt, 1.6.1992
70 Playboy, 11/1987
71 Michael Schweres/Louisette Gouverne: Autos für Morgen. Ferdinand
   Piëch, die Automobilindustrie und das Modell Volkswagen, Bergisch
   Gladbach 1998
72 Michael Schweres/Louisette Gouverne: Autos für Morgen. Ferdinand
   Piëch, die Automobilindustrie und das Modell Volkswagen, Bergisch
   Gladbach 1998
73 zit. nach Bild am Sonntag, 11.2.1996
74 zit. nach Business Week, 5.10.1998
75 Welt am Sonntag, 4.10.1998
76 zit. nach Bild am Sonntag, 11.2.1996
77 Die Welt, 1.6.1992
78 Wolfgang Herles: Die Machtspieler. Hinter den Kulissen großer Konzerne,
   Düsseldorf und München 1998
79 Sonntagsblick, 10.3.1996
80 zit. nach Stern, 9.4.1992
81 zit. nach Forbes, 1.8.1991

82 Wolfgang Herles: Die Machtspieler. Hinter den Kulissen großer Konzerne, Düsseldorf und München 1998
83 Bild am Sonntag, 9.11.1997
84 zit. nach Forbes, 1.8.1991
85 Wirtschaftswoche, 24.4.1992

Der Erbe

1 zit. nach Stern, 19.1.1995
2 Bernd-Wilfried Kießler: Ein Porsche namens Piëch, Süddeutscher Rundfunk, 1988
3 zit. nach Forbes, 1.8.1991
4 Playboy 11/1987
5 Wolfgang Herles: Die Machtspieler. Hinter den Kulisssen großer Konzerne, Düsseldorf und München 1998
6 Playboy, 11/1987
7 zit. nach Playboy Nr. 5 (Beilage), 1.5.1993
8 zit. nach Süddeutsche Zeitung, 7.2.1997
9 Stern, 29.7.1993
10 zit. nach Frankfurter Allgemeine Zeitung, 12.2.1999
11 zit. nach Die Woche, 29.7.1993
12 Capital, 1.11.1991
13 Stuttgarter Zeitung, 4.7.1998
14 zit. nach Der Spiegel, 2.8.1993
15 Unternehmensziel: Nachhaltiger Erfolg. Eine Sonderveröffentlichung der Volkswagen AG, 1.6.1999
16 Ferry Porsche/Günther Molter: „Ferry Porsche, Mein Leben", Stuttgart, 4. Auflage 1998
17 Ferry Porsche/Günther Molter: „Ferry Porsche, Mein Leben", Stuttgart, 4. Auflage 1998
18 zit. nach Der Spiegel, 4.10.1961
19 Ferry Porsche/Günther Molter: „Ferry Porsche, Mein Leben", Stuttgart, 4. Auflage 1998
20 zit. nach Wirtschaftswoche, 18.6.1998
21 Manager Magazin, 1.7.1995
22 zit. nach Stern, 7.3.1991
23 Salzburger Nachrichten, 6.5.1997
24 zit. nach Salzburger Nachrichten, 4.2.1999
25 zit. nach Auto Motor Sport, 7.10.1988
26 zit. nach Frankfurter Allgemeine Zeitung, 27.8.1993
27 zit. nach Der Spiegel, 21.10.1991
28 zit. nach Stern, 9.4.1992

29 zit. nach Manager Magazin, 1.7.1995
30 zit. nach Capital 5/1984
31 Ferry Porsche/Günther Molter: „Ferry Porsche, Mein Leben", Stuttgart, 4. Auflage 1998
32 zit. nach Playboy, 1.5.1993
33 zit. nach Playboy, 1.5.1993
34 zit. nach Wirtschaftswoche, 18.6.1998
35 zit. nach Der Spiegel, 4.10.1961
36 zit. nach Playboy, 1.5.1993
37 Ferry Porsche/Günther Molter: „Ferry Porsche, Mein Leben", Stuttgart, 4. Auflage 1998
38 Ferry Porsche/Günther Molter: „Ferry Porsche, Mein Leben", Stuttgart, 4. Auflage 1998
39 zit. nach Capital, 1.4.1969
40 zit. nach Forbes, 1.8.1991
41 zit. nach Der Spiegel, 28.2.1972
42 Ferry Porsche/Günther Molter: „Ferry Porsche, Mein Leben", Stuttgart, 4. Auflage 1998
43 Bernd-Wilfried Kießler: „Ein Porsche namens Piëch", Süddeutscher Rundfunk, 1988
44 Wirtschaftswoche, 19.4.1984
45 Capital, 1.4.1969
46 zit. nach Auto Motor Sport, 8.4.1998
47 Automobil Revue, 25.2.1983
48 Playboy, 11/1987
49 Playboy, 11/1987
50 zit. nach Forbes, 1.8.1991
51 Wirtschaftswoche, 19.4.1984
52 zit. nach Forbes, 1.8.1991
53 zit. nach Die Welt, 20.9.1991
54 zit. nach Süddeutsche Zeitung, 13.3.1992
55 Playboy, 1.5.1993
56 Die Welt, 20.9.1991
57 Automobil Revue, 25.2.1983
58 zit. nach Stuttgarter Zeitung, 27.2.1992
59 zit. nach Stuttgarter Zeitung, 17.9.1994

Der Techniker

1 Der Spiegel, 27.8.1990
2 zit. nach Stuttgarter Zeitung, 4.7.1998
3 Ferry Porsche/Günther Molter: „Ferry Porsche, Mein Leben", Stuttgart, 4. Auflage 1998

4 Ferry Porsche/Günther Molter: „Ferry Porsche, Mein Leben", Stuttgart, 4. Auflage 1998
5 zit. nach Capital, 1.4.1969
6 zit. nach Business Week, 5.10.1998
7 Quick, 14.9.1989
8 Tobias Aichele: Mythos Porsche, Stuttgart 1996
9 Tobias Aichele: Mythos Porsche, Stuttgart 1996
10 Playboy, 11/1987
11 Der Spiegel, 9.9.1996
12 Die Welt, 1.6.1992
13 Wirtschaftswoche, 13.4.1984
14 zit. nach Manager Magazin, 7/1983
15 Playboy, 11/1987
16 Automobiltechnische Zeitschrift (ATZ) 78 (1976) 10
17 zit. nach ATZ 78 (1976) 10
18 zit. nach ATZ 78 (1976) 10
19 Automobil Revue, 25.2.1983
20 Auto Motor Sport, 20.4.1983
21 Ferry Porsche/Günther Molter: „Ferry Porsche, Mein Leben", Stuttgart, 4. Auflage 1998
22 zit. nach Capital, 12/1982
23 zit. nach Manager Magazin, 7/1983
24 Automobil Revue, 25.2.1983
25 Stuttgarter Zeitung, 25.5.1985
26 zit. nach ATZ 85 (1983) 1
27 zit. nach ATZ 85 (1983) 1
28 Automobil Revue, 4.8.1988
29 zit. nach ATZ 85 (1983) 9
30 Österreichische Präsidentschaftskanzlei, Ehrenzeichenkanzlei, Wien, 8.5.1984
31 Die Welt, 1.6.1992
32 Die Welt, 1.6.1992
33 Das Buch. Von Volkswagen. 1938–1988, Herausgeber: Vorstand und Gesamtbetriebsrat der Volkswagen AG, Wolfsburg
34 Die Welt, 15.6.1985
35 Playboy, 11/1987
36 Playboy, 11/1987
37 Playboy, 11/1987
38 zit. nach Manager Magazin, 4/1988
39 Manager Magazin, 4/1988
40 Manager Magazin, 4/1988
41 Manager Magazin, 4/1988

42 zit. nach Christian Bartsch: „Modernste Dieseltechnik",
    Stuttgart, 1. Auflage 1998
43 Auto Motor Sport, 25.8.1989
44 zit. nach Der Spiegel, 21.10.1991
45 zit. nach Der Spiegel, 21.10.1991
46 zit. nach Capital, 1.11.1991
47 zit. nach Capital, 1.11.1991
48 werben & verkaufen, 29/1999
49 Auto Motor Sport, 3.12.1993
50 zit. nach Manager Magazin, 1.4.1998
51 Unternehmensziel: Nachhaltiger Erfolg. Eine Sonderveröffentlichung der Volkswagen AG, 1.6.1999
52 Manager Magazin, 1.4.1998
53 Ignacio López: Du kannst es – Memoiren eines Arbeiters, Düsseldorf 1998
54 Stern, 26.2.1998
55 zit. nach Auto Revue, 10/1998
56 zit. nach Auto Revue, 10/1998
57 Manager Magazin 1.3.1996
87 Unternehmensziel: Nachhaltiger Erfolg. Eine Sonderveröffentlichung der Volkswagen AG, 1.6.1999
59 Auto Revue, 10/1998
60 Handelsblatt, 15.5.1996
61 Stern, 26.2.1998
62 zit. nach Die Zeit, 9.9.1998
63 Stern, 26.2.1998
64 zit. nach Die Welt, 31.10.1998
65 Auto Motor Sport, 3.12.1993
66 Der Spiegel, 8.2.1999

Der Manager

1 Stern, 26.2.1998
2 zit. nach Unternehmensziel: Nachhaltiger Erfolg. Sonderveröffentlichung der Volkswagen AG, 1.6.1999
3 Unternehmensziel: Nachhaltiger Erfolg. Sonderveröffentlichung der Volkswagen AG, 1.6.1999
4 zit. nach autogramm, 10.5.1999
5 zit. nach Michael Schweres/Louisette Gouverne: Autos für Morgen, Bergisch Gladbach 1998
6 Capital, 1.11.1991
7 zit. nach Wirtschaftswoche, 24.4.1992
8 zit. nach Wirtschaftswoche, 24.4.1992
9 Der Spiegel, 9.9.1996

10	Playboy, 11/1987
11	Der Spiegel, 9.9.1996
12	Stern, 9.9.1993
13	Die Zeit, 1.10.1993
14	Die Zeit, 1.10.1993
15	zit. nach Manager Magazin, 1.1.1995
16	zit. nach Bild, 29.7.1993
17	Michael Schweres/Louisette Gouverne: Autos für Morgen, Bergisch Gladbach 1998
18	Michael Schweres/Louisette Gouverne: Autos für Morgen, Bergisch Gladbach 1998
19	Michael Schweres/Louisette Gouverne: Autos für Morgen, Bergisch Gladbach 1998
20	Stern, 29.7.1993
21	Stern, 9.9.1993
22	Stern, 9.9.1993
23	zit. nach Die Woche, 29.7.1993
24	zit. nach Die Woche, 29.7.1993
25	Die Woche, 28.10.1994
26	zit. nach Business Week, 5.10.1998 und Manager Magazin, 1.1.1995
27	zit. nach Bild, 29.7.1993
28	zit. nach Süddeutsche Zeitung, 7.2.1997
29	zit. nach Manager Magazin, 1.1.1995
30	zit. nach Fortune US, 29.3.1999
31	Playboy, 11/1987
32	Playboy, 11/1987
33	Die Woche, 28.10.1994
34	Die Welt, 1.6.1992
35	Die Zeit, 1.10.1993
36	Manager Magazin, 1.3.1996
37	Manager Magazin, 1.3.1996
38	Die Woche, 28.10.1994
39	Die Woche, 28.10.1994
40	Manager Magazin, 1.3.1996
41	Bunte, 18.1.1996
42	Die Woche, 28.10.1994
43	Bunte, 18.1.1996
44	Die Woche, 28.10.1994
45	Playboy, 11/1987
46	zit. nach Manager Magazin, 1.1.1995
47	Auto Motor Sport, 3.12.1993
48	Manager Magazin, 1.3.1996

49 Stern, 9.9.1993
50 Stern, 9.9.1993
51 Die Zeit, 1.10.1993
52 Auto Motor Sport, 3.12.1993
53 Auto Motor Sport, 3.12.1993
54 Der Spiegel, 9.9.1996
55 Auto Motor Sport, 3.12.1993
56 zit. nach Forbes, 1.8.1991
57 Playboy 11/1987
58 Auto Motor Sport, 3.12.1993
59 Sonntagsblick, 10.3.1996
60 Playboy, 11/1987
61 Manager Magazin, 4/1988
62 Manager Magazin, 4/1988
63 Die Woche, 28.10.1994
64 Die Woche, 28.10.1994
65 Die Woche, 28.10.1994
66 Die Woche, 28.10.1994
67 Die Woche, 28.10.1994
68 Die Woche, 28.10.1994
69 zit. nach Forbes, 1.8.1991
70 Manager Magazin, 1.3.1996
71 Manager Magazin, 1.3.1996
72 zit. nach Die Welt, 20.9.1991
73 Capital, 9/98
74 zit. nach Fortune US, 29.3.1999
75 News, 25.6.1998
76 Die Woche, 28.10.1994
77 zit. nach Zeit, 28.2.1992
78 zit. nach Die Welt, 31.10.1998
79 zit. nach Wirtschaftswoche, 18.6.1998
80 Der Spiegel, 9.9.1996
81 zit. nach autogramm, 10.5.1999, Seite 7
82 zit. nach autogramm/Wir im Werk Wolfsburg, 10.5.1999
83 Bild am Sonntag, 9.11.1997
84 Capital, 9/1998, Seite 90
85 zit. nach autogramm, 10.5.1999
86 Bild am Sonntag, 11.2.1996
87 zit. nach Frankfurter Allgemeine Zeitung, 12.9.1998
88 zit. nach Frankfurter Rundschau, 2.2.1995
89 Hans Mommsen/Manfred Grieger: Das Volkswagenwerk und seine Arbeiter im Dritten Reich, Düsseldorf, 3. Auflage 1997

90 zit. nach Der Spiegel, 4.11.1996
91 Die Welt, 26.11.1996
92 Ferry Porsche in Porsche-Video, Porsche-Automuseum Helmut Pfeifhofer, A-9853 Gmünd, http:\\www.erlebnis.net\porsche
93 Julia Kertesz: Von Auschwitz ins Volkswagenwerk. Erinnerungen an KZ-Haft und Zwangsarbeit. Dachauer Hefte 8, 1992, Seite 69–87
94 zit. nach Der Spiegel, 4.11.1996
95 zit. nach Michael Schweres/Louisette Gouverne: Autos für morgen. Ferdinand Piëch, die Automobilindustrie und das Modell Volkswagen, Bergisch Gladbach 1998
96 Hans Mommsen, zit. nach Das Buch. Von Volkswagen. 1938–1988, Herausgeber: Vorstand und Gesamtbetriebsrat der Volkswagen AG, Wolfsburg
97 zit. nach Der Spiegel, 13.4.1987
98 zit. nach Der Spiegel, 4.11.1996
99 Ferry Porsche/Günther Molter: „Ferry Porsche, Mein Leben", Stuttgart, 4. Auflage 1998
100 zit. nach Zeit-Magazin, 27.4.1984
101 Heidrun Engelmann: Volkswagen. Von der Typenbezeichnung zum Markennamen: Die Gleichschaltung eines Begriffes. Journal Geschichte 1/90
102 zit. nach Zeit-Magazin, 27.4.1984
103 Hans Mommsen/Manfred Grieger: Das Volkswagenwerk und seine Arbeiter im Dritten Reich, Düsseldorf, 3. Auflage
104 zit. nach Zeit-Magazin, 27.4.1984
105 Das Buch. Von Volkswagen. 1938–1988, Herausgeber: Vorstand und Gesamtbetriebsrat der Volkswagen AG, Wolfsburg
106 Hans Mommsen/Manfred Grieger: Das Volkswagenwerk und seine Arbeiter im Dritten Reich, Düsseldorf, 3. Auflage 1997
107 Hans Mommsen/Manfred Grieger: Das Volkswagenwerk und seine Arbeiter im Dritten Reich, Düsseldorf, 3. Auflage, 1997
108 Volkswagen-Anzeige in: Der Spiegel, 14.9.1998
109 Handelsblatt, 11.9.1998
110 Konkret, 1.12.1996
111 Unternehmensziel: Nachhaltiger Erfolg. Eine Sonderveröffentlichung der Volkswagen AG, 1.6.1999
112 Unternehmensziel: Nachhaltiger Erfolg. Eine Sonderveröffentlichung der Volkswagen AG, 1.6.1999
113 Michael Schweres/Louisette Gouverne: Autos für morgen. Ferdinand Piëch, die Automobilindustrie und das Modell Volkswagen, Bergisch Gladbach 1998

Der Visionär

1 Auto Revue, 1987
2 zit. nach Gala, 12.5.1999
3 zit. nach Handelsblatt, 15.5.1996
4 zit. nach Playboy, 11/1987
5 zit. nach Automobiltechnische Zeitschrift 94 (1992)
6 zit. nach Playboy, 11/1987
7 zit. nach Motortechnische Zeitschrift 52 (Januar 1991)
8 zit. nach Automobiltechnische Zeitschrift 94 (1992)
9 Süddeutsche Zeitung mobil, 8.9.1993
10 zit. nach Die Zeit, 10.12.1993
11 zit. nach Playboy, 11/1987
12 zit. nach Handelsblatt, 15.5.1996
13 Technische Universität Chemnitz, Pressemitteilung vom 12.12.1997
14 zit. nach Sonderheft ATZ/MTZ, September 1999
15 zit nach Automobiltechnische Zeitschrift 94 (1992)
16 Welt am Sonntag, 26.3.1995
17 Die Welt, 1.6.1992
18 Vergleichstest der Zeitschrift Auto Bild; zit. nach Hamburger Abendblatt, 7./8.8.1999
19 Unternehmensziel: Nachhaltiger Erfolg, 1.6.1999
20 Der Spiegel, 8.2.1999
21 Auto Revue, 10/1998
22 Stern, 26.2.1998
23 zit. nach Frankfurter Allgemeine Zeitung, 26.6.1999
24 zit. nach Motortechnische Zeitschrift 52 (Januar 1991)
25 zit. nach Bernd-Wilfried Kießler: Ein Porsche namens Piëch, Süddeutscher Rundfunk, 1988
26 Handelsblatt, 15.5.1996
27 zit. nach Frankfurter Allgemeine Zeitung, 26.6.1999
28 zit. nach Frankfurter Allgemeine Zeitung, 26.6.1999

Der Global Player

1 Business Week, 11.1.1999
2 Auto Revue, 10/1998
3 zit. nach Süddeutsche Zeitung, 10.8.1999
4 zit. nach werben & verkaufen, 23. 7. 1999
5 Frankfurter Allgemeine Zeitung, 6.7.1999
6 Industrie Week, zit. nach Hamburger Abendblatt, 12.8.1999
7 Die Zeit, 1.10.1993
8 Stern, 27.7.1993
9 Die Zeit, 1.10.1993

10 zit. nach Conturen, 2/1999
11 zit. nach Wirtschaftswoche, 21.1.1999
12 Business Week, 25. Januar 1999
13 zit. nach Business Week, 25.1.1999
14 zit. nach Business Week, 25.1.1999
15 Auto Revue 10/98
16 autogramm, 10.5.1999
17 Wirtschaftswoche, 21.1.99
18 Süddeutsche Zeitung, 7.1.1999
19 zit. nach Unternehmensziel: Nachhaltiger Erfolg, 1.6.1999, Seite 1
20 Capital 9/98
21 Der Spiegel, 8.2.1999
22 zit. nach Welt am Sonntag, 30.5.1999
23 zit. nach Welt am Sonntag, 30.5.1999
24 Auto Revue, 10/1998
25 zit. nach Frankfurter Allgemeine Zeitung, 26.6.1999
26 zit. nach Conturen, 2/1999
27 zit. nach Conturen, 2/1999
28 zit. nach Das Buch. Von Volkswagen. 1938–1988, Seite 74
29 Pressemitteilung vom 24.4.98 von Bündnis 90/Die Grünen im Landtag Niedersachsen
30 Auto Revue, 10/1998
31 Auto Revue, 10/1998
32 Auto Revue, 10/1998
33 zit. nach Frankfurter Allgemeine Zeitung, 6.10.1998
34 Unternehmensziel: Nachhaltiger Erfolg, 1.6.1999
35 Der Spiegel, 8.2.1999
36 Süddeutsche Zeitung, 7.1.1999
37 zit. nach Handelsblatt, 2.8.1999
38 zit. nach Conturen, 2/1999
39 Die Welt, 1.6.1992
40 Unternehmensziel: Nachhaltiger Erfolg, 1.6.1999
41 Hamburger Abendblatt, 21.5.1999
42 zit. nach Conturen, 2/1999
43 zit. nach Horizont Report 9/4.3.1999
44 Auto Revue 10/98
45 Auto Revue 10/98
46 www.sueddeutsche.de/aktuell/wirt, 27.3.1999
47 Capital 9/98
48 zit. nach Unternehmensziel: Nachhaltiger Erfolg, 1.6.1999
49 zit. nach Unternehmensziel: Nachhaltiger Erfolg, 1.6.1999
50 Der Spiegel, 8.2.1999
51 zit. nach Manager Magazin, 1.1.1995

Die Autorin

Rita Stiens

studierte Germanistik, Romanistik und Geschichte. Sie war lange Jahre Redakteurin, Auslandskorrespondentin und stellvertretende Chefredakteurin bei verschiedenen deutschen Zeitschriften. Als freie Journalistin schrieb sie unter anderem für *Capital, Stern* und *Hamburger Morgenpost*, hauptsächlich über Wirtschaftsthemen. Heute ist Rita Stiens erfolgreiche Buchautorin.

Die spannendsten Seiten der Wirtschaft

400 Seiten
gebunden
78,00 DM

Das Strategie- und Leadership-Vorbild ABB und sein weltweit bewunderter Weg von der Fusion zum Global Player.

Erfolgsstories junger Unternehmer, die als „Entrepreneure des Jahres" geehrt wurden. Das Buch über ihre Visionen, ihre Fehler und wie daraus Erfolge wurden.

224 Seiten, gebunden
58,00 DM

288 Seiten
gebunden
78,00 DM

Umsatz mit E-Commerce.
Online-Shops sind der Wachstumsmarkt Nummer eins. Das Buch zeigt Lösungen, Konzepte und Anleitungen für Ihren Erfolg im Online-Business.

Erhältlich im Buchhandel oder beim Verlag.
Änderungen vorbehalten. Stand: Oktober 1999.
Gabler Verlag, 65173 Wiesbaden
www.gabler.de